商訊文化

數位金融
永續發展

Digital for Good

克里斯 · 史金納 ——著
Chris Skinner

編審｜孫一仕、蕭俊傑
翻譯｜方慧媛、孫一仕、劉子庭

商訊文化

全球頂尖金融專家推薦

「這是一本彙整對科技和商業充分理解的一流人士的真知灼見，他們並沒迴避自己的弱點和局限性。」

羅里·薩瑟蘭（Rory Sutherland），奧美（Ogilvy）副董事長

「這本書做了處於危機世界中的我們現在最需要的事。挑戰金融系統內的人們注意到銀行業正在改變，也必須改變，並且有能力做出改變。感謝克里斯·史金納加強這個非常重要的對話。」

蓋爾·布拉德布魯克博士 （Gail Bradbrook），
反抗滅絕（Extinction Rebellion）聯合創始人

「金融科技與可持續發展相互結合的領域，產生真正全球性的呼聲。兩個大趨勢相互碰撞，為現在和未來提供了想法。這本書有助於展示金融如何在可持續發展的未來中扮演關鍵角色。閱讀本書、消化內容，和最重要的是：採取行動。」

馬雪莉（Sherry Madera），未來可持續數據聯盟主席
（the Future of Sustainable Data Alliance）

「《數位金融永續發展》是任何關心可持續發展驅動金融（sustain able-driven）的人必讀的入門書。閱讀這本書，並向最優秀的人學習。」

HR C馬塞洛·加斯帕里諾·達席爾瓦（HR C Marcelo Gasparino da Silva），
巴西石油（Petrobras）和巴西電力（Cemig）等多家公司的董事會成員、
淡水河谷（Vale）公司董事會成員和
可持續發展委員會協調員及Eternit公司董事長

「世界面臨許多問題，從氣候緊急狀態到不平等，從社會不穩定到內亂。很明顯，我們正進入一個新世界，科技和金融專注於如何解決世界的重大問題。新世界會是什麼樣子？這本書將告訴您。如果對下一步要去哪裡感興趣的任何人，它會是書架上重要的組成部分。」

麥克爾 · 喬丹 (Michael Jordaan)， Montegray Capital 創辦人

「這本書匯集了思想領袖的深刻見解，他們都帶來世界各地的豐富經驗和證據，挑戰我們加強領導力，以確保金融部門能為社會做出積極貢獻。我們都有責任確保擁有一個可持續的商業、地球和包容性社會。這本書將我們的思維提升到系統層面，幫助我們理解『後新冠疫情』環境的挑戰，它強調了氣候和不平等的危機，強調組織和個人理念、戰略和風險管理之間的重要性和聯繫。我強烈推薦這本書。」

潔姬 · 強生 (Jacki Johnson)，澳洲可持續金融倡議 (ASFI) 的創始聯合主席、
聯合國金融倡議 (Unepfi) 的前任聯合主席、
澳洲保險集團的前集團執行官和
Community First Credit Union 的非執行董事

「每家企業都需重塑自身，以實現數位和可持續發展。這些不是固定概念，而是重塑企業核心的一部分。所有想建立與今天和未來的客戶及員工相關的企業領導者，克里斯的書是本必讀之書。」

賽門 · 馬爾卡希 (Simon Mulcahy)，時代週刊 (Time) 可持續發展總裁

「克里斯是金融科技界的第一玩家，您每次都會選擇他加入您的團隊。」

斯文－戈蘭 · 埃里克森 (Sven-Göran Eriksson)，前英格蘭足球隊主教練

「我有一種感覺，一旦您開始改變一切，他們就會寫關於克里斯的書甚至幫他拍電影。」

愛麗絲 · 庫珀 (Alice Cooper)，搖滾明星

「克里斯 · 史金納為金融和科技帶來了魔力。」

佩恩 · 弗雷澤 · 吉列特 (Penn Fraser Jillette)，魔術師

推薦序

　　全球金融體系機構化發展已逾 300 年，台灣金融體系機構化發展亦有 122 年歷史，隨著科技不斷演進，銀行業在不同時代都積極應用科技提升金融服務效率及經營效能。2008 年社群媒體興起，全球開始聚焦金融科技，金融業者即積極推動數位轉型，加速金融科技的應用，並逐步貼近市場需求，帶來更廣泛的創新服務。此外，20 世紀以來，除爭議性及環境污染產業之融資議題，大量生產與消費，造成環境極大的負擔，影響人類未來的生存與發展，聯合國乃於 1987 年第 42 屆大會「世界環境與發展委員會」（World Commission on Environment and Development, WCED）首度提出「永續發展」，並將其定義為：「能夠滿足當代需要，且不致危害未來世代滿足其需要的發展」。2004 年聯合國全球契約組織（UN Global Compact）首次提出 ESG（Environment, Social,and Governance）概念，發展至今儼然已成為一門顯學，隨著社會各界對於金融機構發揮影響力的期待提高，經營管理層面融合 ESG 議題所涉及的廣度和深度都遠甚於以往。如何全面數位轉型及建構永續經營韌性，成為金融界的核心議題，及共同追求的目標。

　　本書的編審者孫一仕是我在政大授課的學生，從參與翻譯 Bank 3.0 中文版開始，其團隊一直致力於介紹國外數位金融相關的書籍給國內的讀者，含括銀行未來趨勢、數位經濟趨勢、AI 基礎原理、數位轉型策略等四大類議題。

本書作者從不同國家，不同銀行的觀點，集結了 32 篇全球各領域專家針對如何藉由數位金融服務，改善社會和環境的訪談或文章，相關內容聚焦在「數位轉型」、「普惠金融」、「利益相關者資本主義」、「公開揭露」、「理念」等 5 個領域。對於金融業者建立數位化新商業模式，並全面實踐 ESG，打造永續經營韌性，當可發揮旁推側引的效果。

　　這不是一本「純」數位科技的書，是一本探討金融機構如何藉由數位化轉型及融合 ESG 經營理念，發揮更大影響力，造福社會和地球的書。全球最大資產管理公司貝萊德總裁 Larry Fink 曾經說：「每個公司及每個產業，都將因為全球朝淨零世界邁進而轉型改變，問題是，您會成為領導者，還是追隨者？（Every company and every industry will be transformed by the transition to a net zero word. The question is, will you lead. or will you be led?）」營造永續地球村是所有人的責任，更是我們金融從業人員透過業務引導客戶攜手力行的使命，我相信這本書的內容，對讀者會有所啟發，謹推薦大家閱讀，一起來思考我們的未來。

呂桔誠
臺灣銀行董事長

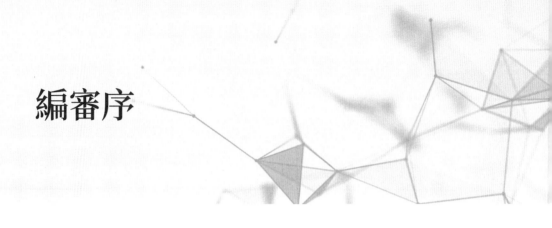

編審序

　　自 2013 年 Bank 3.0 中文版問世後，台灣掀起了金融科技（FinTech）的數位浪潮，至今尚未停歇。但是在這九年期間金融業也經歷了許多變化，由最早期大力建置各種數位科技系統，之後逐步探討創新科技對於金融業可能產生的影響，到進一步探討金融機構要進行全方位數位轉型，才能夠適應未來的數位世界。在 2020 年出版的「數位真轉型（Doing Digital）」一書，就很好地闡述金融機構要進行數位轉型，並不是單純地成立「數位金融」單位來負責規劃眾多的數位專案，而應該是從企業的文化，組織及科技等領域進行全面轉型。而接續在「數位轉型」之後，不只是金融業，所有的企業都開始關注「永續」的議題

　　面對外在環境的變化以及希望能夠持續介紹新觀念給台灣的金融界，過去團隊與金融研訓院共同合作翻譯出版了 9 本書，涵蓋了銀行未來趨勢、數位經濟趨勢、AI 基礎原理、數位轉型策略等四大類議題，其中包括克里斯‧史金納（Chris Skinner）的 3 本著作。此次因應「永續」的議題，團隊與商訊文化合作，出版克里斯 2022 的新書 Digital for Good，中文版「數位金融永續發展」。期望能夠為台灣金融業帶入新的資訊。

　　本書所探討的範疇比數位議題更為擴大，克里斯提到他構思本書的內容，希望探討金融體系如何運用數位科技造福社會及地球。書中涵蓋了 5 個主要領域，分別是：

- 數位轉型
- 普惠金融
- 利益相關者資本主義
- 公開揭露
- 理念

這本書可以說是克里斯與其邀請專家的文集，總共收錄了 32 篇不同作者的文章及訪談，分別涵蓋了上述 5 個領域。這本書最大的特色就是涵蓋的面向很廣泛，引用不同地區的案例及訪談，以不同的角度來闡述「理念」、「數位轉型」、「永續」、「普惠金融」等金融業需要面對的課題。

本書各章節的主要內容：

挑戰者銀行 Metro Bank , Atom Bank 的創辦人，探討「今天的銀行業面臨什麼問題？」，以及可能的解決方向。同時作者也提出銀行業的的 12P，分別是人（people）、理念（purpose）、問題（problem）、流程（process）、平台（platform）、合作（partnering）、個人（personal）、預測（predictive）、產品（product）、價格（price）、推廣（promotion）、地點（place）來因應未來的挑戰。

巴西數位銀行（Banco Original）創辦人在「演算法將取代今日的銀行」一文，探討由區塊鏈技術所帶來的「分散式金融」業務模式，將如何改變未來銀行的面貌。

在「個人投資者將改變世界」一文，作者探討了「民粹主義投資」對金融市場可能產生的影響，個人投資者不僅會找傳統意義上基本面良好的公司，也就是財務報酬優良的公司，還會更想投資能引起情感共鳴的股票。作者認為隨著越來越多的個人投資者，企業執行長將會從專注純粹財務績效進而更加專注企業利益相關者。

　　「專訪美國比特幣基金委員會主席」一文，則是從比特幣擁護者的視角，探討比特幣能夠如何對社會產生影響，同時也分享了作者對於比特幣未來的樂觀期待。

　　「全通路（OmniChannel）或是全透通（OmniAccess）」是由克里斯撰寫，他對於分行的觀點一向是銀行分行並不會消失，而是獲得客戶信任並取得重要金融服務的通路。在本文中作者探討了銀行提供金融服務的基礎，應該是「以數據為中心」以及「以數位為核心」，闡述全透通的基本概念，就是客戶在實體及數位所獲得的服務是一致的。上個世紀「全通路」的作法，就僅是將新技術疊加到既有的服務架構；而二十一世紀則是關於「全透通」──在數位核心（digital core）的基礎上增加功能。這將是二十一世紀銀行競爭的勝敗關鍵，因為「以數位為核心」和「以數據為中心」將成為區分贏家和輸家的競爭要素。

　　「數位創新如何在 COVID-19 新冠疫情和氣候變遷中造福世界」一文，由螞蟻集團道格拉斯費金撰寫，闡述如何運用科技強化普惠金融以及解決全球暖化的議題，文章中說明東南亞各國在疫情期間如何運用科技來達成普惠金融的目的。同時也以螞蟻集團為例，如何以綠色金融為目標，對內訂定碳中和目標和行動，對外則是規畫綠色消費、綠色基金、綠色投資、綠色信貸。

　　「笨蛋，問題在教育，不在銀行！」一文，作者提出一個觀點，金融教育才是真正讓客戶享有優質金融服務的基礎，數位化只是輔助工具。

　　「公益取向的數位支付」共同作者為前 SWIFT 執行長，探討在數位經濟中各種支付工具、應用發展以及可能出現的問題。也探討了當支付的前端業務面臨第三方服務業者的侵蝕，銀行可以採取的方案，例如可以成為身分認證服務商。

　　「銀行和技術專家能為 ESG 做些什麼」一文，首先以巴西為例，探討央行及政府如何為促進金融業在 ESG 議題上投入心力，探討了面對財務誘因，

金融機構仍需以整體的力量來對環境保護盡一份心力，也提到如何以金融機制來協助原住民保護巴西熱帶雨林。文中另一個議題探討基金經理人在 ESG 的責任，實踐 ESG 過程中會碰到的問題如「漂綠」、ESG 標準不一、執行流於形式等，以及如何克服的建議。

「永續投資如何成真」作者是從 1980 年代就開始從事永續投資的資產管理公司創辦人，他分享了從創建價值相符型基金（values-aligned fund）後，永續投資的發展歷史，進而展望未來的發展。

「未來的綠色金融科技在亞洲」一文，Green Fintech 是利用金融技術創造有利於地球和社會的金融商品，文中描述了可能的發展方向以及所遭遇的挑戰。

「專訪英國反抗滅絕聯合創辦人」，反抗滅絕組織是 2018 年在英國成立的非暴力抗議組織，致力於環境保護。蓋爾‧布拉德布魯克是聯合創辦人之一，訪談中，蓋爾闡述了她的理念形成的歷程以及觀點，並且從環保人士的角度來審視經濟發法與環境保護的關係。

「邁向社群與理念」一文中，作者提出一個以理念為基礎重新塑造金融服務的觀點，強調數位科技的應用不只是讓現有客戶能夠更容易地使用金融服務，更應該針對不同的目的與客群（不只是依據財務）來設計金融產品。

「專為永續世代設計的銀行產品」一文，作者提出金融機構面對未來的挑戰中，「理念驅動」是最重要的課題。「理念驅動」的銀行在營收和市值上都有較好的表現，未來定義銀行的價值，理念會被視為必要條件。作者認為產品團隊是策略性支持企業理念的關鍵，其應發展出符合客戶對永續發展期待的產品。作者是葡萄牙金融科技公司的創辦人，在本文中提供了她對於與客戶共同發展永續金融商品的建議。

「讓綠色金融不那麼特別」一文，作者以歐洲金融市場為例，建議規劃 ESG 政策執行債券，藉由將利率與 ESG 政策執行績效掛鉤，讓企業能夠

對於 ESG 特定議題有財務上的誘因，也能夠確保若未能達到該目標的相應成本。

「理念驅動的真正含義是什麼」一文，作者首先揭櫫「理念」是企業的文化與價值觀，並以 8 間理念驅動型企業為例，來陳述如何將理念融入企業日常營運，接著探討「理念驅動」在銀行業的意義以及擁有理念對銀行業未來的重要性。作者也介紹了聯合國所發佈的責任銀行原則，說明銀行業如何將其原則融入到策略、組織及交易各個層面。

「更好的銀行業」的作者提出一個架構，探討「原則（principle）」、「規則（rule）」、「風險（risk）」以及價值觀之間的相互影響，進而形塑銀行的理念，同時「理念」也需要依據外在環境的變化審視，並進行必要的調整。

「為什麼理念很重要」的作者是一家專注於非洲「貿易科技」的共同創辦人，她現身說法說明該公司的理念如何引導他們在非洲提供當地人所需的服務以及其心路歷程。

「Monzo 銀行共同創辦人專訪」，湯姆・布隆非爾德以英國 Monzo 的理念「讓每個人都能用錢（Make Money Work for Everyone）」為例，闡述 Monzo 如何實踐其理念，包括讓數十萬名用戶開啟的「賭博守門員」功能，降低了 70%-80% 的賭博消費，以及與街友慈善機構合作達到普惠金融的目的。

「銀行忠誠客戶的回歸」作者為新創銀行 Envel 的執行長，探討在新的數位時代，如何獲取客戶的忠誠？他認為企業必須做好的三件事：解決客戶痛點，讓客戶感受到同理心與效率，以及能夠與客戶的價值觀契合。作者也強調企業文化對於新創銀行的重要性，可以凝聚員工，讓每位員工的每項決定都能夠更接近銀行的理念。透過適當融合科技與文化，忠誠的銀行客戶即將回歸。

「銀行業與巴布・狄倫，（以理念驅動的金融業背後的為什麼）」作

者以巴布・狄倫的歌詞為引言：「即便沒有人看著或是強迫您做，也要做正確的事」。闡述「理念驅動」的數位轉型，可以在提高效率及利潤的同時，兼顧讓世界變得更美好。作者也在文中分析要如何結合消費者與有理念的企業共同努力，企業要確認理念，並將理念轉化為戰略、目標以及關鍵里程碑，並將企業的影響向外擴大，進而促成重大的轉變。

「專訪南非探索集團創辦人兼執行長」一文，探索集團最初從事醫療保險領域，其理念是透過幫助人們延長壽命，創造良性循環進而提高獲利。阿德里安・戈爾在訪談中述說探索集團如何從成立開始就建立了企業理念及價值觀，以及如何獲得員工的認同並維繫至今。同時也說明了跨足銀行業之後，如何建立探索銀行的理念並結合探索集團的力量共同實踐。

「共創更美好的世界」一文作者為荷蘭合作銀行創新主管，合作銀行專注於為糧食及農業提供資金，以及運用新科技來達成其使命「永續地養活世界」。例如成立「碳銀行」鼓勵農民植樹，計算可以去除多少二氧化碳，再出售給大企業。也建立可追溯平台，來監控從產地到消費者的資料流，在適當的時機提供金融服務。

「來自南半球的觀點：一間由理念驅動的澳洲銀行」作者服務於澳洲教師互助銀行，該銀行的前身為「教師信用合作社」，因此將「永續性」、「倡導」與「熱情」做為銀行的價值觀。作者說明如何具體執行該銀行第四版的企業戰略「道德銀行（ethical banking）」，以及該銀行的理念如何實踐於日常業務。該銀行最新的戰略計畫是成為「澳洲領先的社會責任銀行」。

「專訪比利時 Agenta 執行長」一文，Agenta 是傳統的比利時零售銀行，作者以實際經驗來探討該銀行的核心價值觀：「親近」、「簡單」以及對客戶和員工的責任感，如何引導 Agenta 面對不同挑戰。

「理念驅動的金融業，如何在數位時代蓬勃發展」作者為英國金融創新實驗室執行長，探討數位及數據革命將如何影響金融業，並提醒某些影響並

不是全然正面。作者建議要從市場力量、政治權力、潛在經濟結構力量及思維方式力量，來規劃如何用金融科技更有力地實現「理念」而不是利潤。

「溝通能夠幫助我們拯救人類和地球」一文作者為專門從事 ESG 溝通的新創公司創辦人，作者以「人類與地球」做為假設的議題，來演繹運用成功溝通的五個模式，將這個議題深入到所有利益相關者的心中。

「如何實現文化差異」克里斯認為企業文化的改變對於數位轉型至關重要，並建議採取哪些方法可能可以促成文化的改變。

「展望未來：來自 2030 的觀點」作者克里斯從假設的 2030 年，推論2020 年代十年之間可能出現的變化，其中包括 ESG 議題已被實現、出現更多的「理念驅動型企業」、行動辦公成為常態、加密貨幣已改變金融世界、馬斯克當選美國總統以及金融科技公司取代未能數位轉型的傳統銀行。

「預見 2040——我的人生、我的銀行」作者從假設的角色，在 2040 年的一位年輕人選擇更換銀行的條件，來設想未來 20 年間可能會出現的改變。首先是疫情加速數位轉型，到了 2030 年，數位架構、數位平台、數位服務及產品已是先決條件。循環經濟運作模式為「一切皆服務」，人們依據使用次數付費，而停止貸款購買商品（如汽車），銀行在商務、數據上更加開放來獲得消費者的青睞。銀行成為客戶的財務顧問，以客戶所需來客製化服務，成為負責任的銀行。

面對多變的未來，很多議題都沒有立即清晰的解答，唯有不斷地創新才能夠面對各種未知的挑戰。

我個人認為「創新」和「發明」有本質上的差異，創新更多的時候是「組合」現有的元素。因此我一直認為金融業的數位創新，可以從其他區域的同業甚至是其他產業的成功案例中，拆解出關鍵要素，搭配所在地域的特性及企業優勢，「組合」成創新的業務模式，進而獲得競爭優勢。也因此

我認為這本書有許多可以參考的案例，雖然不一定可以完全套用於台灣市場，但是我相信藉由進一步的研究，本書的許多內容都應該能夠帶給大家新的啟發。

最後，感謝團隊成員蕭俊傑先生與方慧媛小姐一起為了共同的「理念」再度合作，也謝謝商訊文化團隊出版這本「數位金融永續經營」，期望能夠對台灣的金融業能夠有所幫助。

孫一仕
台新金控資訊長

中文版 · 作者序

這本書的靈感來自一次中國之行。2017 年在我訪問的公司在牆上貼了一張海報，上面寫著：「為社會做善事，為環境做好事」。相信大家都猜到了，這家公司就是阿里巴巴，那句話來自於馬雲。

從那以後很多事情都改變了。馬雲不再擁有他曾經擁有的權力，電子商務的翅膀被剪掉了。然而，這些話一直伴隨著我，為社會造福，為地球造福。

這才是科技應該關注的地方。

有趣的是在 2019 年底，全球最大的銀行摩根大通銀行執行長兼董事長傑米戴蒙（Jamie Dimon）發表了一份利益相關者資本議題（Stakeholder Capital agenda）。這是美國 200 多間大公司組成的商業圓桌會議，所擬定的一份聲明，宣稱企業的回報應該回饋給所有利益相關者，而不僅僅只有股東。這是一個重要的聲明，員工、客戶和社會與股東一樣重要。它顛覆了密爾頓·傅利曼的經濟學理念。

企業領導者相信這個嗎？

　　這個我不確定，但新創公司相信這一點，Z 世代和千禧世代相信這一點。關心未來的人也相信這一點。

　　這是因為我們知道世界正在被商業摧毀，所以問題是要如何扭轉局面，我們要如何利用科技和商業讓世界變得更美好？

　　這就是「數位金融，永續經營（Digital for Good）」的靈感來源，但我很快意識到，如果我自己寫這本書，那將是某種說教的文件，無法取信於人。所以，我迅速改變了想法，想著我所認識的專家朋友，誰可以為這本書做出貢獻？

　　在很短的時間內，我聯繫了世界各地的朋友，到本書出版時，有來自五大洲的 20 多人接受了採訪或撰寫了本書的一章。本書展示了一個全球視野，讓我們超越了數位轉型。事實上，如果您正在進行數位轉型或剛剛開始，您已經太晚了。現在增加了一個新議題，即是我們要如何利用數位科技，以對社會和地球有益的方式進行轉型。

　　這就是本書的重點。

　　我希望您喜歡它，並期待著在新冠疫情結束後，我能夠再次訪問亞洲。

　　此致

克里斯 · 史金納 Chris Skinner

目錄

目錄

簡介：要如何為滅絕定價？

　　根據我閱讀的每一份研究報告指出，我們的星球正在逐漸死亡。即便我們的星球還沒死亡，地球上的野生動物也正在消失。在過去的半個世紀裡，地球上已經有接近 60% 的動物消失了。我不能容忍這種情況繼續下去，您也不應該容忍。

　　與此同時，聽完前面開頭的那段話，我打了個大哈欠，這些論點我以前都聽人講過，這個議題很無聊。您可以談論環境保護（Environment）、社會責任（Social）和公司治理（Governance），這類 ESG 的議題，但我不再感興趣。這就像不斷出現關於流行病和戰爭的新聞頭條，過了一陣子之後，您就對這類新聞免疫了，覺得這些新聞都很無聊。

　　「我們必須做點什麼」和「其實我什麼也做不了，這個議題很無聊」，在這兩種極端的態度之間，總會有某個地方是雙方都能接受的中間點。但是這個中間點在哪裡？這本書可能可以告訴您。事實上，只要不認為您什麼都做不了，那您總是可以做一些事情。

　　如果您不堅持某些事情，您終將會失去一切。

　　我過去處理銀行危機的那幾年，特別是 2008 年發生的金融危機，我意識

到我們所認知的世界末日和積極光明前景之間，金融業能在其間扮演非常重要的角色，能夠決定未來將會朝哪個方向前進。

金融業可以為開採頁岩油的業者提供資金，但也可以藉由停止提供資金，一勞永逸地結束化石燃料企業。如果無法獲得資金，那些奠基於對社會或對地球不利事物的公司將會消失。因此，銀行和金融機構將是操控我們未來的傀儡師。

對這議題思考得越多，我就越清楚發現大型金融公司需要改變。但是要怎麼做？銀行向化石燃料公司提供貸款和貿易融資，進而從中賺取巨額利潤。若是將這條生命線從銀行手中奪走，巨大利潤就消失了；但是當行為被股東回報所驅動時，這樣的改變是不會發生的。

進入數位時代，每個人隨時都連接在網路上，讓那些只是表面上支持綠色金融的銀行將被發現。激進的股東、壓力團體、非政府組織（NGO）、員工、消費者和整個社會都開始意識到金融體系可能已經腐蝕到核心——但它是可以改革的，這種改革稱為利益相關者資本主義（stakeholder capitalism）。

網路促進了利益相關者資本主義的普及，從使用手機的行動 app，到 Google 上進行的搜尋都持續地促進其發展。公司無法再躲在公關機器後面，它們在網路是透明且可以被看到的。換句話說，網路將民主的力量分散到了點擊（Click）和滑動（Swipe）。

最初，我打算寫這本關於理念和銀行業務的書。銀行需要承諾更崇高的經營理念，它們需要一個符合利益相關者的理念。然後我意識到寫不出這樣的書，我寫出的內容只會讓人覺得是克里斯·史金納的咆哮。而我並不想咆哮，因為咆哮不會讓情況有任何改善。因此，與我以前的書不同，我想召集一群朋友，從不同面向發表他們對利益相關者資本主義的看法。

在過去的幾年裡，我從各大洲挑選了一小群有影響力的人對這個議題做出貢獻。所有的貢獻者都傳遞了一個相同的信息：我們必須改變。我們需要一個更崇高的理念，需要在利益相關者的推動下為社會和地球做好事。我們

需要站出來捍衛一些東西；如果不這樣做，我們將會失去一切。

總之，在我的一生中，看到很多野生動物面臨滅絕的威脅、瀕臨滅絕，或者更糟的是已經滅絕了，這是驅使自己朝著這方向前進的原因。我目睹了犀牛、大象、獅子、猩猩、北極熊等動物的消失，我無法接受這個現象；我希望我的孩子和孫子能像我一樣享受美麗的地球。不僅如此，我希望我的子孫後代在地球上擁有未來。伊隆‧馬斯克（Elon Musk）可能想把他們送到火星，但我希望他們就在我身邊。不是嗎？

即使您不相信企業需要履行 ESG 的理念，但您是否相信美好的未來？您如何為滅絕定價？如果地球野生動物的多樣性消失，您會為此付出什麼代價？如果您的房子在洪水或火災中消失了，您會為此付出什麼代價？如果您的伴侶、父母、孩子消失了，您會為此付出什麼代價？

我認為答案非常明確。有些人會誤認為這個專案的目標是出版一本關於氣候和氣候緊急狀態，或是任何這類議題的書；很明確地說並不是。這本書是關於金融體系如何掌握現今的技術，運用數位科技造福社會和地球，無論是否存在氣候緊急狀態，就都是值得探討的議題。

當我聯繫世界各地的朋友圈時，他們其實並不是對環境保護非常感興趣的人，但我知道他們也有同樣的理念：他們認為，如果金融機構能改變資金的運用方式，我們就能擁有一個積極的未來。在那個未來，我們可以利用數位化來實現轉型並變得更加透明。我們可以持續使用數位技術，以確信在應對 ESG 挑戰時，我們的良心是清明的。

您的良心清明嗎？

我非常感謝所有參與這項專案的人，對於它的支持。我希望您喜歡我們的成果，請讓我知道您的想法。

克里斯‧史金納
2022 春天
chris@thefinanser.com

為什麼需要數位金融促進永續發展？

撰文｜克里斯・史金納

當 2008 年社群媒體剛開始興起，人們認為銀行對社會無益。到了 2010 年代，銀行嘗試與社群媒體多一點互動，有些銀行甚至開了部落格。這些情況皆在我的著作《數位銀行》（Digital Bank，2014）裡提到。到了 2020 年代，銀行不僅要社群化，還必須對社會發揮作用。一些銀行正努力做到這點，而其持續的命題可分為兩個部分：在數位轉型的旅途中，銀行必須把握機會，做好社會及環境這兩方面。本書的內容正是描述這些轉型的旅程。

書中主要聚焦在一個疑問：我們要如何利用數位服務來改變社會與環境，並且讓它們變得更好？這個問題的解答包羅萬象：從太陽能到太空殖民、從包容到慈善服務等，我們無法討論所有的主題，因為實在是太多了。同時，別忘了我的論點都是以貨幣為出發點。因此，書的重點是：如何藉由數位金融服務改善社會和環境。

在書中，我們會從各種主題切入，討論將圍繞在 5 個主要領域，試著回答這個問題。這 5 個主要領域分別為：

- 數位轉型
- 普惠金融

　　‧利益相關者資本主義

　　‧公開揭露

　　‧理念

　　在這 5 個領域之外還有更多面向，但為了聚焦在本書的目標，這些才是我們關注的主要範圍。在引言章節內，試著簡明扼要地介紹這些主題，並在其他章節內更深入地討論每個議題，也將納入各領域專家的訪談或文章。

》》數位轉型

　　我一生都從事與金融服務相關的科技工作，早在上個世紀，已開始大量處理和企業流程再造（business process re-engineering，BPR）相關的工作。當時，多數公司都還沒開始進行企業轉型，他們進行的是漸進式的改進。人們認為以科技為中心全面重塑公司的風險，遠大於運用科技來逐步改善公司。這想法在 1980 年代能獲得認同，在今日卻是行不通的。

　　多年來，運用科技進行轉型一直是個口號，但它在今日尤其重要。隨著時間越久，重塑商業模式適應科技演進的必要性就越大。從疫情期間的封城措施，可以清楚瞭解到這一點，所有提供到府服務的數位公司都獲得極大的成功，而只在實體店面為客戶提供服務的公司，則幾乎消失殆盡。

　　因為網際網路不僅正在改變每家公司的商業模式，也正在改變公司員工與客戶的思維。它正在改變我們對人類生活的思考模式。

　　因此，大多數公司要解決的第一要務是進行數位轉型，而不是採取漸進式的數位化。讓公司進化到能適應網路時代，這是公司數位化，而不是成為數位公司，兩者的差異在於，真正數位公司依據網路科技量身打造新的商業模式，它們能從平台、生態系統、5G 網路、到物聯網（IoT），有效利用所有科技。而採用漸進式科技的公司，則只會在現有的商業模式上疊加科技。這是行不通的。

要瞭解漸進式變革與轉型式變革之間的差異，最好的方式是問自己幾個關鍵問題。例如，公司是否有數位長（chief digital officer，CDO）的編制？如果有，為什麼需要這個編制？這問題的重要性在於，如果認為數位化是個專案，需要由特定部門執行，並且給予相對預算，那這想法是完全錯誤的，公司的數位轉型就會失敗，因為沒有採取正確的做法。

您不能將數位轉型視為一個專案或功能，將它分派給某個人執行。數位轉型需要全公司一起參與，公司整體都要有轉型變革的思維，而不是僅由一人負責執行專案。因為數位化是讓公司結構從工業時代到數位時代的轉變，而數位轉型需要新的商業思維與模式。這是一個全面轉型計畫，而不是漸進式的改善，不能把數位轉型當作漸進式發展，因為數位轉型皆要以「凡事數位」（everything being digital）的思維來發展：客戶會在家購物，更重要的是，員工也會在家工作。如果還沒準備好，那該做什麼來因應？

2020 年時，隨著世界各地封城，許多公司意識到一切活動都轉移到家裡了：在家提供服務、在家娛樂、在家工作，大部分公司開始在雲端運營。經過多年探討運用雲端服務，公司發現員工現在都在家工作，離開辦公室，所以必須透過雲端，讓大家能在家工作或在家提供服務。真正的問題是，一旦採用雲端服務，公司有重新思考過他們的商業架構嗎？

使用雲端和雲端原生（cloud natives）之間有很大的差別。同樣的差異也發生在數位原生（digital natives）與數位移民（digital immigrants）之間。雖然數位移民的公司目前已經在雲端作業，但並沒有針對商業模式、服務或產品的基本思維做出任何改變。

雲端原生的公司以網路為出發點，設計公司的商業模式、產品與服務，並且用戶能透過網際網路或智慧型手機造訪。他們從一張白紙開始，依據網路思維設計公司，在網路中誕生的公司和在網路中演化發展的公司之間，存在著巨大差異，成為最根本的區別。

最好的表達方式就是以今日科技所取得的成就來說明。在我成長的過程

中，深深敬佩著某項宏偉目標的成就。

> 「我們選擇在這個年代登上月球，並完成其他的成就，不是因為它很容易，而是它很困難，因為這目標可以統籌和衡量我們最頂尖的能量和技術，也因為我們樂於接受這個挑戰，不願再推遲。勝券在握，面對其他挑戰也是如此。」
>
> 美國總統　約翰‧甘迺迪，1962

1969 年的夏天將人類送上月球。全世界都看到了，他們瞠目結舌。如今，人們已經開始討論移民火星。

> 「在火星上建立自主維生基地很重要，因為火星離地球夠遠（在戰爭發生時），在火星基地比在月球基地更容易存活下來。」
>
> 伊隆‧馬斯克，2018

不只這樣。

> 「我們存在的目的，是在下個世紀，讓人類於太陽系之外的旅行成真。」
>
> 百年星艦計畫

我們會勇踏前人未至之境。

　　在下一頁中，左圖是伊隆‧馬斯克在推特上發布的，圖中是人們在 SpaceX 公司生產，50 公尺高的獵鷹重型運載火箭底下，同時也是 75 公尺高助推器上工作的樣子。右圖則是建造帝國大廈的工人們，坐在大樑上正在吃午餐的樣子；在 21 世紀建造 SpaceX 的獵鷹重型運載火箭越過天際，就像在 20 世紀建造帝國大廈觸及天空。

　　這聽起來可能很荒謬，但您的團隊可以好好研究以下的計畫：要如何為

住在火星上的客戶提供服務？這是很好的研討會主題，如果想為火星的客戶
提供服務的創業，那麼數位轉型便為這種企業而生。如果客戶跟員工被封鎖
在家，他們也可能在火星上。假設能為火星的客戶和員工提供服務，那便是
真正的數位轉型。這是討論數位化和轉型時的第一要務：建立一個為數位時
代而生的新商業模式。

》》運用網路減少不平等，創造更多的包容性

在書中探討的第二件事，是利用數位服務來減少不平等和提升普惠金融。
我在 2018 年出版的《數位人類》中對這主題進行過深入探討。

今日，我們正對人民進行紓困。2008 年時，我們對銀行進行紓困，當全
球政府決定為銀行紓困，帶來的後果是讓許多人認識到社會的不平等。銀行
仍然持續賺取高額利潤、追求巨幅成長，然而，一般人卻流離失所或期待破
滅。舉例來說，一直到 2008 年後，我們才注意到社會上 99% 的人沒有權力，
並開始積極譴責 1% 的菁英階層。

擁有權力的人和沒有權力的人之間的隔閡，正逐漸使社會與經濟無法正常運作，這種隔閡也變得越來越極端。富人與窮人之間不平等的鴻溝，更導致社會崩潰。從示威行動「反抗滅絕」（Extinction Rebellion）中的「金錢抗爭」（Money Rebellion）、「佔領華爾街」（Occupy Wall Street）、到「黑人的命也是命」（Black Lives Matter），在在說明了這一點，讓這問題備受關注。人們正在訴說：我們需要更多的平等與包容。

具體而言，正是這種挫折感，導致過去 10 年內出現如此多的金融科技新創公司。這些新創公司發現，試圖透過漸進式數位化來轉型的老公司，可能會需要創新的金融服務科技所提供的數位互動服務。這些新創公司的崛起，不僅僅是創造數位互動，而是把數位化用在好的地方。我和英國一間挑戰者銀行（challenge bank）Monzo 的共同創辦人的訪談中會談到這點。

為什麼銀行業名聲不好？因為它掌控社會、掌控經濟及掌控政府。因此，銀行業才會受到十分嚴格的監管，而且在體制上如此重要。

2008 年，上次的金融危機中，有一項關鍵議題便是：銀行一直都是純粹為了股東的利益與利潤營運。我們提出很多問題，試圖瞭解是什麼原因促使銀行採取這樣的行為，以及這樣的行為對社會、經濟和政府代表著什麼。

2009 年，時任英國金融服務局（Financial Services Authority）主席的阿戴爾・特納勳爵（Lord Adair Turner）曾發表一項聲明，表示許多銀行業對「社會無益」（socially useless）。銀行家對這句話相當反感，因為這句話實在傷人。但是，細數當時（以及現在）許多銀行的行為，都純粹受到利潤與股東回報的驅使，主要向公司、企業和人民兜售信用貸款，即便它們不一定需要或想要這種信用貸款。

只關注利潤也造成嚴重的問題，甚至催生出許多頭條新聞，如英國的還款保障保險（Payment Protection Insurance，PPI）弊案，使英國銀行損失了超過 600 億美元[1]。美國的富國銀行開戶弊案，則遭罰 1 億美元。澳洲皇家委員會調查發現，國內銀行甚至仍對已逝的人們持續收取保管費，因此裁罰了

數十億美元的罰款。

現在這樣做是錯的，這不僅對銀行是錯的，對社會和環境也是錯的。這是道德層面上的錯誤。

上述議題也延伸出一個大哉問：如果一家銀行在道德上有缺失，並對社會無益，它真的能在社會、經濟和政府之間扮演正確的角色？銀行的道德準則是否需要從本質上進行改變，變成完全不同的東西？未來 10 年內將會得到答案，這個過程會因為兩個問題加速，第一是 2020 年的新冠肺炎，第二是氣候緊急狀態。

我們先從新冠肺炎疫情開始談起。這促使銀行開始思考：它們是否已經準備好數位化，且是否為數位化的客戶與員工做好準備？許多銀行沒有準備好。數位轉型和數位銀行的討論已經進行十幾年，尤其在上次金融危機發生時，主流觀點認為銀行將受到科技的挑戰，而這在過去 12 年內確實發生了。上次金融危機催生了整個金融科技產業，並在今天成長茁壯。年復一年，投資於金融科技的資金翻倍了，當然 2020 年的疫情期間除外。

這代表過去有數以千計的新創公司正以各種方式挑戰銀行架構，包含各種應用程式介面（API）、行動 app、分析方法、平台、生態系統，以及整合運用所有功能的開放銀行（Open Banking）。

這些變革與數據息息相關，例如資料分析、人工智慧、機器學習等，但它們更多時候與流程相關，例如流程是個值得研究的有趣領域，因為以流程驅動（process-driven）金融架構已經是現在的趨勢之一。我們看到了像 Stripe 這類做了大規模突破的公司，透過自動化和簡化流程，創造了數十億美元的價值。

在 Stripe 的案例中，商戶會在線上結帳。截至 2021 年 3 月，Stripe 最後

1　若無特別註明，本書中所使用的幣別皆為美金（US$）。

一次估值為 950 億美元，幾乎是 2020 年 4 月報告的 360 億美元估值的 3 倍。一家僅有 12 年歷史的公司，靠著應用程式介面對支付進行創新，市值就高達 950 億！更具體來說，Stripe 創造的市值相當於 4 間德意志銀行 [2]。一家只有 12 年歷史和幾行程式碼的公司，市值竟是擁有數百年歷史和大量基礎設施銀行的 4 倍。

　　觀察金融科技市場及它們如何改變金融的本質，一直是件很吸引人的事。金融科技公司目前並未顛覆銀行，雖然它們進行過多方嘗試，但與大型銀行相比仍然是滄海一粟。但在 10 年後，它們可能會成為大型銀行，讓我們拭目以待。

　　在過去的 12 年間的確不斷發生運用科技進行金融服務的革新。雲端運算推動了這個革新，智慧型手機也推動了這個革新。沒有這些平台和服務，我們不可能使用行動 app 和應用程式介面。雲端運算公司對數位轉型產生巨大的影響，這也持續到新冠疫情期間。在一夕間所有人都被限制行動，包含客戶、員工及公司。

　　銀行都準備好了嗎？不盡然。很快就看出有兩種銀行：準備好的和還沒準備好的，只是還沒準備好的銀行佔了大多數。舉一個不錯的例子，英國某間銀行的客服中心在印度，由於印度早在英國 4 小時前就開始封城，且英國國內沒有設置任何客服中心，導致客戶有好幾個月沒辦法聯繫上銀行；這實在太扯了；它們還沒準備好數位化，也沒有為封城做好準備。

　　直到最近，大多數實體企業在擬訂業務持續營運計劃（business continuity planning）時，仍規畫一間備用辦公室。當主要辦公室受到恐怖攻擊時，就能由另一間辦公室接手。他們沒有想過大樓可能全面封鎖，或是試圖完全數位化。因此所有的大型銀行在多年的思考與討論後，最終致力於發

2　截至 2021 年 3 月 31 日，德意志銀行的市值為 249 億美金。

展雲端運算。

例如在 2020 年夏天，許多銀行宣布將使用 Google 雲端（Google Cloud）、微軟 Azure、IBM Cloud 和亞馬遜網路服務（AWS，Amazon Web Services）。意識到這是實現數位轉型的途徑時，大型銀行總算開始轉向雲端，而他們也必須這麼做。否則當所有的員工和客戶都被封鎖在家，銀行要如何營運？怎麼工作？

讓我們看到的最大轉變：快速的數位轉型。也因此銀行要捫心自問，當未來所有客戶和員工都在家裡，他們的業務內容是否能繼續生存？不僅如此，使用銀行業務與不使用銀行業務的人之間也產生不平等的鴻溝。

議題的核心是當社會中的不平等因為自由市場的經濟模式而加劇時，這種經濟模式已經不再具有可持續性，我們需要一種新的經濟模式。同時，世界的人口持續增長，而科技正在將越來越多非技術勞工的工作自動化。看得出來富人的財富正在增加，犧牲的卻是窮人的利益。

有趣的是，某些因為科技和過去時代人們引發的問題，可能會由未來的世代與科技解決。這一直是我在數位工作中研究的事情之一，與現在可以把所有人都納入網路有關，包括許多過去被排除在外的人。

數位金融服務能讓人們達成過往無法企及的成就。諸如比爾及梅琳達・蓋茲基金會（Bill&Melinda Gates Foundation）等慈善機構，多年來一直關注普惠金融議題。這類組織瞭解，如果被排除在金融服務之外，窮人最大的開銷將會落在處理金錢方面。具體來說，如果沒有數位金融服務，只能靠實際交易，會產生大多數窮人無法承受的成本。另一個因素是窮人直到最近才有數位金融服務，這代表他們過去沒有資格享有免費銀行服務、需要仰賴高利率的信用貸款和發薪日貸款（payday loan）度日、被迫以現金支付所有花費，並且容易受到詐騙等等。

從歷史上來看，造成上述隔閡的極大部分原因是，世界上最貧困的人不得不支付最多的金錢來進行交易。因為如果沒有銀行帳戶，幾乎不可能移動

資金，而世界上數十億人口並沒有銀行帳戶。在 2010 年，有 25 億人無法獲得銀行或金融服務。如今，已經降低到 12 億左右。印度便是這種轉變中很好的例子。

國際清算銀行（BIS：Bank for International Settlements）[3] 是個監管機構，其監管範圍涵蓋世界上大多數銀行。它最近的一份報告指出，印度的大規模轉型，要歸功於涵蓋數位身分（Aadhar）到支付方式（運用統一支付介面，或稱 UPI）的科技平台 IndiaStack。該報告說明，印度的普惠金融在短短五年多裡產生了明顯的變化。在 2011 年時，2/3 的印度公民沒有銀行帳戶，到了 2017 年，這個數字掉到 1/5。也就是說，印度持有銀行帳戶的人口比例，在短短 6 年內從 35% 提升到 80%。

以科技促進普惠金融的做法也可見於世界其他地方。例如中國的微眾銀行（WeBank）在短短 4 年內，提供金融服務給超過 2 億名沒有銀行帳戶的中國工人。同樣地，巴西 NuBank 的客戶也在 7 年多的時間裡成長到 3,500 萬，其中有 1/5 的用戶以前從未擁有過銀行帳戶或使用銀行服務。

數位化正藉由將所有人納入網路中，為世界帶來驚人的轉變。這也是討論數位化與轉型時第二件重要的事：利用網路減少不平等，創造更多包容性。

》》利益相關者資本主義

說到要如何運用商業上的能力，以社會群體的角色行善，便讓我想到第三個主題，也就是利益相關者資本主義。密爾頓・傅利曼（Milton Friedman）關於利潤導向與自由市場中心經濟學的整個觀念皆被打破。

---

3 「國際清算銀行報告第 106 期：數位金融基礎設施的設計：印度的教訓」，國際清算銀行報告，2019 年 12 月，https://www.bis.org/publ/bppdf/bispap106.htm。

「企業僅有且唯一的社會責任，在於遵守遊戲規則，運用資源從事提高利潤而設的活動⋯⋯」

密爾頓・傅利曼，1970

這構成上個世紀的美國資本主義，它長成了一個怪物，而這個怪物已經被中國殺死了。我們需要為 2030 年代建立一個新的經濟架構。

「當管理者只關注極大化股東獲利時，如何能對社會產生效益？」

路易吉・津加萊斯，2020[4]

股東導向資本主義（Shareholder-driven capitalism）之所以有效，是因為它純粹由投資者與股東的利益驅動，並以社會和環境為代價。這就是銀行業的道德準則，或者說，它是個道德迷宮（moral maze）。為社會和環境行善，如何能做為對股東的回報？人們之所以認為公司和金融業對社會無益，是因為他們雖然沒有違背遊戲規則，卻忽略了這遊戲正在摧毀世界的事實。這個遊戲本身必須改變。

直至今日，我不斷地強調：*如果您不堅持某些事情，終將會失去一切*。這是我給理念驅動（purpose-driven）的企業及銀行業的鼓勵口號。股東回報當然很重要，但那只是企業中一項利益相關者。其他的利益相關者，包含客戶、員工、社會、社群、政府、國家、地球，正開始變得同等重要。這是個重大的轉變，而轉變正在發生！這也是 21 世紀經濟學的焦點。

這代表未來的幾十年內，銀行業需要關注的問題將遠遠超過股東回報。例如，2019 年底，曾出現一個非常有趣的行動，是由摩根大通的總裁兼執行長傑米・戴蒙所發起，也就是商業圓桌會議（Business Roundtable）的利益

4　請注意，傅利曼教授與津加萊斯教授都就任於芝加哥大學的同個校區。

相關者宣言。此項宣言陳述，我們必須關注企業中的所有利益相關者，而不僅僅是股東。近 200 家美國企業簽署該宣言。但幾天之內，某些簽署宣言的公司為了強化股東回報並照顧投資者，仍然進行裁員。

坐而言不如起而行，您不能只是說說，還需要身體力行。這是成為理念驅動企業的關鍵之一。企業必須許下承諾，不能只是公關說詞。這些承諾必須交由高階管理團隊執行、實施、提出成果，而不僅僅是空口白話。

例如商業圓桌會議在 2019 年 11 月宣布公關稿時，聯合國也在 2019 年 9 月發布《責任銀行原則》（The Principles of Responsible Banking）。當時共有 132 家銀行簽署，一年後，簽署銀行數已經躍升到 190 家。然而，其中幾家銀行顯然仍只做有利於股東回報的事務，而不是有利於利益相關者的行動。與原則內容相左，他們的行為很不負責任。其中一家銀行正在主導化石燃料（fossil fuel）公司的投資案，卻沒鼓勵這些公司擁抱綠能。還有銀行正在投資石油開採公司運用壓裂（fracking）技術獲取頁岩油。這是一家「惡裂」的銀行，它不環保，也沒有遵循道德倫理。真正能夠吸引未來消費者的銀行，不僅會守護我們的未來，還會保護我們下一代、社會與環境的未來。

在往後的幾十年內，金融機構，不，事實上是所有的機構，都必須對社會有益處，並以正確的道德方向行事。若沒有道德倫理，且對社會毫無回饋，機構會在未來十年被揭穿、淘汰、指控，進而倒閉。

》》 數位促進公開揭露

接下來是第四點：數位轉型不僅僅適用於網路與雲端的創造公司。21 世紀的公司在數位上是完全公開揭露，無論是商業慣例、組織架構、營運、交易或供應鏈。

事實上，諸如區塊鏈，或者稱為分散式帳本技術（DLT：distributed ledger technology）之類的科技，是構成這趨勢的主要部分，因為正是它們

公開揭露交易。任何人都能看到供應鏈與價值鏈中所有關於商品採購與交易的一切，而且有很多 DLT 案例著重採購可持續食品。根據研究指出，在 2025 年，全球將有超過 20% 的頂尖企業使用區塊鏈 [5]。

另一個例子則是慈善捐款最在意的問題：慈善機構是否把錢送到了該去的地方？阿里巴巴擁有最多 DLT 專利權，它使用這項科技來確保慈善相關資訊的公開揭露。所有慈善事業的捐款人都能看到他們的錢到了哪裡，以及指定受領人收到了多少錢，這就是公開揭露。而公司也會因為這種數位公開揭露科技，開始需要對自己的行為與活動更負責任。在不久的將來，不以數位形式完全公開和負責的公司將會受到挑戰。

像是貝萊德（BlackRock）這樣將自己漂綠（greenwashing）的公司，已經讓我們看到數位公開揭露帶來的改變。漂綠公司表面上崇尚環保，內部卻是腐敗的。公關和執行長在聲明中大談 ESG（環境保護、社會責任、公司治理），但在聲明背後，該公司大部分的活動涉及資助化石燃料產業和破壞環境的企業。他們注重的仍然是利潤與股東回報，而不是社群與利益相關者的回報。

如今試圖隱藏這種行為的公司都會被數位調查（digital investigations）發現。想想任何參與不利社會或環境行為的公司，您認為在現今時代他們如何能不被發現？

在網際網路發明前很容易隱藏，只要不讓任何人知道就行。但在數位時代，任何人只要嗅到不對勁的氣味，就會揭露、分享、放大、進行病毒式散播。有不良行為的公司會被揭穿，進而受人舉發，萬夫所指。一開始可能只有一位客戶或一名員工挺身而出，在一天之內它很容易就登上主流社群媒體的頭條，然後就是傳統媒體。這樣的事件能夠在短短數秒內就像病毒一樣瘋傳全

5　「區塊鏈在食品業的應用：食品可塑性與安全性」Hasib Anwar 著，2020 年 12 月 5 日，https://101blockchains.com/blockchain-in-food/。

球，這就是這代生於網路人的天性。他們希望這個世界能夠永續、擁有未來——看看格蕾塔・桑柏格（Greta Thunberg）就知道。永續性是人們在意的關鍵，它不僅僅是員工或客戶的焦點，也是公民與社會的焦點。

》》什麼是您的理念？

最後一點，則是成為一家理念驅動的公司。許多時候，將注意力拓展到股東之外的壓力，會是推動理念最大的動力。當掌控權在利益相關者手上時，利益相關者對 ESG 特別在意。當漂綠、破壞社區、資助汙染環境的公司，以及其他不利社會的行為越來越容易因為數位公開而被揭露，企業對 ESG 的承諾在未來幾年將會變得更加重要。氣候是個很好的例子，因為這是一直以來時常被銀行「漂綠」的議題。我們都非常清楚眼前的氣候危機，以現在的說法，便是氣候緊急狀態（Climate Emergency）。這是繼疫情後第二個將大大影響未來 10 年的主要議題。如果我們繼續製造溫室氣體來破壞世界，那麼我們的孩子跟後代將可能沒有未來。

2017 年的一份研究報告指出，從 1988 年來，破壞地球環境的溫室氣體中，前 100 家公司集中排放了其中的 71%[6]。不意外的，就是埃克森（Exxons）、殼牌（Shells）與英國石油公司（BP），也就是化石燃料公司，以及石油、天然氣與煤炭的銷售商。

這些公司一直在破壞地球，不斷奪取並燃燒資源。如果我們想要大規模地重置地球，也是未來的我們必須處理的問題。我們不一定會欣賞像伊隆・馬斯克這樣的人，但他正試圖推廣以電池或電力作為能源供給的運輸方式，

6　「碳排放大戶資料庫：2017 年 CDP 碳排放大戶報告」Dr Paul Griffin 著，2017 年，https://b8f65cb373b1b7b15feb-c70d8ead6ced550b4d987d7c03fcdd1d.ssl.cf3.rackcdn.com/ cms/reports/documents/000/002/327/original/Carbon-Majors-Report-2017.pdf?1499691240。

甚至可能帶領我們前往火星。他的所作所為引起年輕一代的共鳴，使得特斯拉成為最有價值的汽車製造商。

針對上述的世界現況，銀行是實際上控制前 100 大公司活動的機構。如果進一步縮小範圍，會發現這些溫室氣體中有一半來自前 25 家公司。接著您就會發問，如果這麼多公司都為了賺取利潤而從事破壞地球的活動，那麼該怎麼改變這種行為？

答案很簡單：對於金融機構的行為與獎勵措施進行改變，就能產生變化。2021 年的一份報告明確指出，銀行在改變國家與企業在化石燃料與溫室氣體排放等行為上，扮演非常重要的角色。2021 年的《氣候混亂金融報告》（Banking on Climate Chaos）指出，世界上最大的 60 家商業及投資銀行於 2016 至 2020 年間，總共投入了 3.8 兆美元在化石燃料上 [7]。

這並不是個簡單的議題。它很複雜，否則早在多年前就能解決了。如果讀過蘇斯博士在 1950 年代寫的童書《羅雷司》（Lorax），您就會知道某些氣候問題在當時就已經眾所皆知 [8]。

我認為，桑坦德銀行的執行主席安娜 · 柏廷（Ana Botin）針對這個領域的解釋最為清晰。2019 年時，柏廷在彭博電視台（Bloomberg TV）上被問及，她曾聲稱桑坦德銀行獲評世界上最永續的銀行，那麼桑坦德銀行在氣候變遷方面有什麼作為。當採訪者問及桑坦德銀行為什麼不直接停止資助化石（石化）燃料公司時，她的回答如下：

> 「這樣是不負責任的行為。煤炭仍是波蘭許多經濟體的命脈，我們不能就此切斷波蘭的能源。但我們也宣布，身為波蘭的大型銀行之一，不會再資助任何新的煤炭計畫，必須在轉型和支援客戶之間找到一個合理的平衡點。我們

7　《2021 年氣候混亂金融報告》雨林行動網路著，2021 年，https://www.ran.org/bankingonclimatechaos2021/。

8　雖然這本童書的重點是森林砍伐，但它也呼應了今日的氣候議題。

的使命是幫助人們與客戶找到能夠永續繁榮的方式。」[9]

當時我住在波蘭，對這件事很有共鳴。我沒有意識到波蘭是歐洲汙染最嚴重的國家，並且如此重度仰賴燃煤能源。不能只是切斷它的能源，而是要改變它、讓它升級。正如柏廷所說的，最好的方式是「找到個合理的平衡點」。然而，如果我們的生活已岌岌可危，達成平衡點的時機自然越早越好。

這是金融公司的重要責任，能促成改變的不一定是銀行，也有可能是機構投資人。比如說，在我曾主持的某場會議上，一位退休基金的執行長表示，他最擔心的事情是在未來幾年將無法支付退休金給任何人，因為未來將沒有任何能夠領退休金的人留下了。

這是改變思維的重要推動力，不僅僅是 ESG，而是指領導人能夠理解且利用數位科技行善，並將這能力與其他專注於為社會及環境做善事的領導人結合，讓整間公司都有強而有力的理念，而且是全公司員工都銘記在心、奉為圭臬的理念。

》》 理念驅動的公司

起初，我想把書名稱為《理念驅動的銀行業》，但最後還是選擇了以《數位金融永續發展》作為書名，因為這本書不僅關於銀行和理念。雖然書的主旨確實討論到理念，這是未來數十年內公司成敗的關鍵。*公司需要堅持自己的理念，否則就會失去一切。*

公司不能僅有理念，它還要讓目前及未來的客戶與員工能對這理念產生共鳴。它可能是拯救地球，也可以只是幫助當地社區、幫助弱勢的人、拯救

9　「桑坦德銀行的安娜・柏廷談金融科技與區塊鏈」，克里斯・史金納發表於金融家（部落格），2019 年 11 月 25 日，https://thefinanser.com/2019/11/ana-botin-executive-chair-of-santander-on- strategy-sustainability-fintech-and-blockchain.html/。

野生動物或其他任何事。理念必須是大多數人相信與支持的事物，並且往往會定義一間公司的文化與價值觀。

公司的核心是否明確闡述這樣的理念、價值或意義相當的東西？這方面最好的公司之一，答案可能令人驚訝，是一家名為螞蟻集團（Ant Group）的中國公司。它隸屬中國網路巨擘阿里巴巴旗下，在中國提供支付寶的支付服務。我曾在《數位人類》（2018 年出版）中做了螞蟻集團的個案研究，還記得曾在他們的總部看見一張海報，上面寫著：「為社會做善事，為環境做好事。」這是螞蟻集團和阿里巴巴集團的關鍵思想與企業文化核心價值，由集團創辦人馬雲所發起與推廣。

螞蟻集團可不只是說說而已，他們將口號化為行動。舉例來說，螞蟻金融服務的支付寶行動 app 中，有一個叫做「螞蟻森林」的神奇東西，這是世界上最大的多媒體遊戲之一。這個遊戲有數億名玩家遊玩，它會鼓勵玩家實踐環保，如果玩家不坐公車、計程車或開車，而是步行或騎自行車上班，遊戲便會給予獎勵。如果玩家做資源回收而不是丟棄物品，使用環保商品取代不環保商品，遊戲也會給予獎勵。

雖然這些都是遊戲的行動，但遊戲的真正核心，是讓玩家在遊戲中達到一定分數時，就能種下一棵樹。玩家透過以環保行動取代不環保行動來獲得積分，此外，當玩家看到朋友社群中的其他玩家做出不環保行徑時，也可以從他們那裏取得積分。

計畫執行後，現今中國有將近 6 億人在使用螞蟻森林植樹，並在 2020 年底前種植了超過 3 億棵樹。這些種下的樹木足以在短短三年內減少中國 5% 的碳排量，約當 1200 萬噸的碳排放，螞蟻集團還承諾在 2030 年達成碳平衡。中國正藉由永續性金融，走向永續性經濟。

這個案例有許多重要層面，最重要的一點是，螞蟻金融服務與阿里巴巴都有一個理念：*為社會及環境做好事*。這個理念將成為未來十年形塑世界的本質。改變世界的不只是螞蟻集團、阿里巴巴、或是中國公司的理念，而應該

是每一家公司的理念。您的理念是什麼？我們能對您的理念產生共鳴嗎？它對社會及世界有好處？還是只是為了股東回報與利潤？它是對社會有用還是無益？

如果公司的理念只是為了股東回報與利潤，您會發現員工與客戶將會在未來幾年內離去。就像前面的敘述，客戶和員工不再與純粹為盈利而存在的金融機構產生共鳴。同樣的，客戶也無法與那些沒有為封城做好準備的金融機構產生共鳴。

您的承諾是什麼？您的理念是什麼？網路把所有人連結在一起，開啟了一場數位革命。我們正在從過去數個世紀的「凡事工業化」（industrialising everything）突破到未來幾個世紀的「凡事數位化」（digitalising everything）。這會是一個完全不同的世界，具有不同的結構與不同的需求，需要不同的商業模式、產品、服務和思維，同時也需要前所未見的社會與治理方式來創造出與過往完全不同的環境。

從公司治理、金融、商務、到人際關係，這一切的數位化都是由理念驅動與數位公益做為幕後推力。*您必須有立場支撐，否則就會倒下*。理念不能只是行銷或公關手段，就像不能只將數位轉型當做專案或功能，須是讓公司存在的核心價值。

如果您堅持某些事情，您將會成功。如果您不堅持某些事情，終將會失去一切。

這裡討論的全都是數據。數據正在推動現今發生的一切。對於工業時代的公司，特別是銀行業的許多公司來說，手上持有的數據就是他們的戰略黃金，未來會成功的是能真正運用數據產生效益的公司。然而，有許多工業時代的公司無法善用這些數據，大多數傳統企業沿用舊有系統，使得它們處理數據的手法非常糟糕。這些系統及數據四散各處，並且無法與業務單位和產品同步發展。

這些舊有系統需要以數位為核心，並以客戶的整體需求為標的重新設計，如此才能善用客戶數據，為客戶提供真正有幫助的服務，而不是使他們失望。

企業善用數據並藉由智慧型行銷手法創造更多業績，這些數據是智慧型數據，以人工智慧來解讀非智慧型數據是不可能的。智慧型數據也成為區分企業好壞的關鍵因素。

對現存的企業來說，如果能聰明地善用數據，那麼它們手中握有的，就會成為它們能在未來繼續生存的黃金。畢竟有這麼多新公司和新創企業想藉由資料做為決勝點，一舉取代現存的公司。這個現象在亞馬遜（Amazon）及沃爾瑪（Walmart）的對比中尤為明顯。亞馬遜的成功秘訣在於，它擁有客戶的數據，並能夠分析數據，全面的解析客戶，透過這些分析合理地串連起資訊並推薦適合的產品。如果您的數據多到能全面分析客戶，它就會是強大的槓桿，讓您能輕而易舉地直擊工業時代公司的弱點[10]。

這就是金融科技公司變得炙手可熱，總市值高達數十億美元的原因。因為它們知道銀行不僅僅對數位化不在行，更重要的是，銀行對運用數據也不在行。當您研究 Stripe、Adyen 和 Paypal 時，您會發現它們就是利用這個弱點。同樣地，在媒體業、旅遊業、娛樂業、商務以及零售業都看到這個現象。而現在，這樣的現象也在金融服務業中發生。

總之，以下的事情都很重要：數位轉型、氣候緊急狀態、不平等、多樣性、包容性、理念、利益相關者資本主義、數位公開揭露等等。但最要緊是掌握您的數據。畢竟，在今日數據就像我們呼吸的空氣，經過整理的乾淨數據是好的空氣，而混亂的數據則會讓您窒息。您的數據乾淨嗎？您的領導團隊有多強？您的公司對數位化的理解程度為何？有多大的決心？您的公司有理念嗎，這個理念是否真實，或者只是個幌子？

10　「銀行可以從沃爾瑪學到什麼」，克里斯・史金納發表於金融家（部落格），2017年5月18日，https:// thefinanser.com/2017/05/banks-can-learn-wal-mart.html/。

今天的銀行業面臨什麼問題？

撰文｜安東尼‧湯普森，英國＆澳大利亞 Metro Bank、AtomBank、
86 400 之聯合創始人
克里斯‧史金納

　　許多人花很長時間描述銀行業運用科技和數位轉型方面做得有多麼糟糕。然而，這並不意味銀行將被科技所吞噬。許多公司和產業都被科技所摧毀，但銀行業並不在其中，當我們讀到「銀行業的終結」、「銀行業將被去中間化」、「傳統業者的終結」等類似文章時，它們變成很好的頭條新聞——但這並非事實。連麥肯錫（McKinsey）、埃森哲（Accenture）等知名公司也曾失言，發表過類似的觀點，但是它不適用於銀行業。

　　銀行業永遠不會有問題，大型銀行永遠不會：倒閉、受到新進銀行的挑戰，以及消失。回顧歷史，例如 2008 年有多家銀行倒閉，銀行業理應死透了，銀行業很糟糕，銀行業讓人民、政府和國家失望，銀行業應該要被槍斃。政治家和公民們都相信這些論點，然而他們也意識到：銀行業的規模已經太大了而不能讓它倒閉；他們具有系統性的重要性；他們是經濟不可分割的一環；必須搶救他們擺脫困境。

　　大型銀行透過救濟計畫、量化寬鬆和緊縮經濟政策獲得紓困，逐漸恢復正常。沒有任何大銀行家入獄，沒有一家大型銀行倒閉，除了加強監管和增加資本要求外，幾乎沒有變化。大型銀行變得越來越大也就不足為奇。

　　美國的現況是最好的證明。我們認為美國應該是更競爭的市場，實際上競爭卻越來越少。在 1994 年，小型銀行、中型銀行、大型銀行和巨型銀行的市場佔有率大致相當。

1994 年銀行市佔率

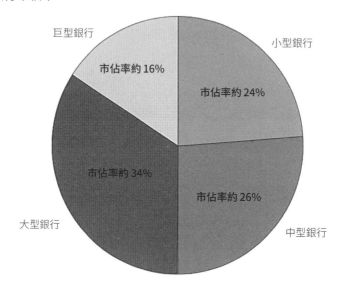

數據來源：美國地方自立機構（Institute for Local Self-Reliance）

註：依照美國的銀行和信用合作社於 2018 年所擁有資產的市場佔有率進行分類，小型銀行和信用合作社的資產不超過 12 億美元，中型銀行和信用合作社的資產介於 12 億美元至 102 億美元之間。大型銀行和信用合作社的資產則為 102 億至 1,002 億美元規模。巨型銀行則指其資產超過 1,002 億美元的銀行。

　　到了 2018 年，巨型銀行的市場佔有率已擴大到 59%，僅前 4 大銀行公司就佔據近 36% 的市場佔有率。

　　這張圖可用 1980 年代一款名為「小精靈」（Pac-Man）的電玩遊戲作為隱喻。這款遊戲是一個大圓點，它吃掉所有的小圓點，同時避免自己被吃掉。大型銀行業的生存之道，就是吃掉市場上的競爭對手，直到沒有競爭對手為止，並避免自己被更大的競爭者所吞噬。

2018 年銀行市佔率

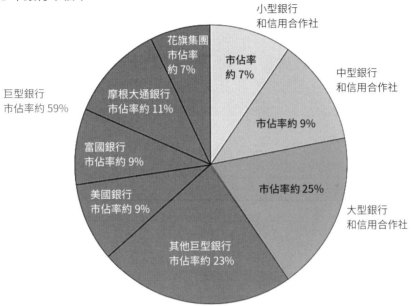

小型銀行
和信用合作社
市佔率
約 7%

中型銀行
和信用合作社
市佔率約 9%

大型銀行
和信用合作社
市佔率約 25%

花旗集團
市佔率
約 7%

摩根大通銀行
市佔率約 11%

巨型銀行
市佔率約 59%

富國銀行
市佔率約 9%

美國銀行
市佔率約 9%

其他巨型銀行
市佔率約 23%

數據來源：美國地方自立機構

註：依照美國的銀行和信用合作社於 2018 年所擁有資產的市場佔有率進行分類，小型銀行和信用合作社的資產不超過 12 億美元，中型銀行和信用合作社的資產介於 12 億美元至 102 億美元之間。大型銀行和信用合作社的資產則為 102 億至 1,002 億美元規模。巨型銀行則指其資產超過 1,002億美元的銀行。

回顧歷史，多數大型銀行都是藉由併購而形成現在的規模。最終，他們變得如此龐大，龐大到太大而不能任其倒閉，如果他們真的快破產時，反而會得到救助。事實上，2008 年對於摩根大通（JPMorgan Chase）和勞埃德（Lloyds）等一些銀行而言是非常好的一年。摩根大通以低廉的價格收購貝爾斯登（Bear Stearns）和華盛頓互惠銀行（Washington Mutual），而勞埃德銀行則併吞了蘇格蘭哈利法克斯銀行（Halifax Bank of Scotland HBOS）。市場佔有率越大，市場集中度更高，系統的重要性越高，更不能讓其倒閉。

所有關於銀行倒閉、銀行是垃圾、銀行不重視客戶、銀行沒有使用科技的討論持續出現，銀行卻正在變得越來越大。核心問題是，銀行正面臨科技

嚴重威脅，如果他們不及時改變，可能會被科技所吞沒，這種說法很有可能發生，而一旦真的發生，銀行消失的形式和速度，將會遠超過現在的想像。

到目前為止，沒有一家銀行因為公司貧乏的科技應用而自市場消失。一些投資銀行陷入困境，是因為無法跟上低延遲程式交易（low latency programme trading）的趨勢，一些基金經理人因被動投資（passive trading）而消失，一大群銀行家因軟體而失業，但銀行本身並未因這些因素而倒閉，它只是改變了。唯一可以確定的是改變都將存在。

由於顧問、科技專家和媒體不斷高喊「銀行將因科技而亡」，銀行家們已經不相信這論點。因此，當有人將銀行即將倒閉的預測，與百視達（Blockbuster）、柯達（Kodak）、諾基亞（Nokia）、湯馬斯・庫克（Thomas Cook）等公司的遭遇相提並論，銀行家們根本置若罔聞。

有個好方法來理解這個觀點，檢視過去一個世紀以來，進入和離開股票交易市場的公司。現在上市公司的平均壽命不到 20 年，相較與 1950 年代中期是 60 年或更長的時間。2015 年麥肯錫的一項研究發現，半個多世紀以來，股票市場裡主要公司的平均企業壽命一直在下降。1958 年公司的平均存活率為 61 年，1980 年降至 25 年，到 2011 年僅為 18 年[1]。與過去任何時候相比，變化更快、挑戰更大、適應能力要更強大、環境更加艱難。

然而這現象並不適用於銀行業，銀行將永存不朽。看看大多數國家中最大的銀行，他們在所屬的國家作為大型銀行已經很長時間，一些銀行已經存在超過 500 年之久，如西雅那銀行（Monte dei Paschi di Siena），而英國現存最古老的銀行巴克萊銀行（Barclays）出現於 1690 年。銀行永遠不會消失，

1　Driek Desmet、Ewan Duncan、Jay Scanian 和 Marc Singer，「創建高績效數位企業的六大基石（Six building blocks for creating a high-performing digital enterprise）」，麥肯錫公司，2015 年 9 月 1 日，https://www.mckinsey.com/business-functions/organization/our-insights/six-building-blocks-for-creating- a-high-performing-digital-enterprise.

他們可能會是僵化的、失敗的、破碎的、錯誤的、愚笨的、愚蠢的，或其他任何想得到的詞彙，但就是無法消滅他們。

主要因為他們受到政府的保護。所有政府，無論是左派或是右派，都希望有強大而穩定的銀行以確保強勁成長且穩定的經濟。因此，他們保護這些寶貴的資產，彷彿市場只有銀行，因此銀行可以永遠存活。他們可能被收購、合併、出售等等，但他們永遠不會消失，這說明了一個世紀前的大多數銀行仍存在於今日的原因。

》》 我們做的是銀行業務，而科技是我們使用的工具

提到數位信任（digital trust）以及實體信任（physical trust）。德意志銀行（Deutsche Bank）以下的聲明對這點做了最好的總結：「我們做的是銀行業務，而科技是我們使用的工具。」銀行如何運作取決於科技，因此科技必須充分融入銀行的業務結構中。

在現實中意味著銀行將模擬、仿效金融科技公司 FinTech 的商業模式、產品和服務，並將其整合到銀行的業務模式、產品和服務中。有些銀行已經這麼做了，先行者有西班牙對外銀行（BBVA）和高盛（Goldman Sachs）。過去 10 年，西班牙對外銀行，對金融科技新創公司進行過幾次重大收購，例如 Simple 和 Holvi，而高盛不僅收購 Financeit 等公司，還成立自己的挑戰者銀行 Marcus。

不僅如此，目前類似情況的升級版正在發生。例如 2010 年至 2018 年間，銀行收購的金融科技新創公司不到 20 家，值得注意的是其中 6 家的收購案是發生於 2018 年。如今我們已經看到更多案例。例如，桑坦德銀行（Santander）在 2019 年收購中小企業（SME）外匯服務公司 Ebury 的主要股份，而美國運通（American Express）則是收購 Pocket Concierge 公司，它是提供餐廳預約的行動 app。我們看到美國的銀行與亞馬遜、蘋果和谷歌

合作提供金融服務，甚至看到一家名為 Raisin 的金融科技新創公司收購了一家名為 MHB 的銀行。

因此金融科技在未來 10 年仍會繼續蓬勃發展。在這段繁榮期，銀行對新創公司的投資和收購金額將會超過數十億美元。畢竟銀行有足夠的資金來做這樣的事。銀行也知道他們需要這樣做，因為他們受限於內部貧乏的科技應用，只有這樣做才不會被創新和敏捷的公司所包圍和超越。

這將導致 2020 年代結束前，我們可能不會再談論金融科技，我們僅討論由科技驅動的銀行業。誠如德意志銀行所說「我們做的是銀行業務，而科技是我們使用的工具」，不表示銀行是一家剛好擁有銀行執照的科技公司。我們經常聽到這種說法，但並不喜歡。現在很多銀行都這麼說，這樣說很酷，像新創公司一樣，要成為矽谷天使投資公司，像一隻年輕的金融科技獨角獸。

然而，亞馬遜、阿里巴巴和美國銀行（BoA）之間存在極大差異。同樣的，科技新創公司、金融科技新創公司和提供全方位服務的銀行之間也有極大差異。新創公司幾乎從零開始，沒有資本、資金、支援、客戶、歷史、信任，什麼都沒有。如果它的想法是對的，它可能會一飛沖天，金融科技新創公司，幾乎可謂是白手起家。

科技新創公司和金融科技新創公司的唯一區別在於，後者通常需要更多的資金和支持，因為它需要獲得監管機關的同意。通過監管機關的審核，才能獲得金融市場的信任。值得慶幸的是，獲得監管機關的認可已經比以前更簡便也更容易。但是要成為一家提供全方位服務的銀行，您需要監管機構的審核，所有的審核項目都必須通過，因此大多數金融科技新創公司都不會以銀行的身分起步，而自稱為「一家剛好擁有銀行牌照的科技公司」，則是輕描淡寫其獲得銀行執照的條件。

Monzo、Starling、Atom、Tandem、Tide、OakNorth、ClearBank、Railsbank 和更多公司，都在競相成為英國挑戰者銀行領域的新創公司。他們都想要並且需要完整的銀行執照才能達成此目標。他們得花費數年時間才能

獲得銀行執照，這涉及許多監管障礙，其中最重要的是找到合適的人選擔任董事會成員和領導團隊——這需要大量資金。而且監管機構曾表示英國新創公司獲得銀行執照的平均費用為 3,000 萬美元，那是在開始運營之前。因此說「我們只是一家剛好擁有銀行牌照的科技公司」是個謬誤。

實際上銀行和銀行業務是很複雜的事務，使得它涉及到如此多的監管——對銀行的監管是普通科技公司的 5 倍之多[2]——以及政府要對銀行業進行縝密審查的原因。實際上銀行和政府攜手並進，政府負責管理經濟，銀行負責確保經濟繁榮。儘管如此，傳統銀行無法在「數位優先」的銀行新世界中與其競爭，因為許多銀行對數據一無所知。以下有三個狀況：

第一個狀況是老銀行總談論它的數位化程度。它告訴股東，它擁有全英國最成功的數位行動 app，客戶平均每天使用 2.6 次。這可能是真的，但許多客戶純粹是使用行動 app 查看銀行的餘額，以及確認是否已收到款項。而聰明的新銀行從不談論行動 app 的使用頻率，只談論客戶的互動和體驗。客戶不需要打開他們的行動 app，因為在大多數情況下，銀行會發送客戶需要知道的關鍵資訊和提醒。為什麼老銀行做不到？因為它的核心系統是基於舊式的借貸交易分類帳，而不是基於即時網路連結的新世界。

第二個的狀況是僵化的老銀行對其客戶的財務生活方式（financial lifestyle）一無所知。銀行不知道客戶在某件事上的花費是否過多或太少，客戶得不到交易分析，經常想知道這筆交易是什麼。銀行帳單上呈現一筆交易資訊「9 月 22 日，在 DUBL INT CH M 花了 22.50 英鎊」，但是 DUBL INT CH M 是誰？除非客戶能記住每筆交易，否則他不知道此筆交易內容是什麼。

聰明的新銀行不僅能向客戶顯示他們何時、何地使用帳戶，還將其連結

2　克里斯・史金納，「您任職於銀行業還是科技業（Are you in banking or technology?」Finanser（博客），2019 年 2 月 19 日，https:// thefinanser.com/2019/02/are-you-in-banking-or-technology.html/

至谷歌地圖應用程式介面（API），使客戶能看到他們何時、何地付款。此外銀行會不停地分析客戶的帳戶，以更好的方式通知他們。客戶被告知他們在娛樂、食物、衣服、咖啡、衛生紙等方面的實際花費，新銀行不僅能告訴客戶這一點，還能分析資訊，告訴他們如何能生活得更聰明、更節約。

第三個狀況最致命，就是開立帳戶。如果要開立一家僵化老銀行的銀行帳戶，通常得親自去分行一趟，帶著兩種身分證明文件和三種地址驗證數據到分行。然後銀行需要幾天的時間整理和完成所有工作。聰明的新銀行呢？發送一張您的身份證照片，兩張自拍照，微笑，8 分鐘就完成開戶。

問題是僵化的老銀行也希望以聰明的新方式與所有客戶往來。然而銀行無法做到這一點，因為需要更新核心系統、轉移到雲端、變得敏捷並進行數位轉型。想想上述的三個狀況，僵化的老銀行之所以愚蠢，是因為它的行動app 和數位服務受限於僵化的舊式後端系統，而且它沒有交易分析能力，沒有即時服務，交易資訊之所以顯示為 DUBL INT CH M，純粹是因為它的舊系統欄位只允許描述 12 個字元。沒有更新核心系統，僵化的老銀行永遠不會變聰明、智慧或有價值。

》》 客戶當然是關鍵

同樣的，如果從探討銀行與其客戶間的基本關係開始，將是關於數據的有趣討論。數據在銀行和客戶之間共享，您會在手機上安裝銀行的行動app，銀行和客戶之間的數據仍然受到安全保護，但現在第三方行動網路供應商也介入其中。您會受到像歐洲支付服務指令（European Payment Services Directive）的監管，要求銀行與第三方供應商共享數據。現在您可能會將銀行詳細資訊嵌入行動錢包，因為要使用 Google Pay、Apple Pay 和 Facebook Pay，數據可能與谷歌、蘋果和臉書共享。然後還會在 PayPal、Amazon 和其他服務中嵌入您的銀行詳細資訊。

　　複雜的數據價值鏈最初是從銀行開始提供，現在可能涉及 5 家、6 家或更多的參與者，因此產生了許多問題。數據稀釋（data dilution）後會發生什麼事？數據如果洩露會產生什麼問題？這是誰的責任？誰該負責？這是嚴峻的議題，也令大多數銀行感到緊張，緊張源自銀行怕失去客戶，擔心聰明的公司會利用這些數據，產出遠遠勝過老銀行的服務及產品。

　　畢竟有許多挑戰者銀行和新銀行，他們獲取過去傳統銀行客戶的所有生活型態支出數據。他們非常擅於分析客戶生活型態的數據，能展現客戶生活中每一項花費的軌跡，花費在哪件事上？在哪裡消費？在何地消費？他們是數據處理機器，透過數據智慧地服務客戶；他們並不笨。

　　結果他們迅速成為掌握客戶生活型態的銀行（lifestyle bank），而老銀行成為無趣的舊銀行，提供代收水電、瓦斯、電話費等款項和抵押貸款之類的服務，列印出無趣的帳單。這些服務很重要，但並不能告訴您，客戶是誰或他們如何生活。

　　如今大型科技公司也加入挑戰者銀行的行列，亞馬遜借助摩根大通的錢包，花旗（Citi）正在與谷歌合作，蘋果背後有高盛支持，而臉書遍及四方。如《經濟學人》所言：「矽谷大型科技公司追求的是您的數據，而不是您的錢[3]。」

　　這一切都跟爭奪數據有關，擁有越多的客戶數據，就更能精準定位客戶和提供服務。數據提供知識，可以依據數位足跡進行生活型態分析。失去數據連結，您就失去了一切。

　　關鍵是數據，它是數位公司所呼吸的空氣。數據不是石油，石油是一種具有局限性的化石燃料。數據是讓我們呼吸和茁壯成長的空氣，失去空氣，

3　「大型科技公司瞄準低利潤零售銀行業（Big Tech takes aim at the low-profit retail-banking industry）」，《經濟學人》，2019 年 11 月 23 日，https://www.economist.com/finance-and-economics/2019/11/21/big-tech-takes-aim-at-the- low-profit-retail-banking-industry.

您會窒息，讓金融科技、挑戰者銀行、大型科技公司和現有銀行之間的競爭，許多現有銀行正在窒息──只是他們還不知道而已。

COVID-19 冠狀病毒爆發之初，沒有人在意中國武漢的銀行關閉，就證明這點。[4] 湖北省約有 6,000 萬人居住在武漢附近，連續幾個月，該地區的零售銀行暫時關閉，但大多數的武漢人甚至沒注意到。

這與歐洲和美國的經驗形成鮮明對比，在歐洲和美國，銀行一直是政府與人民和小企業之間實質的中介機構。根據個人的經驗，歐洲和美國的銀行正以驚人的速度倒閉。然而在中國，人們為什麼不在意？他們不需要使用自動提款機，因為有支付寶和微信支付，對大多數人而言，只要支付寶和微信支付就夠了。

從支付和金融市場的角度來看，中國已經超越歐洲和美國，並迅速使中國成為無現金社會。雖然統計數字各有不同，但 2019 年中國透過手機錢包轉移的交易額從 30 兆美元到 50 兆美元不等。如果您試圖使用現金，會被視為某種外星生物，然而支付寶和微信支付仍然必須綁定銀行帳戶，而且大多數中國公司透過銀行支付員工薪資，因此仍然需要銀行。只是銀行是以保管人的身分代為保管這些錢，直到現金轉移到支付寶和微信支付。換句話說，銀行不再重要。這會是所有銀行的未來嗎？

》》挑戰者銀行正在改變這場遊戲？

答案很簡單：沒有。在歐洲和美洲，我們看到許多新銀行的興起和成立。然而當您仔細觀察他們所做的事情時，他們真的改變了遊戲規則嗎？似乎沒

4　克里斯・史金納，「當武漢的銀行關門時，沒人關心（When the banks closed in Wuhan, no-one cared」），Finanser（博客），2020 年 7 月 30 日，https://thefinanser.com/2020/07/when-the-banks-closed-no-one-cared.html/.

有。當您檢視他們的產品、服務、結構，他們確實是「數位優先」，有些額外的行銷噱頭，提供彩色的卡片和酷炫的行動 app，但他們有什麼不同？英國挑戰者銀行做到利用科技從根本上重新思考金融服務？答案是：「到目前為止做的不多，只是更具吸引力的服務、行動 app、手續費和行銷活動。」

因此我們更有興趣研究，提供支付寶、螞蟻森林、微信支付和微眾銀行的中國大型科技公司的原因。這些產品根本是完全不同。例如，騰訊的微眾銀行（WeBank），基本銀行服務營運成本低於 0.5 美元。大多數傳統銀行很難將這數字控制在 10 美元以下。支付寶提供的超級行動 app，包括了投資、儲蓄和保險產品，這些產品簡單用手指滑動，就能在帳戶之間完全地無縫移轉資金。

某些創新者，如美國保險公司 Trōv，從根本重新思考保險的即時性。如果您想在未來的 8 小時內為您的手機或平板電腦投保，這是可以辦到的！

這也是為什麼像南美 NuBank 這樣的銀行很有意思的原因。NuBank 一開始憑藉攻擊巴西銀行體系的正式架構竄起，現在則將無銀行帳戶者（unbanked）視為未來的主要潛力市場。雖然千禧一代是 Nubank 最初的目標客戶，但大約有 10% 的 Nubank 客戶收入低於最低薪資標準，另外 7% 的客戶年齡超過 60 歲，這已成為巴西的一場金融體系革命。巴西有 2.1 億人口，經濟成長潛力巨大，卻有 4,500 萬成年人仍處於銀行體系之外。

但這僅僅與普惠金融、更低的成本、更低的費用相關？不，這是巧妙地使用科技避免傳統銀行過去支付的管理費用……，並將成本轉嫁給消費者。

即使持續進行創新，但新創公司、金融科技公司和大型科技公司最終看起來也很像銀行。例如，全球有一場關於金融科技公司在貸款和信貸中角色的辯論——他們是否應該受到監管？如果應該的話，監管的目的是什麼？

金融科技公司以支付方面的成功而聞名，但我見到的第一家金融科技公司 Zopa 卻專注於貸款業務。它的平台不受監管影響，因為它將有錢的人與需要錢的人連接起來，而不是由自己借出款項。此稱為 P2P 借貸（peer-to-peer），15 年前，這種商業模式是前所未聞。P2P 借貸背後的理念是運用科技的力量，盡量減少借貸間的利差。銀行透過實體分行，吸收存款和進行放貸，P2P 貸款機構則透過軟體、伺服器和演算法，進行相同工作。當移除銀行的巨額間接成本時，金融科技公司就不必收取高額費用。因此，存款人的儲蓄回報率更高，借款人的貸款成本更低。有什麼理由不喜歡這個想法？

然而隨著金融科技公司在全球如雨後春筍般湧現，各國很快意識到 P2P 借貸須像其他任何形式的金融服務和信貸業務一樣受到監管：確保充分覆蓋風險。中國對 P2P 借貸態度的改變，足以說明當信任被破壞後將造成風險擴散。

在 2010 年代初期，銀行業緊縮信貸業務之後，中國 P2P 借貸市場開始大幅成長。後來證明，許多實際是龐氏騙局（Ponzi schemes）——挖東牆補西牆、借新債還舊債——，沒有實質的借貸模式或成本優勢。最後的結果是中國政府對此類借貸活動實施嚴格限制，因此導致許多參與者倒閉。例如，在 2018 年夏天，中國每天有 4 到 5 家 P2P 借貸機構破產。

有個關鍵的問題：為什麼金融科技在某些司法管轄區域能蓬勃發展，特別是英國和美國，但在其他地區卻會失敗？主要區別在於監管。Funding Circle、Zopa、Ratesetter 等英國公司初創時，他們成立產業自律機構，即 P2P 金融協會（P2PFA Peer-to-Peer Finance Association），並主動聯繫監管機構請其進行監管。這種營運模式已讓英國成立超過一千六百多家金融科技公司，整個產業都理解適度的監管對成長的重要性。2006 年 Lending Club 在美國成立時，創始人雷諾・拉普蘭奇 （Renaud Laplanche）主動拜會美國各州主要的聯邦監管機構。

最重要的是，金融科技公司將變得更像銀行。美國金融科技新創公司 Varo 的發展對此做了最好的註釋。其執行長科林・沃爾什（Colin Walsh）最近表示，Varo 於 2020 年 7 月獲得銀行牌照，從長遠來看，它看起來更像一家傳統的銀行。沃爾什說：「如果您想從現在起 50 到 100 年後仍然存在，

這真的是唯一一條長期永續的路徑。」[5]

　　換句話說，未來 10 年，監管機構將降低 P2P 公司的借貸問題和風險。這意味著許多金融科技獨角獸需要申請新的執照，並將越來越像傳統銀行。傑克・多爾西（Jack Dorsey）的信用卡支付公司 Square 就是一個很好的例子。2020 年，擁有 10 年歷史的金融科技公司 Square 的市值超過了擁有 150 年歷史的高盛銀行[6]，這是由於投資者紛紛湧向科技股。2020 年，對數位公司的投資激增，因為我們都要居家辦公，都需要數位服務。

　　然而 Square 不僅是在 2020 年蓬勃發展、股價上漲 140% 的公司。例如，美國沙迦大學的（American University of Sharjah）的克里斯蒂安・勞赫（Christian Rauch）在 2016 年的案例研究，就有非常好的洞察[7]。該研究關注當時和未來 10 年如何評估 Square 的市值，指出其主要競爭對手是 Global Payments、NCR 、Verifone、Ingenico 和 PayPal。這篇論文沒有評估新冠疫情的影響，若不是因為這場疫情，它本可以隨著原來的軌道持續發展。新冠疫情在全世界掀起了一場大規模的無現金化浪潮，Square 在 2020 年 9 月的新聞稿已經留意到這一點[8]。

　　「2020 年 2 月，全美國只有 5.4% 的 Square 商家接受無現金交易。到了

5　卡洛斯・阿隆索・托拉斯（Carlos Alonso Torras），「金融科技在自己的遊戲中與銀行較量（Fintechs take on banks at their own game）」，《金融時報》，2020 年 11 月 6 日，https://www.ft.com/content/0e8033e3-f633-4dc8-8a6a-f12f847eb399.

6　Hugh Son「顛覆者 PayPal 和 Square 的市值超過高盛等華爾街巨頭 Disruptors PayPal and Square surpass Wall Street giants including Goldman Sachs in market cap」，CNBC，2020 年 9 月 4 日 https://www.cnbc.com/2020/09/04/ disruptors-paypal-and-square-surpass-wall-street-giants-including-goldman-sachs-in-market-cap.html.

7　克里斯蒂安・勞赫，「Square，Inc. －商業模式、風險融資和估值（Square，Inc.－Business Model，Venture Financing and Valuation）」，2016 年 1 月 15 日。可在 SSRN 獲取：https://papers.ssrn.com/sol3/papers.cfm?abstract_id=2716331.

8　「Square Report 揭示疫情大流行加速數位經濟程度（Square Report Reveals How Much the Pandemic Has Accelerated the Digital Economy）」美國商業資訊，2020 年 9 月 15 日，https://www.businesswire.com/news/ home/20200915005428/en/Square-Report-Reveals-How-Much-the-Pandemic-Has- Accelerated-the-Digital-Economy.

2020 年 4 月，在就地防護（shelter-in-place）的高峰期，這數字躍升至 23.2%。到 2020 年 8 月，隨著世界慢慢開始重新開放，採用無現金商業模式的 Square 商家數量保持在 13.4%……。以 2019 年至 2020 年透過 Square 進行的現金交易比率，與去年同期相比顯示，從 2019 年的 40.6% 下降到 2020 年 8 月 1 日的 33.3%，降幅為 7.3 %。如果以 2019 年作為基準，在沒有新冠疫情的情況下，這樣的轉變需要 3 年多的時間才能達到。」

》》 銀行業適應變化的方式是否正確？

為了跟上像 Square 這類金融科技公司及微信和騰訊等大型科技公司的步伐，銀行正著手進行重大的數位轉型專案。這是重大的挑戰，並證明銀行並非像某些人所聲稱是沈睡的巨獸。面對變化，銀行持續地調整，進行各項嘗試並不斷地適應。但問題是，他們適應變化的方式是否正確？

依照達爾文的觀點，生存下來的不是最優秀，不是最強的或最聰明的人，而是最能適應變化的人。銀行能適應變化，但達爾文應該會用「要真正能夠適應變化，必須要以正確的方式進行改變」來做註解。銀行正在改變，但他們是否以正確的方式適應改變？

例如，一家銀行設立新的數位化領導人——數位長（CDO：chief digital officer），並授權數位長成立團隊、規劃職能和編列預算完成數位轉型，那麼銀行將會失敗。數位轉型不是一個專案，而是銀行架構和思維的文化變革。如果將數位化作為銀行一種新的通路將會失敗。數位不是疊加（add-on）、不是通路，不是外表看起來很光鮮亮麗的行銷活動。是要從根本進行重構及更新，將數位化融入核心。

銀行是否進行適當的調整？例如銀行是否理解運用雲端服務和雲端原生（cloud native）的區別？具備雲端原生和數位核心的基礎，與運用雲端服務，並在現有通路上疊加數位科技是截然不同的方法。大多數大型銀行都轉向雲端計算並添加數位科技，但這並不是數位核心和雲端原生。後者是在網際網

路時代原生的商業模式，前者則是隨著網際網路時代而演變的舊商業模式。

在新冠疫情極為嚴重的期間，許多銀行開始使用雲端服務這讓他們相信正在進行數位轉型。事實卻非如此，就像某位高階銀行家聲稱，他們已經進行數位轉型，因為他們有行動 app，不用對核心業務模式進行任何改變。那是大錯特錯的。

研究公司 IDC 有篇報告，標題是「全球銀行在數位轉型方面浪費的投資金額接近 1 兆美元[9]」。這不是一筆小數目，我們認為它準確地反映了銀行業崩潰的原因：

1. 大多數銀行一開始設定的目標就是錯的，因為他們沒有真正理解數位轉型意味著什麼。
2. 由於這個原因，大多數銀行採取錯誤的方法，將數位轉型當成專案執行。
3. 大多數銀行認為數位轉型不是高階管理團隊和董事會的責任，因此不認真對待和授權。
4. 大多數銀行試圖將風險降至最低，幾乎不允許創新或是失敗。
5. 大多數銀行將失敗的責任「委外」，任何失敗如果真的發生，他們歸責於接受委外的第三方諮詢公司。

銀行不瞭解議題的關鍵，在科技上投入數十億美元，卻幾乎沒有有效地使用科技，因為使用的方式是錯的。多年來，他們一直迴避核心系統進行更換和升級，他們已看到網際網路和行動設備的革命，並在過往所有服務內容之上疊加這些科技。有些公司試圖調整自己的組織來適應網際網路時代，但

9　Ravi Kittane，「銀行數位化：科技推動、人類賦能的的轉型之旅（Banking on digitalisation：A transformation journey enabled by technology, powered by humans）」，Pwc，2020 年 9 月 https://www.pwc.com/my/en/perspective/ 數 位 /200907-pwc-blog-banking-on-digitalization-a-transformation-journey-enabled-by-technology-powered by-huma

不曾重新思考商業模式、產品或服務。

正是這些原因，挑戰者銀行、大型科技公司、網際網路巨頭和螞蟻集團（Ant Group）等新玩家能夠搶佔先機。並不是因為銀行被科技去中間化（disintermediated），而是因為科技對大多數銀行沒有產生效用。當您詢問傳統銀行什麼是與新數位銀行競爭的最佳方式時，就變得顯而易見。他們應該要建立一家新銀行、收購一家競爭的數位銀行還是改造老銀行？許多人認為您無法改變老銀行，所以應該成立一家全新銀行。

收購或成立數位銀行、或改造老銀行，是值得深思的好問題。我們的結論是，您不能忽略對老銀行改造的選項。當然，您可以收購一家數位銀行，像西班牙對外銀行收購 Atom 和 Simple 那樣，您也可以成立一家數位銀行，像蘇格蘭皇家銀行（RBS）成立 Bó 和高盛成立 Macus。另一個問題，您要如何處理原有的老銀行？讓它腐壞？倒閉？讓它進入低溫冷凍狀態並隨著時間逐步消失？

這造成一個關鍵問題，摩根大通和 Finn 就是明證，如果您推出一家與原有老銀行競爭的新數位銀行都會失敗。新銀行沒有得到有效競爭所需的支持，而老銀行則製造難以平息的政治仇恨浪潮。除非徹底改變老銀行的薪資和獎勵機制，否則幾乎是不可能成功的。最明顯的例子是西班牙對外銀行關閉了 Simple 的業務，蘇格蘭皇家銀行關閉了 Bó。

之所以出現這種情況，通常是任何一家建立或收購新數位銀行的老銀行，都嘗試將目標客戶群與老銀行完全分開。這讓新銀行的管理團隊感到沮喪，他們希望吸引任何想要數位銀行業務的客戶。這也讓老銀行的管理團隊帶來挫折感，他們不想要自己的客戶群被蠶食。那麼正確答案是什麼？您必須改造這家老銀行。不過這麼做真的很困難，要如何將成立於上世紀擁有 20 萬名員工的銀行，轉變為適合本世紀只擁有 2 萬名員工的新銀行？

我們並不是要求銀行必須裁撤 90% 的員工。如果您仍認為大多數零售銀行，每家分行要有 10 人，而大多數投資銀行的交易室要有 1,000 人或更多，

那麼隨著數位銀行的興起，大部分的人都會消失。同樣的，大多數老銀行都有強大的階層管理結構，中階管理者佔了員工的大部分。而大部分數位銀行是敏捷、扁平化的組織，透過數位儀表板進行管理。這就是銀行轉型如此困難的原因，人類抗拒變革，對變化有巨大恐懼，領導層和管理層往往不會應對變革，尤其當大多數管理者擔心自己的小帝國會被削弱的時候。

數位轉型是可以達成的。它不是火箭科學，像網飛（Netflix）、亞馬遜和阿里巴巴這些公司已經做到，他們沒有一家是從數位企業開始，他們的優勢在於網際網路時代誕生。

因此，我們訪問過正在進行數位化的大多數銀行，都是通過從他們視為數位公司吸取經驗而完成轉型。瞭解數位公司如何運作，如何管理，如何監控以及如何提供報酬和獎勵，然後模仿他們。這需要時間和領導力，但可以做得到。

最後，我們對未來 10 年的預測是具有有效領導團隊以實現數位轉型的銀行將獲得成功，他們不會收購或成立一家銀行，但如果他們這麼做，也不是為了閃躲改造老銀行的重擔。可能是為了給他們時間進行轉型，或讓他們有能力跟上時代，但不是為了避免數位轉型。每家銀行都必須變革。如果不這樣做就會消失，他們將被收購，無法存活。

》》銀行業的 12 個 P

行銷的核心一直基於科特勒（Kotler）的 4P 理論。如果您不熟悉，就是產品、價格、促銷和地點，這很容易記住。很可惜大多數人很難記住超過 3 件事，而我們認為現今的銀行業務與 12 個 P 有關：

- 人（people）
- 理念（purpose）
- 問題（problem）

- 流程（process）
- 平台（platform）
- 合作（partnering）
- 個人（personal）
- 預測（predictive）
- 產品（product）
- 價格（price）
- 推廣（promotion）
- 地點（place）

最初基本的 4P 仍然存在，仍是每個組織提供服務能力的核心。但還有更多，以下新增的 8P 補強成為 12P：

》人

人工智慧、機器學習、吞噬世界的軟體、生態系統這些東西都很好，但它存在的目的是什麼？為了人。客戶、員工、投資者、社區和所有其他利益相關者都是人。在您努力達成的目標的過程中，如何獎勵利益相關者、員工？您是否擴增員工的能力、為客戶提供良好的服務、交付成果並且關心世界？這些應該是策略的驅動因素，並與理念和流程密切相關。

》理念

您的公司堅持什麼理念？您有明確表明某些事物的立場嗎？任何事物的立場？或者只代表利潤和股東報酬？公司在未來 10 年的成功取決於堅持的理念。如果沒有理念，那您為什麼在這裡？理念是人們所關心的事物。當然，他們可能會喜歡您的產品或服務，如果您支持他們關心的事物，那麼您在他們的生活中變得有意義，不僅僅是產品或服務而已。

》問題

　　這個行業總會面臨一個問題、一場危機、某個地方的議題、一些需要解決的問題。今天，所有人都在面對和處理全球新冠疫情，並學習到人們與科技的關係。每個問題，都有一個解決方案；每個錯誤，都是一次教育機會；每次失敗，都是一次學習。在 2020 年新冠疫情期間，銀行不得不處理居家辦公和居家購物的問題。從長遠來看，我們將會在家中處理所有的問題。想像一下，如果「封城」（lockdown）永遠持續下去，您的公司會變成什麼樣子？在「封城」的世界中，只有數位公司能獲得某種形式的成功。能盡可能地運用數位越多越好，越有能力接觸家庭和家庭工作者越好。亞馬遜、Zoom、網飛等企業都蓬勃發展。這是數位時代，如果您還沒準備應對永遠「封城」的世界，那麼您尚未準備好應對未來。您的公司真的數位化了嗎？新冠疫情就是真正的考驗。

》流程

　　如今一切都與流程有關。流程被設定在隨插即用（plug-and-play）的程式碼中。透過應用程式介面 完成自動化，由專家處理整合至行動 app 中。 獨立完成所有流程的通才不再是贏家，能夠融入各類專家經驗者將勝出。您的業務流程結構如何？如何加速與流程中的夥伴進行合作？

》平台

　　金融機構認知到必須真正數位化、以人為本、以流程為架構和以理念為導向，只有透過與網際網路裡以開放科技生態系統中的合作夥伴一起才能完成。這就是平台，面對控制平台，例如亞馬遜、阿里巴巴，有些人認為在網際網路的世界，它們是無法被控制的。無論觀點為何，您無法自外於網路及不受網路效應影響。盡可能減少由內部執行，而是透過網際網路運用外部資源。如果沒有運用平台，您將無法得到商機。

》合作

　　這是流程和平台的關鍵。如果沒有積極尋找能提供最佳客戶體驗，最出色的合作夥伴，那麼將無法成功。在銀行之外有成千上萬的公司在行動app、應用程式介面或資料分析等事情上做得十分出色，而銀行永遠開發不出更好的程式碼、服務、流程或體驗⋯⋯，雖然他們仍在持續嘗試中。正如我一直提醒的那樣，一千家公司專注於只做一件出色的事，總能擊敗一家平庸地做到一千件事的銀行。然而合作本身就是困難的技能，銀行經常認為自己是主導者，合作夥伴是次要的，如果合作夥伴感到不公平，任何合作關係都無法運作。考慮合作時，想想家中的伴侶。他們不如您嗎？如果認為他不如您，合作關係必定無法辦法維持很久。這同樣適用於銀行和商業合作關係。

》個人

　　1990 年代，唐・佩珀（Don pepper）和瑪莎・羅傑斯（Martha Rogers）出版名為《一對一的未來》（The One to One Future）的書，幾年後，約瑟夫・派恩（Joseph Pine）和詹姆斯・吉爾莫（James Gilmore）出版《體驗經濟》（the Experience Economy）。這些書的重點是提供每位客戶個人化的體驗，並將體驗與銀行進行連結，運用科技超越客戶的期望。在 25 年後，大多數行業，尤其是金融服務業，離這夢想都還很遙遠。多數銀行仍透過傳統媒體通路行銷產品，我們需要透過新媒體傳遞訊息來吸引客戶，需要與客戶產生關聯，而這只能以個性化的服務和數位化的方式才能夠達成。理念如此重要：客戶能否與您所堅持的理念相關？您有堅持的什麼理念嗎？

》預測

　　人工智慧和機器學習能提高客戶和員工的生產力和流程，但關鍵是要找出如何使用這些服務，發揮主動性。這也是提供個性化的方法，要能在每位

客戶的層面，透過分析和運用資料，並使用這些資料分析去預測客戶的需求，從而展現個性化。我們最喜歡的例子是一些挑戰者銀行如何分析支出模式，以提供個性化的服務。今天，已經能很簡單地做到這件事。在未來，需要不間斷地使用這樣的分析能力，透過我的資料，來認識我是誰，和我的行為方式，預測我需要什麼。沒有個性化和預測性服務，組織將無法生存。想想在資料使用方面與亞馬遜競爭，您的公司像它運用那麼好嗎？請記住，亞馬遜是傳統型組織！

　　最後，讓我們回到科特勒的 4Ps：產品、價格、行銷和地點。

　　正如我們之前所言，這些仍然適用。您必須擅長：

- **產品**：公司提供客戶的商品和 / 或服務
- **價格**：客戶購買產品所支付的金額
- **地點（或配送）**：使消費者能獲得產品的活動
- **行銷**：宣傳產品的特點和優勢並說服客戶購買產品的活動

　　總之，銀行業應該關注更多的 P，具體來說是我們稱之為「銀行組合」的 4P：

- **理念**：銀行堅持的立場是什麼？
- **流程**：我們是否盡可能採用自動化的端到端流程？
- **平台**：我們能否使用合作生態系統中，最領先的科技運行流程？
- **人們**：我們必須不斷幫助客戶和員工做好他們需要做的事情。

安東尼 · 湯普森
Anthony Thomson

　　Metro Bank、Atom Bank 和 86 400 的聯合創始人，同時也是英國先買後付公司 ZIP（buy now，pay later）及金融服務論壇（Financial Services Forum）的主席，金融服務論壇是個針對金融服務行銷效率感興趣的高階管理人員所成立的獨立會員組織。

　　Metro Bank 成立於 2010 年 7 月，是英國 150 多年來第一家新的商業銀行。湯普森在 2009 年至 2012 年擔任首任董事長，於 2012 年 12 月離職。

　　離開 Metro Bank 後，他與 First Direct 的前執行長合作，成立一家創新的網路銀行 Atom——專為行動和平板電腦時代而設計。Atom 銀行發展成英國最好的「數位優先」新銀行之一。

　　湯普森繼續在澳洲成立 86 400。86 400 是澳洲第一家以開放銀行為理念而設立的智慧銀行。單純構想是讓消費者能將自己所有的銀行帳戶、信用卡和支付服務整合到簡單的行動 app 中，讓客戶使用資料分析完全控制自己的資金。

　　他的嗜好包括收集吉他和葡萄酒；吉他彈得不好，很愛喝酒。

演算法將取代今日的銀行

撰文｜固卡・史都可，巴西數位銀行（Banco Original）創辦人

　　您知道什麼是銀行嗎？它曾經是一棟建築。我還記得和母親走過一間銀行時，她指著銀行說：「看，固卡，我的錢就放在這裡」。我的母親可能以為如果搶匪闖進這間分行、穿過旋轉門、走到櫃員面前並搶走紙鈔，她一生的積蓄就會消失，告訴她錢不在那裡是沒用的，對我的母親及數百萬的巴西人而言，銀行是個有地址、有門面（銀行經理）的實體，裡面會有個金庫，存放著她的錢或是能貸款給她。這是我母親與銀行的連結。

　　當時我身為一名金融市場的門外漢，卻參與創辦巴西第一個全數位銀行，努力遊說，鬆綁無法完全線上開戶的法規。我說服了 6 位高階主管，告訴他們將來會有大量線上開戶的需求，那時是 2016 年。

　　我們促成巴西中央銀行法規的修訂 [1]，成為世界上少數率先提供完全線上服務的銀行，更是巴西的先驅 [2]。我們將銀行結合臉書、即時通（Messenger）與 Instagram，收購 PicPay 線上錢包，並賦予銀行帳戶更多可以使用的情境。

1　巴西法律規定銀行經理必須在開戶時親自到場驗證新客戶的身分。
2　我們在 2016 年 10 月被歐洲金融管理協會評為最具話題性的創新計畫。

例如巴西人民能順暢地用銀行帳戶支付並搭乘大眾交通工具。

　　回到 2016 年，金融科技公司（FinTechs）才剛在巴西萌芽，很少人注意到微信（Wechat）這個超級行動 app，比特幣也在盤整階段。跟我合作的高階主管，他們的職涯都在傳統金融系統（銀行分行、監理機關、高利貸、貸款與轉帳等業務單位），問我：「固卡，您知道什麼是銀行嗎？」

　　直至今日，我的答案沒有太大不同：銀行本質上是個籌集資金、放貸及收取利息的機構，而所收取費用對消費者來說實在太高了。舉例來說，儘管疫情尚未緩解、國內的失業率也節節高升，巴西的銀行卻還是針對貸款收取每個月 6% 的利息，而沒錢支付全額帳單的人，在調整後債務年利率可能會高達 875%。沒有支付能力的人被摒棄於金融體系外，不符合規範條件的人甚至無法開辦帳戶，沒有帳戶就不能辦理貸款。對銀行來說很容易執行，但對大部分的人而言卻造成極大的不便，在這樣的情況下能如何創新？

　　我的母親與銀行經理、分行，自然而然地建立了信任關係，因為那是她進行金融交易的唯一管道。當我想像未來的金融，在 21 世紀的經濟中，看不到我的母親所指的那家分行、在 1990 年至 2000 年間最具代表性的網路銀行、或是我所參與設立的數位帳戶。我甚至看不到由零售商或超市，推出能將消費者所有需求集中在一起的超級行動 app。我看到的是一個「分散式金融」的未來，完全以使用者為中心。如何辦到？必須憑藉區塊鏈技術。

　　目前，我們的經濟體都建立於合約之上，而合約則是建立於身分、所有權、交易，還有信任之上，大部分的行為皆有法律依據。總而言之，中介機構（銀行只是其中一種類型）為我們各自的虛擬身分提供認證，並協調之間的交易或決策。

　　透過區塊鏈，交易雙方可藉由全球網路讀取或寫入分散式資料庫並進行驗證。交易內容可以用法律用語書寫，同時也以程式碼進行記錄，當資料進行交換時，也就完成了交易的結算。使用數位憑證（Digital Token）便能驗明我們各自的真實身分，無論在什麼時候，我們都能放心進行交易、買賣、轉

帳和投資。

　　因此開始出現運用區塊鏈技術的新金融交易方式。其中我認為最能塑造未來金融業的趨勢便是「分散式金融」，也就是 DeFi（Decentralized Finance）。DeFi 由各個去中心化的平台所組成，這些平台會執行智慧合約，用於管理加密貨幣的數位資產，如以太坊（Ethereum）。這些平台以點對點（peer-to-peer）模式進行作業，不需要銀行等中心化機構居中處理。除了以智慧合約交換或買賣加密貨幣外，這些交易所也允許用戶借出他們的加密貨幣，這不但能增加系統內的流通性，還可以賺取利息。

　　它改變了金融服務、支付與財務結算基礎架構及數十年來如一日的管理方式。如今，我們可以在區塊鏈技術所創造的安全環境中，透過演算法和數位憑證，與企業、個人進行交易或使用服務。安全、快速、有隱私及便宜的交易是全球性的需求，特別是談到普惠金融時。

　　全世界有超過 10 億人沒有銀行帳戶[3]。在巴西，儘管 2020 年疫情期間發放緊急救助金，促使人民開戶並增加貨幣流通，仍有數百萬的巴西人無法使用銀行服務[4]。這些人只使用現金、沒有利息或收入、或者有「不良信用」——在巴西是指無法償還債務，這些「不良信用」的紀錄使他們被摒除在金融體系外。區塊鏈可以進行即時交易，且不需仰賴管理支付系統的中介機構，藉此免除交換所（負責登記與結算資產的機構）、借貸雙方與銀行產生的成本和費用[5]。以雲端為基礎的新式即時交易架構下人人平等，這也為世界金融民主化帶來龐大的機會與助力。

3　根據世界銀行的統計，在 2017 年有 17 億成年人口沒有銀行帳戶，雖然數字已經下降，但仍有許多人無法取得金融服務。請參閱：https://globalfindex.worldbank.org/sites/globalfindex/files/chapters/2017%20 Findex%20full%20report_chapter2.pdf.

4　「全國仍有 340 萬人無法獲得銀行服務」Lucianne Carneiro，2021 年 4 月 27 日，Valor Investe，https://valorinveste.globo.com/produtos/servicos-financeiros/ noticia/2021/04/27/34-milhoes-de-brasileiros-ainda-nao-tem-acesso-a-bancos-no-pais.ghtml.

5　研究機構 CB Insights 分析顯示，在區塊鏈中交易證券，每年可以節省 170 至 240 億美元的全球貿易處理成本。

　　使用區塊鏈後，這些人不需要填寫表格、提供收入證明、申辦電子信箱，就能進行數位交易。比如說，他們可以用手機拍攝自己的臉或文件證明自己的身分。一旦完成這些步驟，他們就能支付或轉帳給世界各地的任何人。在非洲，最有企圖心的區塊鏈供應商 Stellar 是一個非營利組織，致力為從未接觸過金融服務的人提供可負擔的服務，包含小額支付、存貸和匯款等服務。Stellar 擁有自己的「貨幣」，而用戶在系統裡不只可以存款，也可以記錄信用和預付的通話時數。

　　區塊鏈也建立在串連各個區塊的鏈結上，因此能提供可靠、無法變動的交易紀錄。如果善加利用，區塊鏈技術會是非常值得信賴的交易方式。然而，專家也持續研究封鎖機制，以因應近日開始出現的詐騙行為。例如區塊鏈內可以建立支付公司的商業邏輯與功能，以及在不同操作系統間運作的數位經濟模式，區塊鏈也能透過智慧合約（在特定條件出現時自動運作）確保一切正常運作。

　　大多數公司的運作都建立在合約上，區塊鏈的出現改變了整個社會和商業邏輯。合約無所不在：從企業註冊、買方與供應商的關係，到雇主與員工間的關係。當合約自動化後，公司的傳統架構及流程、律師、銀行家和會計師等中介機構或中介人會如何變化？管理者呢？所有人的角色都會有巨幅改變。

　　在新的交易基礎上，也誕生智慧「貨幣」。藉由運用簡單的程式將使用條款嵌入數位支付功能，便能創造出依據預設條件自動執行的合約。這樣一來，金錢就變成了數據，既然是數據就能產生「智慧」。當金錢能產生智慧，我們就能創造一些有趣的機制。舉例來說，我們可以把金錢連結到某個數位貨幣（Token），然後撰寫程式，當每次數位貨幣交易發生時，將一部分的錢分配到某個計畫、組織、公益基金，或任何您感興趣的事物中。您可以購買數位貨幣投資低碳企業，為綠色經濟提供資金，這正是後疫情時代的趨勢。然而，區塊鏈只有連結到新的商業模式時才會變得強大，這些模式的價值創

造與獲取價值的邏輯，都與現有的架構大相逕庭。在去中心化的情境下，必須回到幾年前有人問我的那個問題：「什麼是銀行？」

演算法將取代今日的銀行，未來銀行將協助創造這些演算法，並把它們帶到大家面前，建議他們在什麼時候可以使用哪種功能。這代表銀行將發行數位貨幣並自動執行交易，不需再仰賴經理或使用信用卡、金融卡等方式借貸。基本上，這些機構的理念，或許能夠讓民眾重拾類似我母親指著分行時的那種信心，那是一種對機構的信任。當她指著銀行時，她信任的是那裡實體的一磚一瓦。今日新的機構也要建立新的信任模式，將來銀行裡不再有經理建議我們要開哪個帳戶、買哪個保險、替我們增加信用卡額度、提供貸款。新的銀行變成區塊鏈交易出問題時提供協助的角色，創造綠色數位貨幣，甚至提供連我們都沒想到需要的投資方案。它能帶領我們通往一個去中心化的世界，更進一步療癒金融世界。它是金融治療師。

我理解，在去中心化的世界裡，有時還是需要一些參考範例；銀行可以做為參考範例。儘管如此，未來的金融機構都是去中心化的，因此很多情境是沒有範例可參考。分散式金融的先驅者認為，現今所有重要的金融基礎設施，都能被更多用戶創造的更有價值智慧合約取代。[6] 雖然這些科技目前還在初創階段但前景無限，能夠創造去中心化的管理模式。

因此，世界各地的中央銀行也開始開放金融系統，並研究如何讓數位貨幣普及到所有人的生活。但中央銀行數位貨幣（CBDCs：central bank digital currencies）能與去中心化的數位貨幣一樣可靠嗎？

現今貨幣的發行、配給與政策都是集中管理。但會一直這樣下去？必須關注各國政府的數位貨幣如何發展，並觀察哪一種數位貨幣能夠取得主導地位，就像今天的美元一樣。此時此刻的競爭已經不再被反托拉斯委員會所管

6　「DeFi和未來金融」坎貝爾·哈維、艾許文·拉瑪郤恩德、喬伊·桑托洛著，2021年4月5日，可於 SSRN 參閱：https://papers.ssrn.com/sol3/papers.cfm?abstract_id=3711777.

制。只要消費者願意使用世上任何一種金融服務，審查已經沒有意義。舉例來說，多年來中國試圖阻擋比特幣，直到今日都沒有成功。

人們開始享受更自由、好用且值得信任的服務，他們需支付的價格與費率也可能更低，因為科技始終是用來改善過往各種傳統做法的障礙。

在此情境下，問題不在於科技是否會顛覆傳統金融體系的邏輯，因為這已經是正在發生的事。問題在於您希望如何打造未來，讓您和您的孩子在消費及投資時，不必仰賴一個我們自己不能打開的保險箱。透過去中心化，每個人都能有一個自己的保險箱、保管自己的鑰匙。現在，這個未來正在閃閃發光。

固卡 · 史都可
Guga Stocco

在開發數位業務與領導企業轉型方面有超過 20 年的經驗。他曾參與包含巴西數位銀行（Banco Original）、新創投資（DOMO Invest）、行動與電子商務（Buscapé）、網際網路平台（Microsoft）及廣告商 Te Respondo 等成功案例。

現在，他是 TOTVS、Vinci Partners、Banco Original 和 Falconi Consulting 的董事會成員，也是 Futurum Capital 的聯合創辦人之一。史都可曾在巴西、拉丁美洲、加拿大、美國、丹麥和英國的 120 多場活動中發表過演說。

史都可擁有 Fundação Armando Alvares Penteado（FAAP）商業管理學位（1997）、Insper 商業管理碩士學位（2010）、FAAP 市場行銷管理學士後學位，及加州大學柏克萊分校的市場行銷證書（1996）。

個人投資者將改變世界

撰文｜查爾斯・薩維奇，南非 EasyEquities 執行長

2020 年，個人直接投資流入美國股市，通常佔市場交易量的 20% 或更多。與 2010 年之前，來自個人資金只佔個位數的交易量相比，這是個巨大的轉變，到 2025 年，我認為來自個人直接投資金額會達到 40% 或更多。假設這種快速增加的趨勢持續下去，它將徹底改變世界。

》》2020 年：分水嶺

由於多種因素影響，2020 年是股權投資的分水嶺。我的公司經歷個人投資者進入股市人數巨幅增加，其中許多是第一次在股市投資。自 2014 年成立以來，我們的個人投資客戶每年持續增長約 20% 到 30%，但到了 2020 年，客戶人數呈現線性成長，客戶群增加 3 倍，而且在未來 2 年很可能再翻 3 倍。為什麼？

我認為有三個關鍵原因可以解釋，為什麼人們會繞過傳統的投資機制。首先，科技指數級成長的功能讓公司能開發比以往都更簡單、更便宜、更易取得和更安全的商品及服務。摩爾定律證實，過去 10 年在加密、處理、雲端和設備方面的進步，使得新軟體解決方案的開發是以指數級式爆炸成長。

隨著大學和開放線上課程，每年迅速產生數以千萬計的新程式設計師，無論在行動 app 開發、使用者介面（UI：user interface）和使用者體驗（UX：use experience）方面，在資料庫管理抑或是複雜的機器學習演算法方面，各領域的開發成本、複雜性和開發時程，都從數年下降到數週。例如，利用新科技和體驗文化，我們能在短短 6 個月內建立一個消費者使用的股票交易平台。隨著開放原始碼（open-source）的興起，這趨勢將繼續加速，同時人工智慧讓新解決方案的開發變得更容易。

其次，現在科技進步不僅消除幾乎所有進入的障礙，還將目前參與者以前認為的優勢轉變為劣勢。傳統參與者對已過時的科技有大量的歷史投資，這意味著許多大型機構現在面臨艱難的抉擇，也就是說，他們是否應削減帳面價值，並更換這些陳舊、複雜，而且不再有廠商支援的系統。還是應該嘗試漸進調適，既要維護舊系統，疊加更新、更便宜、更靈活、更強大和更具擴展性的解決方案。

技術債（technical debt）的管理問題，對任何已經存在十多年以上的金融機構來說都非常重要。由於孤立的產品線、緩慢的採購流程、拖延的內部架構計畫、內部組織中的政治因素，以及對監管罰款的擔憂，更加惡化技術債的問題。現在這些問題成為變革的障礙，因為它們只是阻止現有業者採用金融科技公司（FinTechs）日常應用更敏捷、快速失敗（fail-fast）的方法。然而，不僅只有科技促進消除進入的障礙和開闢新藍海的機會。

第三個原因，或許更為深刻因為我們看到人們對投資的看法發生巨大轉變，正是這些不斷變化的觀點真正推動成長的機會。如果科技和減少障礙是推動的因素，那麼我所謂投資的民粹主義（populism）就是需求驅動力。

》》投資者民粹主義

過去 10 年，人們的態度和觀念加速變化。如同我自己與我父母那一代人

對投資有著不同的觀點一樣，我的孩子們也和我有截然不同的觀點。當然，世代間態度的轉變並不新鮮，特別的是社群媒體正在加快變化的速度和深度。毫無疑問，現在臉書（Facebook）、紅迪（Reddit）、推特（Twitter）等社群媒體平台，正極大化地影響人們對一切事物的看法，從觀察什麼，到全球暖化是否屬實，甚至到最近的疫苗是否安全。

在社群媒體上的活動已經造成顯著影響。例如，若不是巧妙利用臉書的行為分析去制定目標市場策略，英國仍是歐盟的一員。據估計有 300 萬搖擺不定的選民直接受到影響而投票脫歐，像是散佈迷思訊息以增加點擊的誘騙活動，像脫歐是阻止土耳其和中東移民湧入的唯一方法。儘管這些資訊非常不正確，但這類活動是數百萬人投票脫歐的催化劑，導致了非理性的恐懼感。

在大西洋彼岸，2016 年美國大選中唐納・川普使用推特是擊敗希拉蕊・柯林頓的關鍵因素。據估計，他在競選期間發佈超過 2 萬多條誤導性的言論，與英國脫歐一樣，我們再次看到在情感上產生共鳴的強力資訊，可以贏過枯燥、實事求是的競選活動。

一如社群媒體正在助長全球的民粹主義運動，它也創造新的投資文化，我稱之為「民粹主義投資」。如果沒有社群媒體和網際網路的強大力量，在過去 10 年裡，比特幣漲到 1 千美元是無法想像的，更不用說是 5 萬美元。這個價格並非由金融基本面推動。相反的，要歸功於數萬名部落客，他們頌揚數位貨幣的優點。這是出於意識形態，而非市場基本面，這群有影響力的大軍在數百萬追隨者心中激起情感共鳴，他們正在兜售一種願景，即加密貨幣將導正當前金融體系的錯誤。

數百萬人們認為銀行體系是非必要的邪惡，主要由貪婪、強大、個人的裙帶關係所組成，他們犧牲廣大群眾的利益為代價而受益。加密貨幣提供了如同大衛打敗哥利亞以小勝大的機會，重新奪回所有人利益的控制權。專業人士可能試圖忽略它並對其觀點不以為然，但這種民粹主義投資不僅會繼續

存在，而且可能擴大規模和改變，從公司如何籌集資金，到執行長（CEO）眼中視誰為最重要的利益相關者等，各方面都會產生重大影響。

比特幣的情景正是我們目睹這趨勢的案例，它影響各個領域和階層，所有人想投資的方式，以及想投資的東西。個人投資者不僅單純想找到基本面良好的股票，他們還想投資能引起情感共鳴的股票，並為擁有這些股票感到自豪。例如，您願意直接投資於那些被認定會加劇全球暖化、過度養殖、不平等、污染、犯罪、海洋塑料、癌症、不公平勞動行為和無數其它問題的公司嗎？當然不會。我們都希望投資「行善」（doing good）的公司，那些給我們帶來絕佳體驗的公司。

舊制度建構的價值正被一種更民粹主義的觀點所取代，即相信「好」公司應該是什麼樣子。個人投資者想投資「好」品牌的願望不是新鮮事，只是金融市場的結構，讓我們無法影響市場。回顧歷史，執行長們就像對待普通大眾那樣，沒對真正的投資者多加在意。他們可能早就持續意識到來自於自覺資本主義（conscious capitalism），或應更專注永續發展目標的呼聲。但對執行長們來說，必須為少數金融機構努力，雖然理論上這些金融機構是管理消費者資金的代表。所以想保住飯碗的執行長們必須專注於提供可預測的利潤，以便支付機構所有者的股息。

當個人直接投資總金額僅佔個位數百分比，這樣的模式還可以維持。一年兩次的股東會和路演（roadshow）、年度財務報告及定期的交易揭露就足夠了。之所以足夠，是因為資訊傳遞方式是由金融機構設計，它們介於個人投資者的我們，和我們所投資的公司之間。

由一批受過同樣教育的特許公認會計師、認證金融分析師、顧問和股權顧問的隊伍，更容易開發出令人接受的策略，承諾預期的股東權益報酬率、淨利率、成長和其他重要比率。機構投資者正使用專業術語來定義「好」應該是什麼樣子，因此執行長們幾乎沒有餘力去做社會上認為是「對」的事情。然而，個人投資者的崛起已經深遠地改變這種局面，因為個人投資者不僅根

據分析師的報告投資公司。

這意味著投資公司不能再躲在單位信託基金和養老基金背後。過去個人投資者對其資金的投資方向既不知情，也無法控制，相反地，現在有機會投資他們認為有價值的股票。這些選擇，來自他們自己的生活經歷、價值觀，以及對他們自己和後代這些公司能做到什麼願景和抱負。

迄今為止，特斯拉（Tesla）或許是最能說明民粹主義影響投資的最佳範例。特斯拉創辦人兼執行長伊隆・馬斯克一開始就不打算設計一款擁有更佳駕駛體驗，或製造成本更低的汽車，像 BMW 或豐田等公司在過去設定的目標。相反地，他想設計一個永續的運輸系統，將顯著減少對化石燃料的需求。難怪特斯拉股價飆過了任何傳統「公允價值（fair value）」的市價，主要來自散戶的莫大興趣，而非機構的擁護。

截至 2020 年底，特斯拉的市值高於豐田、福斯（Volkswagen）、賓士（Daimler）和通用汽車（General Motors），及中國比亞迪（BYD）和蔚來（NIO）汽車的總和 [1]。數百萬個人投資者在紅迪和推特上討論後，透過羅賓漢（Robinhood）和 EasyEquities 等平台直接投資特斯拉，他們共同相信馬斯克的願景和產品本身的品質。正是這種心態的思維轉變，推動投資的新時代，從民主化獲取資訊（democratisation of access）的方式中獲益，將真正改變世界。這轉變與英國在 1918 年實行普選一樣重要，賦予所有成年公民選舉權，無論其財富、收入、性別、社會地位、種族和政治立場。

透過實現股權投資的民主化，我們看到影響力從機構轉移到個人，如同過去權從貴族移轉到普通人。隨著這種轉變，我們可以預期民粹主義意識形態會激增，迫使執行長們更專注做對的事情，而不是單純地關注盈利

1　Rob Stumpf，「特斯拉現值為 6,310 億美元，超過排名第二的 6 大汽車公司的總和」Drive，2020 年 12 月 30 日，https://www.thedrive.com/news/38485/at-631b-tesla- is-now-worth-more-than-the-next-top-6-car-companies-combined.

的事情。執行長們理解這點後，將不得不重新定義策略來安撫這些新的投資者。這意味著有數百萬人將開始像我多年來所做的那樣，透過投資股票影響市場：

- 投資耐吉（Nike），是因為支持該公司在亞洲停用血汗工廠。
- 投資星巴克（Starbucks），是因為喜歡它提供的整體體驗，而不像其他咖啡連鎖店，並且相信與其他連鎖店相比，它的員工得到更好的照顧。
- 投資蘋果（Apple），是因為支持蘋果保護個人資料的立場。
- 投資 Zoom，是因為產品易於使用，而且是減少旅行和碳足跡的平台。

其他故事或許有點不同。有些人可能選擇網飛（Netflix）而不是迪士尼（Disney），因為他們厭惡迪士尼領導團隊推出的無薪假計畫，卻給自己發放巨額獎金。一些人可能會從道達爾（Total）或英國石油（BP）撤資，轉而投資晶科能源有限公司（JinkoSolar Holding Co. Ltd）等中國公司，加速石油轉型到風力和太陽能。也許調降對可口可樂的投資，因為糖和糖尿病的關聯已獲證實，資金將使用 Equity Zen 等平台，導向首次公開發行（IPO）的公司，如標榜健康為重點的 Oatly。

一個好的品牌應該是什麼樣子，我們每個人都有自己的想法，無論如何，今日投資人很明顯存在一種趨勢，一種更強大、近似利他的驅動因素，個人投資者幾乎可以輕鬆、便宜地投資任何他們想要的股票或產業別。

這並不表示我們將看到受情感驅動的投資激增，而這些投資被視為非理性的。事實上，我們看到更多個人直接投資，投資配置會變得更理性和明智。投資比特幣的人越多，比特幣更可能成為黃金或美元的安全替代品。投資綠色能源的人越多，綠色能源的生產成本更可能下降，從而增加需求並帶來可觀的利潤。投資於「健康」食品公司的人越多，我們更可能看到消費者減少糖的攝入，進而迫使可口可樂公司調整配方。而且個人投資者受到事實和情緒的雙重驅使，如果他們「相信」該公司正努力做對的事情，更可能長時間

持有虧損股票，忍受更多的股權稀釋，並接受無股息的期間。這種趨勢如果持續下去，現任執行長們將難以迴避優先順序的改變。

伊隆・馬斯克是個異數，因為他完全理解以犧牲機構的關係為代價，向個人追隨者推銷自己的願景所產生的影響。還為新一代執行長們勾勒出可以模仿的新方法，透過這麼做，同時縮短股東、客戶、員工和整個社會之間的需求差距。最終會導致一種情況，原本致力為股東提供服務的企業，將自動被迫向他們的客戶、員工和整個社會帶來真正的利益。我們可以想像一種場景，將來走進耐吉或愛迪達的專賣店，購買他們最新的運動鞋時，得到折扣的股份，會是一件很正常的事情；也似想像，星巴克的個人投資者會享受折扣咖啡、訂閱模式和免費續杯服務。更重要的是，我相當期待先進的執行長們能更加透明公開地與個人投資者溝通，並能用新管道分享觀點，進而影響公司領導團隊的決策。幾年前這些想法可能很不切實際，但現在它們不僅可能，而且的確正在實現和發展之中。

有膽識的執行長們對於重大決策，可能向股東徵求意見，而不是向董事會請教：

- 儘管中國存在人權問題，您願意支持進軍中國嗎？
- 因為負面的外部影響所造成的不安，您願意關閉一條利用塑膠營利的業務線嗎？
- 考慮資訊洩露的感知風險，您是否願意使用華為 5G 技術？

這有多不切實際？若是回到十幾年前，我會說非常不切實際，但是想想過去幾年發生的事情。在美國，僅僅憑藉社群媒體的力量來當選總統，我不是說唐納・川普，而是巴拉克・歐巴馬利用社群媒體平台資助自己的整個競選活動。同樣，我們看到民選政府允許其人民投票決定留在歐盟，還是脫歐，我們很可能看到執行長們角色的適應，更近似於民選領導者的角色。

或許最終會發現，密爾頓・傅利曼（Milton Friedman）如今被質疑的理論——執行長們應該只專注最大化股東價值——確實是對的，因為在過去半個世紀裡，執行長們根本沒有盡力為股東創造價值。他們專注於為代理機構、自動下單和財報提供價值，這些人誤解和歪曲了我們這些最終投資者真正想要的東西。

短期利潤的思維所造成的惡性循環，更加強化資本市場對各種比率（如資產報酬率、投資報酬率）和股息的關注，形成股東至上的文化，這種文化對員工不利，最終對他們的客戶和整個社會都不利。如果移除機構股東，而由同時也是客戶的數百萬個人投者取而代之，那會怎樣？如果增加平台來幫助公司，與這些以客戶為中心的新股東之間建立對話，那又會怎麼樣？能開啟新的經濟形式嗎？讓我們看到「好的」公司做對的事情，進而為股東創造更多的價值？這能帶來自覺資本主義新的層次？這樣的資本主義水準不需政府立法，也不需地球環境送進加護病房之前就能進行的重大變革。

我覺得都是可能的。事實上，我們已經看到早期徵兆，如果趨勢持續下去，我完全相信 2030 年的世界會比今天更好。

查爾斯・薩維奇
Charles Savage

　　南非約翰尼斯堡證券交易所上市的 Purple Group 執行長。該集團是一家金融科技集團，致力提供客戶在每個接觸點都有輕鬆愉快和富教育意義的使用者體驗，使所有投資都民主化，不斷努力理解和消除阻礙人們成功投資的障礙。

　　薩維奇在金融科技領域活躍了二十多年，在 2000 年至 2007 年擔任 GT247 的科技長（CTO），他是全球差價契約（CFD：contracts for difference）交易的早期先驅之一。隨後 2007 年他當選為 GT247 南非公司的執行長。次年，他主導 Purple Group 於 2008 年對全球貿易集團（Global Trader Group of companies）的 100% 收購。2011 年，薩維奇繼續當選為 Purple Group 的執行長，至今仍擔任該職位。

　　然而，薩維奇最為人熟知的是他於 2014 年 10 月發起的 EasyEquities，並擔任創辦人兼執行長。EasyEquities 是一個屢獲殊榮的金融科技平台，近來在南非和世界其他地區，它使股權實現民主化。在 2020 年，薩維奇成為 EasyProperties 的創始成員之一，該公司是南非第一個以眾籌方式進入大型住宅物業開發的平台，利用其簡單、無最低額度、少量、無障礙的方式進行所有投資。

　　EasyEquities 公司成立 6 年後，已吸引 100 萬南非的註冊客戶，並且個人持股比例增長已超過 250%。如今，EasyEquites 在南非、愛爾蘭、葡萄牙和澳洲都設有辦事處和僱用員工，正著手在世界其他國家複製南非的成功。EasyEquities 是第一個能即時獲取南非、澳洲和美國零股的線上投資平台，並擁有南非所有零股證券的專利。

　　薩維奇於 1996 年在開普敦大學（University of Cape Town）取得會計和資訊系學位。在加入 GT247.com 之前，他曾擔任 Dockside Internet 的業務及市場行銷總監，此公司為該國首批網際網路開發公司之一。

　　過去 20 年，他的職業生涯都在金融市場，主要專注於科技、策略和業務發展、創新和敏捷領導力。

　　Purple Group 由數個企業實體組成，這些企業都活躍於金融服務領域。其中包括 GT247、EasyEquities、EasyProperties、EasyCrypto、Rise 和英皇資產管理有限公司（Emperor Asset Management）。

　　查爾斯・薩維奇說：「我的目的是利用科技、金融市場和失敗經驗，與

出色的團隊一起讓每個人都能輕鬆投資，提升與我們接觸的人們的財務生活。持續到下個世紀，人們將讚揚我們的貢獻，認可我們改變國家的金融結構方面所發揮的關鍵作用。」

專訪布洛克 · 皮爾斯，美國比特幣基金會主席

談到由客戶引領而促進轉型的科技，過去 10 年，比特幣顯然是其中的主角，因為使用羅賓漢（Robinhood）網路金融服務公司的年輕一代投資者相信，它能避免與無聊的老銀行打交道。具體而言，討論的焦點是如何透過科技實現貨幣民主化（democratisation of money）。在數位轉型的世界裡，貨幣的未來是什麼？為了查明真相，我找上老朋友布洛克 · 皮爾斯。

▶ 今日比特幣的處境？

比特幣已經清楚地劃分了它的功能、角色及對許多其他加密貨幣的作用。比特幣是唯一明確找到其用途的加密貨幣，即作為本質上具有通縮性的數位價值儲存，並有可能取代黃金的功能，是 2.0 版的黃金。

在當今不確定的年代，人們正在尋找替代性資產類別（asset class）存放資金，尤其在許多地區都出現通貨膨漲的情況下。

我們已經在股權市場（equity markets）上看到這種情況。我不認為股市上漲，貨幣市場下跌，只是因為人們試圖把資金放在貨幣以外的任何資產。不只在股市，我們在房地產、製造業和其他產業看到同樣的情況，而在食品、

水等基本消費產品則尚未出現這種情況。我們正面臨著非常嚴重的惡性通貨膨脹，而比特幣是這問題很好的避險工具。同時，其他加密貨幣仍在努力尋找自己的用途，大多數都面對激烈的競爭，我們需要解決與智慧合約相關的更複雜挑戰。否則，這將產生至今仍不明朗的競爭環境。

加密貨幣世界的優勢，是它擁有一個龐大的開發社群，有非常多的追隨者。

▶ **您認為加密貨幣如何透過網路民主化改變世界？**

我們將其視為實現民主化的機會。世界各地的人們都能接觸到它。個人投資者也看到這一點，它肯定會改變市場，以及我們對信貸的看法。它正在改變遊戲規則。

另一個非常真實的案例是穩定幣（stablecoins）。大量穩定幣用於國際貿易結算，交易金額每天都超過 50 億美元，因為國際貿易協議中，人們不願意等到兩天後才結算。全球一年 365 天、一天 24 小時都在進行交易。

認為交易結算無法在週末或下班時間完成的想法已不再被接受。這些交易結算的金額極為龐大，足以讓政府在全世界進行先導專案，中國數位人民幣絕對值得關注。這引發一個問題：做為政府，中央銀行要如何出口本國的貨幣（exportable）？可存取性（accessibility）是推動這項科技的主要因素。它正在推動其存取性，而且肯定將在各國的貨幣戰爭（currency war）發揮核心作用，而中國目前處於領先地位。

▶ **哪些貨幣將成為贏家？**

比特幣已經確立自己的角色並正在發揮作用。同樣，沒有好的科技也沒有壞的科技：它只是一種工具。如何使用它及使用的意圖，決定它會產生的影響，因為我們清楚知道使用科技的意圖和作用是如此重要。這會讓世界變得更美好嗎？

顯然，中國政府是想要如何利用這個工具加強控制和嚴密監督，但可以不必這樣設計。設計工具有很多種方法，問題是，它的意圖是什麼？

希望美國選擇的做法符合建國初衷。美國憲法的基礎是追求幸福和財產權、隱私、自由及國家賴以建立的所有其他美好事物。這是我們應該走的貨幣民主化道路，無論我們走哪條路，都將維護這些價值觀和原則，而不會選擇類似中國政府的道路，例如數位人民幣。

我正拜會美國國會議員，並與聯邦和州級的議員深談，為他們提供最佳資訊，為了讓他們做出最終有利於所有人的決定，因為大多數情況下，他們不了解正在發生什麼，及如何從中學習。我花了很多時間提供民選官員和公務員相關資訊，好讓他們為我們做這些決定。

▶ 民主化和去中心化，不利於政府和國家。您對國家與全球網路之間的摩擦有什麼看法？

這是人類史上，第一次質疑信任和價值從何而來。人們談論內在價值。我不相信任何事物都具有內在價值。所謂的內在需要具備實用性價值，完全取決於是否對它存在需求。我的觀點是「共識」，只有兩者或更多的人認同它有價值，它才具有價值。如果您是唯一相信某物有價值的人，那麼純粹是情感價值。除此之外，對於價值從何而來，是否能達成共識？

我的意思是，價格是由供給和需求決定的，如果您真的從這個角度思考問題時，純粹是共享的信仰體系。這是純粹的信念、純粹的信任。因此，人類史上第一次，可以選擇我們認為有價值的東西，可以集體投票決定我們的信仰。即使是像狗狗幣（Dogecoin）這樣的笑話，也由我們最終決定它是什麼。

正意識到我們確實有發言權，而我們之所以有選擇權，是因為信任科技。如果價值觀是共享信仰體系或共享的基礎架構，類似宗教的力量，因為宗教一直是最好的共享信仰體系。如果這是價值的最終來源，最終我們會看到來自信仰社群的價值。

▶ **當我研究以太坊時，看到的是許可制的集中式網路，與去中心化和無需許可的比特幣相比。哪種模式會在這場漫長的比賽中勝出？**

我相信的是更開放的系統，但這又回到了信任的議題，對吧?! 運用更多的固有系統就越值得信任？在早期的數位貨幣應用中，常出現的問題是系統的開放程度如何？有些系統仍以同業聯盟（cartel）為基礎。這意味少數參與者正在市場中尋找自己的位置，從而在權益證明（proof-of-state）系統中佔據主導地位，因此，同業聯盟似乎在生態系統及其經濟激勵方面獲得更強的控制。

激勵措施有利同業聯盟保持自己的地位，但他們絕不會使用所擁有的權力，因為會損害他們在體系中的價值。在使用比特幣的工作量證明（proof of work），也存在一種經濟聯盟。您仍然擁有同業聯盟和採礦池，但因為需要持續不斷強化競爭力來維持自身在網路上的地位，您不能因為擁有大量貨幣或代幣而達到目標。您必須在不斷競爭的環境中，持續升級您的基礎設施。這意味著基於工作量證明的同業聯盟要鬆散得多，從某種意義上說，因為您被迫努力不懈，來維持自己在網路中的地位。

在研究這些同業聯盟，也就是除了提供基礎設施和網路之外，對每個人來說，很明顯無法立即看到市場的另一面（譯註：指比特幣認證交易或是俗稱的挖礦）。讓我有一定把握的是，這兩個體制間都存在經濟上的制約。如果濫用您在系統中的職權或權力，這個網路本身的價值和您在網路中所擁有的價值最終會受到損害，因此人們不會濫用在這些市場中的地位。

▶ **然而，工作量證明的運作方式對能源使用和對氣候破壞都會造成問題。**

基於消耗的電力和比特幣工作量證明模式的運作方式，這是不斷出現的話題。當您將電力引入比特幣時，需要獲得非常低成本的能源。目前提供最低成本能源的地方是水力發電、地熱和類似的能源，從長遠來看，任何能推動再生能源的投資都是好事。

僅僅因為汽車對世界有害，並不表示我們要回到馬車時代，所以我不認為比特幣的能源消耗是長期問題；它是短期問題。對整個世界來說，即刻要面對的問題是，我們如何發電？

我們有 21 世紀的問題，但幸運的是，也有 21 世紀的解決方案。要擺脫混亂的唯一方法是透過創新。比特幣的價值是通過新興產業所創造的數兆美元的財富，它最終將推動大量能源投資進入可再生能源。

從長遠來看，我不相信能源仍會是問題。我們正從化石燃料發電，轉向一種可再生能源的方式。長遠來看，任何加速此一趨勢的事情都是好事。我不能說很確定這件事終將發生，因為我沒有未卜先知的能力，但這是我的信念。

▶ **我認同所有長期的問題終將得到解決，但也許無關於國家以及是否仍需要銀行的問題。**

什麼是銀行？什麼是政府？政府是一個治理的框架，使用現有的工具，在此時能夠創造的最好架構。借助新的工具，或許能夠修改和重新思考治理，或者政府應該如何運作。最終，我們可能創建一個民有（of the people）、民享（for the people）的體系——想在歷史上建立的框架。我們希望在未來建立最好的系統來做到這一點，我敢說，在未來，政府將成為科技平台。

科技平台可能是政府在未來形塑自身的基礎設施，而問題將是，如何管理自己？如何選出代表我們利益的人？

我相信這些現存系統已經有些損壞。權力腐敗，絕對是存在的。它不再是有效的政府形式，問題是政府形式將如何演變？這種情況能改變嗎？

目前我們正在試驗一個名為伊甸園（Eden）的系統。基本上這系統是選舉過程，一種將資源交到民選官員手中，並在當選後的委員會決定運作架構。委員會選出一人來管理每個委員會，委員會的層級越高，其影響力及其伴隨的結構就越大，因此有更多的資源來支持其生態系統。

假設如法炮製在政府層面，理論上，您可以擁有一個完全不同的選舉人

制度（系統），並為選舉人提供資源，以資助其所需的事物，例如當地城市的基礎設施。我們絕對能嘗試治理或政府方面的宏大構想，以及發揮未來政府不同的作用。

至於銀行，它們是如何產生的？當聽到「銀行」這個詞時，您會聯想到很多不同的事情。您會認爲它是一個可信任的中介機構，基本上是把錢放在保險庫裏，這樣您可以從世界任何地方存取它，這功能可能會變得沒那麼必要。隨著建設更好的基礎設施，我們也在建立一個平行的金融體系。舊的金融系統依靠的是安全性較低、依賴信任和交易對手的舊科技。更糟糕的是，它不能一天 24 小時工作，效率也不高。

這個系統是未來需要的？我們生活在一個不斷變化的世界中，改變是常態，您無法停止改變。問題是我們能適應它？您能適應嗎？

▶ **從長遠來看，您認為現在比特幣的發展狀況對地球、社會和每個人都有利？還是您認為未來還有不得不處理的尚未解決問題？**

好吧，我確實認為有很多問題。但應思考的是該怎麼做？我堅信目前所發生的一切對未來是件好事。下列是一些有趣的資料解釋我的看法。

在過去 5 年左右，我們創造 3 兆美元的財富，這是有史以來在這麼短時間內創造的最大價值。它比以前創造的任何東西都要多，這世界應該很快會出現透過加密貨幣賺錢的億萬富翁。

當回顧歷史思考財富創造的歷程，很多家族的財富是仰賴幾代人創造出來的。然而，如果您是白手起家，通常要經過數十年的努力和勤奮工作才能獲得財富。

對於那些不得不長期辛勤工作的家庭，他們有非常強烈的優越感，會覺得「這是我的」、「這屬於我的」、「我比您更有價值」。他們覺得比那些更快更容易賺錢的人更有資格擁有財富。但我是屬於後者，我相信我們更願意放棄所獲得的財富，願意投資於我們相信的事物。

　　人類文明正處於歷史上最具挑戰的時期。財富正被交到人們手中，我祈禱他們會用它來行善，因為世界正處於最需要幫助的時刻。我們面前的道路充滿挑戰，我們正面臨非常現實的生存威脅，無論是環境挑戰、政治分裂、種族分裂、貧富差距的經濟分裂、政府衝突、資源挑戰等等。令我非常興奮的是，有成千上萬的人可以利用今天的貨幣和科技所創造的財富，使大家有能力解決這些問題。

　　我不認為我的錢是我的。我擁有它，但我把自己想像成是它的管家或保管人。我有責任以我認為將對世界產生積極影響的方式運用它。我認為貨幣就像儲存的能量，它應該像水一般流動，它是洋流和流動的物質，我視自己為指揮家。我只想成為優秀的資源管理者，促成世界積極的變化和良好的工作。

　　我花許多時間在加密貨幣社群談論事情。我想讓他們知道，財富並不總會讓您變成更好的人。當人們在一生中第一次致富時，會是一種責任，當我在加密貨幣會議上不斷傳達的主要訊息。完全都是為了教導那些第一次致富的年輕人，讓他們明白財富伴隨著責任。我希望能傳達此訊息並引起共鳴，而讓他們能成為優秀的管理者。

　　回顧上個世紀，人們能比以前更快致富，但從歷史上看，如果您擁有鉅額財富，有責任為當地社區服務。這不是完美的體系，總是無法完美地運作，卻是真正富有的人們在過去所做的，他們是財富的贊助者，您知道他們認為需要對自己的社區負有責任。

▶ 加密貨幣的未來是什麼？只是場龐氏騙局？

　　現在，金融機構加入我們，比特幣是真實的，因此它將繼續存在。具有這項共識的不僅有民眾，還有學術界、風險投資家，如今還有對沖基金、金融機構、支付服務提供商，甚至還有政府，和他們所有的先導專案都是如此。

　　認為這是龐氏騙局，或市場將會消失的觀點不再有說服力。人們早先提出的論點，但現在已經過了那個階段，現在的看法是加密貨幣是真實的。

布洛克・皮爾斯
Brock Pierce

　　企業家和風險投資家，在創立、諮詢和投資於顛覆性企業方面有豐富的紀錄。他被譽為數位貨幣市場的先驅，並為他創辦的公司籌集了 50 多億美元。皮爾斯是比特幣基金會主席，也是 EOS 聯盟、Block.one、區塊鏈資本（Blockchain Capital）、Tether 和 Mastercoin（第一個 ICO）的聯合創始人。

　　2017 年，皮爾斯與他人共同創辦 Block.one，在 EOS 眾籌中賣出超過 40 億美元的代幣，是有史以來最大規模。還在 2013 年與他人共同創立區塊鏈資本，成為首支專門投資於區塊鏈科技公司的行業風險投資基金。皮爾斯領導該公司完成第一批風險基金的首次代幣發行（ICO），創造第一個安全代幣。區塊鏈資本透過旗下四支基金對該領域進行 100 多筆投資。該公司被 Pitchbook 評為最活躍的金融科技（FinTech）風險基金。於 2014 年，皮爾斯創立 Tether，是第一個穩定幣和資產支持的代幣。

　　皮爾斯是比特幣的早期投資者，也是以太坊眾籌交易的最大投資者之一。他是全球領先的數位遊戲貨幣市場 IMI Exchange 的創始人，年銷售額超過 10 億美元，投資者如高盛等。2016 年 IMI Exchange 以超過 1 億美元的價格售出。

　　皮爾斯創立 ZAM，是全球最大的遊戲玩家媒體資產之一，於 2012 年被騰訊收購。他創立 IGE，是網路遊戲中數位貨幣的先驅，2006 年營收超過 1 億美元，並於 2007 年出售。皮爾斯也是 d10e、GoCoin、Blade Payments、Five Delta、Xfire 2.0、Playsino、Evertune、GamesTV 和 DEN 的聯合創始人。他還為 Airswap、Bancor、BitGo、BitGuild、Block、Bloq、DNA、Element Group、Metronome、Shyft 和 tZERO 提供諮詢。

全通路或是全透通

撰文 | 克里斯・史金納

在 2020 年，我們都轉向數位化，通過網路使用 Zoom、Team、Skype 和 Meet，以數位和影像的形式與每個人連接。銀行雖然還沒完全準備好面對此趨勢，但已經開始爭先恐後地採取因應措施。銀行簽訂了雲端服務合約並通知員工居家辦公。但這樣的發展趨勢對銀行的長期影響是什麼？銀行未來的發展前景為何？而我們現在正處於哪一個階段？

》》對實體的影響

過去數十年銀行一直在評估分行的角色。分行代表著銀行主要的服務通路和品牌，它是進行金融交易的中心、提供服務的中心、也是提供客戶專業建議和獲得信任的中心。在新冠疫情結束後，沒有人要觸碰現金，也不想去分行，那分行還需要存在嗎？

探討銀行和金融市場的未來時，這問題常會被提出。但在我們的有生之年，現金和分行都不會消失。使用現金的場景將會減少，分行的數目也將減少，但不會出現完全無現金或無分行的狀況。讓我們先從現金開始討論。

》》新冠疫情後的數位貨幣和現金

　　許多人認為新冠疫情將加速現金的消失，這樣的想法並沒有什麼實質意義。是的，人們確實已經變得更加數位化，在大多數經濟體中，人們被限制在家，被迫下載銀行和支付功能 app 並停止使用現金。同時，人們對使用現金也有很多憂慮，認為現金很髒，可能攜帶冠狀病毒在內的各種病原體。但無論如何，在撰寫本書期間，接受採訪的專家普遍認為現金仍將勝出。為什麼？請說出另一種可以完全匿名的付款方式——找不到其他方式吧？

　　話雖如此，大多數中央銀行在 2020 年都對發行數位貨幣產生興趣，這很可能對現金產生影響。數位貨幣在 2020 年獲得真正的推動力，部分原因是臉書等大型科技公司的計畫（譯註：臉書於 2020 年宣布成立 Libra 加密貨幣聯盟），但另一個重要的原因是中國正在帶領一場新的競爭，讓中國成為數位經濟體。

　　中國是世界上最早發行和進行數位貨幣試驗的國家之一，在此之前巴哈馬已經發行數位貨幣。柬埔寨、瑞典和歐洲緊隨其後，甚至美國聯準會也在談論數位美元。數位貨幣的趨勢已是不可避免。

> 「在不久的將來，我們會看到主權數位貨幣（sovereign digital currency）的出現。」
>
> 邁克爾・科爾巴特（Michael Corbat），前花旗集團執行長

> 「在未來，無論是中央銀行的數位貨幣或非中央銀行所支持的數位貨幣，絕對都會有一席之地。」
>
> 比爾・溫特斯（Bill Winters），渣打集團執行長

　　紙幣和現金在經濟體系中的重要性將降低，但它們不會消失。仍有交易

使用現金，部分原因是人們擔心數位交易會被追蹤並可以追溯歷程，質疑中央銀行的數位貨幣交易真能像現金一樣匿名？部分原因是人們不喜歡以數位方式進行交易。

是的，有些人不信任網際網路。有趣的是，德國是對數位持懷疑態度的歐洲經濟體之一。在新冠疫情期間，轉向使用數位支付和數位銀行。但是，如果現在詢問任何德國人，他們會告訴您，在新冠疫情減緩之後，他們渴望回到以前的狀態。這意味著我們將生活在一個更少使用現金的世界，但不會是無現金的世界。那分行呢？

》》 新冠疫情後分行的角色

在 2020 年期間，大多數人都居家辦公足不出戶。只有出於必要原因，例如去雜貨店和醫院才會短暫外出。但是去銀行分行？好吧，確實是有人去銀行分行，但前提是有絕對必要的理由。為什麼到了 2020 年還需要去銀行分行？您需要兌現支票？這個年頭誰還會收到支票？您需要去提領現金？如前所述，現金不是絕對必要的。您需要去開立帳戶？好吧，許多銀行要求您這樣做，但您不一定要去分行才能開戶。有很多數位銀行能在行動 app 中開立帳戶。換句話說，在 2020 年已經完全不需要分行。您不需要分行銀行業務（Branch banking），客戶不需要它，純粹是費用負擔。

對於 90% 或更多的銀行客戶而言，網路銀行和行動銀行已經可以提供需要的一切服務。實體分行為其餘的 10% 客戶繼續提供服務是無利可圖的，所以應該讓他們到其他地方，例如郵局。當然，這是非常極端的觀點，但全球許多銀行都認為沒有必要維持實體分行的架構，應該關閉所有的分行，並將客戶轉移到線上。

這樣的觀點似乎有道理，只是人們並不會只靠基本常識來處理財務和金錢，它們與情感和連結有關，它們會對心理產生影響，這對我們的心理健康

至關重要，而不僅影響財務健全。基於這些原因，銀行的實體接觸中心始終發揮著作用，而不能只透過數位方式提供服務。在銀行整體的服務架構中，分行始終會有其角色。分行的作用與其說是提供交易、服務或建議，不如說是關於信任和健康（wellness）。關注的重點是，客戶希望與人面對面來獲得所需的金融服務，還是要以設備來取得服務？

　　無論應用何種科技或將作業自動化，無論是通過數位服務還是實體分行，金融服務總是需要與人互動（human interaction）。這就是為什麼我們談論更多的全透通（OmniAccess）而不是全通路（Omniaccess）。

》》》 全通路還是全透通？

　　過去 10 年的大部分時間裡，我們一直在談論全通路。這固然很重要，但是探討的角度不對。請回想我們對現金和分行的討論，實際上我們將新的科技運用於傳統業務，因此我們稱新科技為「通路」（Channel）。我們在現金存取業務中加入了 ATM 自動櫃員機，在分行服務的基礎上加入了客服中心提供服務，在 Direct Banking 的基礎上加入網路銀行，在網路銀行的基礎上加入行動 app 等等。（譯註：Direct Banking 於 1989 年出現於英國，初期是以電話語音功能為主的自助式金融服務。）

　　問題出在於現有基礎上添加新的科技應用，我們並沒有重新規劃最適合的應用方式。當這些新科技添加到舊架構上，最終得到了「全通路」架構（omnichannel structure）。當然，客戶可以透過任何通路取得銀行服務，但在通路背後的後台系統最終變得一團亂。一堆舊的技術和系統彼此連結，導致了不一致的服務內容、不相容的互動方式和經常沒有即時更新的客戶資料。它不適合 21 世紀的即時「存取」（access），而存取就是 21 世紀企業生存的關鍵。上個世紀「全通路」的作法是將新技術疊加到既有的服務架構：而 21 世紀則是「全透通」──在數位核心（digital core）的基礎上增加功能。

本質上，全透通的銀行是雲端原生（cloud native），核心都已數位化。而全通路是基於銀行現有的系統（多數建置於銀行內部），數位應用建構在此基礎之上。兩者的描述聽起來很相似，關鍵區別在於，全通路的數位應用，如行動 app 及應用程式介面（API）看起來很漂亮，但是支撐這些數位服務的底層，卻是一堆使用上個世紀技術所開發的系統。正如許多人所說，是在給豬塗口紅（Lipstick on a pig），雖然外表看起來光鮮亮麗，本質上卻是換湯不換藥。而以數位為核心的全透通，則假設所有數據都已經被合理化和整合以提供單一的客戶視圖（single view of customer），因此所有服務內容都是一致的。

這將是 21 世紀銀行競爭的勝敗關鍵，「以數位為核心」和「以數據為中心」成為區分贏家和輸家的競爭要素。「以數位為核心」、「以數據為中心」，正是所有新進銀行的切入點——而到 2030 年，將成為所有金融業者存活的基本要件。換句話說，最多只有 10 年完成全面數位化。

重要關鍵的原因在於它需要對現有組織架構進行徹底的重新設計，完全擺脫現有基礎上疊加數位科技的「全通路」思維，以激進的方法重新構建「以數位為核心」和「以數據為中心」新的銀行架構。到了 2030 年，全通路將不足以讓您的銀行維持競爭力，如果沒有「以數位為核心」和「以數據為中心」的架構，就無法提供全透通的服務。到 2030 年，任何在舊系統之上分層疊加數位科技的全通路銀行，都將被那些「以數位為核心」，能對使用不同科技的客戶提供一致服務的全透通銀行所收購。我可以保證這將會發生。

》》》「數位優先」就會是贏家？也許不會！

有觀點認為，新進銀行和挑戰者銀行將在 2020 年代獲勝。作為以數位為核心、雲端原生和專為網路世界所設計的銀行，它們顯然比傳統銀行更具競爭優勢。傳統金融業者倚賴實體環境與人連結的工業世界，新進銀行則專為

運用數位方式存取軟體和伺服器的網路世界所設計。兩者在本質上完全不同。

然而，一些新進銀行和挑戰者銀行發現他們的商業模式沒有運作得很理想。他們發現，如果銀行採行數位優先策略並且僅只有提供數位服務，那麼客戶不會買單，他們需要某種形式的實體互動。如前所述，金錢和金融不僅關於數據和數字，還有情感和心理層面的影響。因此兩者之間必須取得平衡。

這狀況很值得關注，因為許多新進銀行試圖推出純粹的數位服務，但在新冠疫情期間，他們竟然失敗了。被困在家裡的客戶對金錢的狀態感到焦慮，需要某種形式的情感支持。他們想要一個能與人進行互動的電話號碼，有些人想要一個地方可以與人交談，而新進銀行都沒辦法提供。換句話說，當人們對金錢感到焦慮時，只有純粹數位服務的銀行就無法滿足客戶需求，必須在數位服務和實體服務之間取得平衡。更重要的是，您也需要讓客戶在數位服務和實體服務所獲得的體驗維持一致。這就是全透通。

您需要一種方式，讓客戶和員工始終能夠即時獲得相同的客戶視圖，也是為什麼將數據合理化（data rationalization）並進行整合如此關鍵。如果數據是支離破碎而且分散於各處，就無法提供全透通。如果數據是以產品和業務線的角度來規劃及儲存，就無法提供全透通。如果數據運用是以通路的視角而不是客戶的視角，就無法提供全透通。

全透通是經過合理化的整合數據核心（data core）為基礎，通過數位平台向客戶的設備提供服務，這是 2020 年代的關鍵競爭要素。同樣重要的是，全透通能同時藉由實體和數位提供服務，客戶不想只有純粹的數位服務，也不想只有純粹的實體服務。他們想要的是一致的服務，無論他們想是直接交談、人與人互動，還是滑他們的行動 app。

了解這關鍵要素，並能在實體和數位都提供客戶絕佳的使用體驗，能做到全透通的金融服務提供者將成為客戶關係的贏家。如果您是金融服務提供者，必須問自己：我們符合這個條件？我們具備這樣的能力嗎？

如果答案是「不確定」，也許您應該關注其他方面，也就是「中後台」，

因為並不是每個人都可以擔任「前台」（front office）。並非每個人都可以成為「前台」客戶互動提供商，或許您也不需要成為「前台」。想想您最擅長的事情是什麼，如果不具備全透通能力，不能提供客戶一致的實體服務和數位服務，那您可以重新調整重心做最擅長的事情。

》》因為金融科技可以做得更好！

銀行過去的傳統都是由自己完成所有的事情。他們自己建造、開發和部署，自己控制所有的事情。現今的世界已經不同，世界是由每個人共同協作和整合所構成的平台與生態系統。在銀行內部自己完成所有事情是沒有意義的。

金融科技就是很好的例子。金融科技已經從 2000 年代一個微不足道的業務構想開始，發展成為 2020 年代價值數十億美元的業務，甚至不少金融科技公司的市值都超過了傳統銀行。在 2020 年，新創公司 Stripe 的市值遠超德意志銀行（Deutsche Bank），Square 的市值超過高盛（Goldman Sachs），PayPal 的市值超過美國銀行（Bank of America）。值得注意的是，這些新創公司都專注於將一件或幾件事情做得非常好。他們並不精通所有金融交易，而是精通少數金融交易。他們只做他們最擅長的事情。

這正是金融科技興起的最關鍵因素，它並沒有嘗試發展涵蓋所有金融供應鏈和價值鏈的服務，而只是針對薄弱和充滿障礙的領域，強化這些領域的服務，並消除使用障礙。對於傳統金融業者來說，可以總結成一個經驗，就是：

- **只要專注做好幾件事，盡量不要什麼都做。**對傳統金融公司來說，這是非常難以接受的結論，因為傳統金融公司擔心安全和風險、監管和治理、監督和失去控制。從過去的歷史經驗來看，在一個封閉的世界裡，這些都是不與外部進行合作和協作的好理由。然而，要求金融機構自我監督和規避風險的監管機構正鼓勵變化，監管機構推動開放銀行（Open Banking）業務，命令銀行與第三方服務公司合作。有些人認為這是危

險的作法，但也有一些人視為機會。

- **您不可能擅長所有事情，所以應該只擅長做某件事。**成熟的金融機構必須重新規劃過去以全通路為基礎的業務模式，以開放的心態，與將金融機構不擅長的事情做得很好的公司合作。藉由全球數以千計的金融科技公司和獨角獸（unicorns）中選擇合作夥伴，銀行能創建全新的架構，其核心是真正的數位化和雲端原生。這不是美好的願望，而是必須完成的使命，如果不這樣做，公司的未來肯定處於危險之中。雖然沒有破產（bankrupt）的風險——銀行是不會破產的——但有被收購和倒閉的風險。

》》銀行不能直接購買金融科技公司來填補所缺失的差距？

一個普遍的觀點是，如果某間金融新創公司在特定領域做得更好，銀行可以輕易地將它買下。觀點之所以存在，是因為假設（a）許多科技新創企業是由那些一旦拿到不錯的收購報價就會賣掉的人所創辦；（b）銀行擁有數十億的資本，可以藉由收購新創企業排擠任何新進入者。理論上這樣的假設很有道理，但真正實踐後卻以失敗告終。

當今世界的創新公司能迅速取得成功，要歸功於建構平台和採用開放的雲端原生系統，以至於當傳統型企業想收購時已為時已晚。觀察優步（Uber）、Airbnb、亞馬遜或任何其他基於平台模式的組織或新創公司，當傳統型企業考慮收購新的競爭對手時，它們已經具備相當的市場規模而很難被收購。如果臉書沒有在 Instagram 和 WhatsApp 成長到比它更大前收購，即使是臉書也不會成功。

還有另一個問題：時機。何時適合併購新競爭對手或創新公司？很少銀行有這方面的運作模式，而且大多數銀行在業務模式被顛覆前都沒發現顛覆式創新者的存在。幸運的是，當這種情形發生在銀行和金融產業，大多數銀行藉由產業慣例及監管要求獲得寶貴的緩衝時間，能在被新的顛覆者顛覆前

適應新的模式並複製它們。

這種情況已經發生變化。如前所述，Stripe、Square、PayPal 和其他公司已經改變了遊戲規則，螞蟻集團和亞馬遜更是如此。這些公司在做的是改變傳統金融業獲得利潤的遊戲規則，他們進入支付、信用、儲蓄和貸款業務領域，但他們不參與以存款為基礎（deposit-based）的相關銀行業務，因此許多銀行服務正轉由新進業者提供，讓銀行只擁有純粹的傳統銀行業務，即存款銀行（deposit-based banking）。不幸的是，在由股東回報驅動的世界裡，一家銀行純粹從事存款銀行業務，將沒有能力獲得資本市場期待的獲利。這就是為什麼金融科技公司的出現，對現有銀行產生如此巨大的威脅。

考慮到新進業者、產業慣性、對大型科技公司（Big Tech）和金融科技公司的恐懼，缺乏對第三方服務供應商開放的能力，以及無法更新公司、商業模式、產品和服務，銀行在外來 10 年要成為全透通，將面臨巨大的挑戰。

數位創新如何在 COVID-19 新冠疫情和氣候變遷中造福世界

撰文｜道格拉斯・費金，中國螞蟻集團資深副總裁

世界正經歷兩場動盪紛亂的事件，這兩場事件對人們的生活、工作和互動方式產生極大影響，而且將持續很長的時間。首先，新冠疫情已經徹底改變我們上班工作的方式和娛樂的途徑。其次，從長遠來看，氣候變遷的影響使我們必須經常適應並且調整生活方式。

這些影響深遠的轉變帶來新的準則，為我們運用科技力量產生巨大的機遇和責任。產業將與世界各地的利益相關者合作，致力於服務更多使用者並被廣泛接受，更必須關注幾個重要的優先事項。首先是如何利用科技更強化普惠金融[1]，以彌平因這場疫情而更惡化的經濟分裂，並對個人和企業的綠色行動發揮更積極的作用，解決全球暖化的緊迫問題。

協助金融服務不足和無銀行帳戶的個人，始終是螞蟻集團的使命，為客戶提供低成本和便捷服務，從 2004 年中國推出支付寶，為新興的電子商務

---

1 「金融科技的承諾：後新冠疫情時代的普惠金融（第 20/09 號檔案）」國際貨幣基金組織，2020 年 7 月 1 日，https://www.imf.org/en/Publications/Departmental- Papers-Policy-Papers/Issues/2020/06/29/The-Promise-of-Fintech-Financial-Inclusion-in-the- Post-COVID-19-Era-48623.

產業建立買家和賣家之間的信任，再與世界各地的數位合作夥伴攜手努力，包括南亞和東南亞的在地數位錢包營運商，以及歐洲和非洲的金融科技公司（FinTechs）。新冠疫情造成明顯的趨勢，原預計需要幾年時間才能大規模採用的數位解決方案突然成為常態，甚至發生在多數是農村人口為主的國家，因嚴格的社交距離措施，越來越多的人採用數位通路滿足銀行需求。在這些地方，科技正縮減借貸雙方的距離，甚至以前所未有的速度觸及無銀行帳戶的人們。

例如，根據世界銀行全球普惠金融指數，2017 年孟加拉農村地區，只有 50% 的成年人擁有銀行帳戶。為了彌補差距並幫助人們保持社交距離，行動金融服務供應商 bKash，讓客戶在疫情期間透過智慧手機轉帳給無銀行帳戶者。此外，bKash 與孟加拉政府合作，透過數位通路向數百萬受影響的個人發送補助金，其中包括 40 萬名受疫情影響的畜牧農民 [2]。

為幫助受疫情影響的巴基斯坦中小企業，行動銀行平台 Easypaisa 推出名為「Easy Business」的入口網站，透過便捷的電子發票系統支付薪資、支付貨款和收款，幫助小型企業主實現數位化 [3]。

在菲律賓，現金是主要的支付方式，但因疫情緊急封鎖，現金使用量顯著下降，當地人越來越多轉向既方便又安全的線上和行動錢包服務。該國交通部於 2021 年初選擇電子錢包營運商 GCash 向生計受到新冠疫情 [4] 影響的合格公用事業司機發放補貼——如吉普尼（jeepney）和公共汽車司機。在 2020 年和 2021 年期間，約有 6 萬名受疫情影響的司機透過 GCash 獲得補貼，為

2　「受新冠疫情影響的養殖戶透過 bKash 獲得政府優惠」Business Insider，2021 年 2 月 17 日，https://www.businessinsiderbd.com/companies/news/2645/4-lakh-covid-19-affected-livestock-farmers-will-get-government-incentive-through-bkash.

3　「Easypaisa 推出 Easy Business」，PayPers，2020 年 5 月 19 日，https://thepaypers.com/online-mobile-banking/easypaisa-launches-easy-business--1242449.

4　「LTFRB，DoTr，選擇 GCash 作為支付平台的合作夥伴」Manila Times，2021 年 2 月 19 日，https://www.manilatimes.net/2021/02/19/public-square/ltfrb-dotr-select-gcash-as-partner-disbursement-platform/842711/.

他們提供額外收入。

數位創新克服新冠疫情限制的另一個案例，是泰國的電子錢包（TrueMoney），推出名為「就近購物」（Shop near Me）的行動 app 功能，幫助消費者輕鬆找到附近商家，讓他們可以下單和配送[5]。為了遵守社交距離的措施，降低客戶的染疫風險，TrueMoney 與 7-11、萬客隆（Makro）、福來食集（CP Freshmart）、TrueCoffee、Chester's 等商家及街邊店舖攜手合作，推廣無接觸支付和防疫意識。

這些來自南亞和東南亞的真實案例，突顯數位科技與實體經濟更加整合，幫助更多客戶獲得必要的金融服務，並為中小企業和消費者帶來更多利益。

此外，綠色金融（green finance）又稱氣候金融（climate finance），是能同時滿足環境保護和融資需求的重要方式，越來越受到世界各國的關注。金融科技驅動綠色創新促進應對氣候變化。隨著數位平台在世界各地的普及，可鼓勵消費者更積極在環保友善方面採取行動。

歐洲一個很好的案例，克拉納（Klarna）針對所有購物行為的碳足跡分析。這家高達 9,000 萬客戶的瑞典公司，對每次透過數位支付的購買進行碳足跡分析。根據該公司的說法，這項新功能讓消費者免費得知該消費對氣候影響的資訊，進而推廣人們對氣候變化的意識。

中國類似結合數位金融與氣候變化的努力也正開始發展。保爾森基金會（Paulson Institute）和清華大學（Tsinghua University）的聯合研究指稱，這些行動嘗試運用金融科技驅動綠色的金融創新，以及可持續發展議題和低碳行為轉變，並且成為它們的最先鋒[6]。

5 "Contactless innovations keep the world moving amid COVID-19," Tech2Thai,「無接觸創新讓世界在新冠疫情期間保持營運」Tech2Thai，https://www. tech2thai.com/mobile_tech/149/contactless-innovations-keep-the-world-moving-amid- covid-19.

6 「金融科技：一場改變金融服務業樣貌並促進綠色金融廣泛應用的數位革命。」保爾森基金會（Paulson Institute），2020 年 3 月 12 日，https://www. paulsoninstitute.org/press_release/paulson-institute-releases-study-on-how-fintech-enables- green-finance-development/.

　　另一個例子是支付寶行動 app 上啟動的「螞蟻森林（Ant Forest）」計畫，該計畫使用「綠色能量（green energy points）」，鼓勵用戶採行低碳行動，例如騎自行車上班、無紙化和購買永續產品。當累積的綠色能量在用戶的行動 app 中長成一棵虛擬樹時，支付寶即與當地非營利組織配合的保護區，合作種植一棵真樹。這個計畫獲得聯合國「2019 地球衛士獎（2019 Champions of the Earth）」[7]──聯合國有關環境保護的最高榮譽，並獲得「2019 年聯合國全球氣候行動獎」，表彰其利用數位科技保護氣候的行動。在 2016 年至 2021 年期間，超過 6 億客戶參與計畫，在中國乾旱地區種植超過 3 億棵樹木。

　　但仍有很多工作需要完成，例如，螞蟻森林計畫的目標之一是在未來 10 年內種植超過 10 億棵樹，並引進現代農業科技來支持農村地區及其生態，加強對氣候的承諾，包括實現 2030 年淨零碳排放的目標，繼續投資於綠色發展，支持綠色科技研發。

　　為了追求數位化的美好，螞蟻集團努力深化服務實體經濟，專注於數位金融以滿足小型和微型企業的需求。2021 年，公司的目標是透過提供免費現金提領服務和降低利率，讓小型和微型企業降低 50 億人民幣（約 223 億新台幣）的金融服務成本，能讓更多資源用於幫助農村經濟發展，並將數位科技惠及到金融服務不足的地方。

　　其他包括透過「10x1000 科技普惠」（10x1000 Tech for Inclusion）慈善計畫，縮減發展中國家和最低度開發國家的數位技能差距，計畫在未來 10 年內培訓 1 萬名數位科技領導者，並透過「Ai 豆計畫」（A-Idol Initiative）為女性提供人工智慧相關的培訓，尤其為農村婦女帶來更平等的工作機會。

　　我們堅信數位科技和互利合作是關鍵力量，可使世界擺脫疫情陰影、實現兼容經濟復甦（inclusive economic recovery）、同時促進全球永續發展。

7　「中國倡議：螞蟻森林贏得聯合國地球冠軍獎」，聯合國環境計畫，2019 年 9 月 19 日，https://www.unep.org/news-and-stories/press-release/ chinese-initiative-ant-forest-wins-un-champions-earth-award.

具使命感的科技公司仍有許多事情可做，尤其當世界仍在應對新冠疫情的直接衝擊，同時準備做好應對氣候變化的深遠影響。

以下有些案例研究能進一步說明。

》案例一：碳中和目標和行動

為了面對氣候變遷的挑戰，實現全世界碳中和的目標，螞蟻集團於 2021 年 3 月承諾於 2030 年實現碳中和，並制訂行動路徑圖，從今年（2022）起逐步中和所購電力的直接和間接碳排放。到 2030 年，螞蟻集團將完全中和未擁有或能控制的其他來源產生的碳排放量，涵蓋包含供應鏈和商務旅行等領域。

螞蟻集團達成碳中和的目標

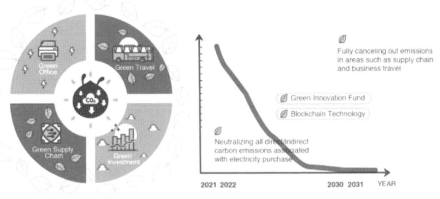

在 2021 年 4 月 22 日地球日發佈一份報告中，我們提出一系列的中程目標，包括到 2025 年將絕對排放量減少 30%（與 2020 年相比），全面評估供

應鏈碳排放量,並將委外服務的資料中心更換為再生能源電力。在減碳排放計畫中,螞蟻集團推廣再生能源為校園供電,鼓勵員工採用綠色工作和旅行,供應鏈內的資料中心採用自然資源和液態冷卻等節能措施。

此外計畫增加綠色投資,設立碳中和科技創新基金。利用區塊鏈技術的防偽和防篡改特性,螞蟻集團使用科技記錄減碳行動,建立溫室氣體排放追蹤和監測機制,定期更新碳中和目標完成的進展,確保這些成果公開揭露。

我們同時將數位創新應用於下列綠色產品和服務:

綠色消費

2019 年 9 月推出「綠色華北專項計畫」,為數位消費信貸產品的華北客戶,提供臨時新增的消費額度和無息分期付款優惠方案,讓用戶選擇更環保的家用電器等其他綠色消費性產品。截至目前約有 678 萬客戶,選擇綠色消費優惠方案,超過 2,000 種綠色產品獲得無息優惠。

綠色基金

2021 年 3 月,在行動 app 內推出綠色基金主題專區,引導感興趣的客戶投入支持綠色創新。來自財富管理公司和平台的多款綠色基金產品,在該主題專區上架,初步估計這些基金的總規模接近 300 億人民幣(1,320 億新台幣)。

綠色投資

綠色投資組合持續關注於清潔能源、環境治理、碳中和及其他關鍵的綠色產業和新領域市場。同時,新增其他與環境領域相關的投資,包括利用數位化賦能予綠色企業,並鼓勵中小型企業和消費者個人參與綠色應用。

綠色信貸

螞蟻集團的網商銀行(Mybank)依據可取得的資訊,評估商家運營對於

環境的影響和所採取的綠色作為，辦識出最佳實踐綠色行動的商家，鼓勵其他商家採取綠色行動，從而提高其顯示在平台上的「綠色行動分數」。截至 2020 年 12 月，已有約 255 萬家小型和微型企業獲得「綠色行動」標章，與平台的綠色評級。

》案例二：幫助農村經濟發展

網商銀行已與中國 800 多個縣建立策略合作協議，為當地農場提供無擔保抵押貸款。評估基礎是根據農場的信用報告和農業保險、土地流通、種植數據，判斷農場經營狀態。

同時應用資料分析、區塊鏈、雲端計算和衛星遙測（remote sensing）等科技，提供全面可靠的資訊平台，為農業提供強大的信用體制。藉由可驗證的資訊系統，使農村社區享受數位經濟帶來的發展機遇。

根據中國銀行業和保險監督管理委員會的資料，截至 2020 年 6 月，中國約有 9,044 萬農村家庭獲得信貸額度，僅佔農村家庭總數的 34%。同時，只有 4,680 萬農村家庭積極使用信貸，僅佔農村家庭總數的 18%。由於這些家庭往往位於偏遠地區，無法獲得傳統的資金來源。

衛星遙測用於農業貸款

科技品牌「螞蟻鏈」一直與網商銀行合作，新開發一款名為「大山雀」的產品，命名靈感來自農村的禽鳴。讓農民用智慧手機的行動 app，在衛星影像上定位自己的農地，然後使用人工智慧科技識別相關區域種植的作物類型，能讓銀行驗證並提供農民相應的貸款，滿足他們種植和融資的需求。

衛星影像和人工智慧可辨識特定農作物的土地面積，以這些資料為依據，估算土地的預期產量和產值，有助於解決農村因資料不完整或無法驗證而難以獲得貸款的問題。透過人工智慧的衛星影像光譜分析，能識別水稻、玉米、花生和大豆等作物，準確率超過 93%。農民還能透過智慧手機描繪自己特定

農地的輪廓。

有了這些資訊，網商銀行能解讀土地目前的種植、生長和收穫狀況，並將這些資料結合其他因素（如產業模式和氣候），進而確認適當的貸款。對其土地和作物的精確產值進行資訊最終分析，讓農民獲得網商銀行及其農村銀行合作夥伴的信貸額度。

除了辨識作物和估算農田產量和產值外，衛星遙測科技可以自動辨識受災區，例如汛期來臨，讓金融機構能為有需要的農名工特定的協助。

證明案例

衛星科技如何幫助農民獲得農業融資

在距江西省南昌市 2 小時車程的餘干縣農村，從 2016 年開始，40 歲的楊作波在村裡租用 62 英畝土地，成為一名新型態專業農民。每年種植水稻產量約為每畝 500 公斤（中國土地面積每畝約為 0.165 英畝），由於農場投資主體和收入的週期性，楊仍擔心現金流的問題。

透過支付寶中的小程式幫助，楊現在只需用智慧手機在地圖標記一些點，並在他的農田周圍畫圈，幾分鐘內就能獲得貸款。「以前向銀行提交申請資料後，須等幾個星期才能獲得貸款。從來沒有想到現在只要在智慧型手機上畫個圈就能拿到貸款。」楊驚呼道。

出乎楊想像，不僅是他所擁有的地上農田，同時還有天上衛星，幫他獲得貸款核准。江西省餘干縣是中國第一個網商銀行借助衛星遙測科技實施貸款評估和撥款流程的縣市。楊成為第一個獲得這種衛星「無接觸貸款」的人。

目前，楊已獲得 2 萬元人民幣（約 9 萬元新台幣）貸款，主要用於租賃土地、購買種籽、化肥和農藥。快速獲得貸款的能力大大緩解現金流壓力，同時增加他對致富之路的信心。

》案例三：提供中小型企業所需的數位支持

　　做為一家數位銀行，網商銀行是中國第一家將核心金融體系建在雲端，沒有任何實體據點的銀行。網商銀行成立於 2015 年，已服務超過 3,500 萬家小型和微型企業。對於其中 80% 以上的創業家來說，這是他們有史以來獲得的第一筆商業貸款。網商銀行最初只服務小型電子商務新創企業和淘寶店主，現在已擴展到更小的微型企業。這些企業包括小商店、街邊店鋪、路邊攤，以及商業化農民。

　　小型和微型企業各有特色，提供從報紙、花生、筷子等應有盡有的服務，在經濟中發揮舉足輕重的作用。此外，中國充滿活力的街邊商店經濟，為許多群體創造更多的就業機會，包括城市失業人群、返鄉農民工、退伍軍人、還有剛畢業的大學生。

網商銀行日益增長的客戶群

2020 年，網商銀行服務的小型和微型企業數量快速增長，而違約率保持在較低水準。

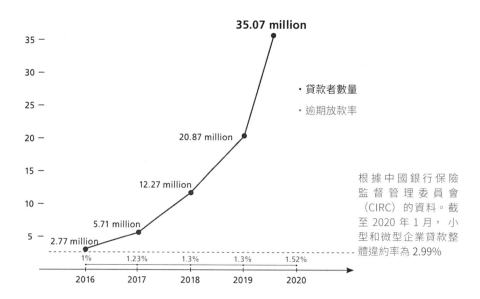

35.07 million

・貸款者數量

・逾期放款率

20.87 million

12.27 million

5.71 million

2.77 million

1%　1.23%　1.3%　1.3%　1.52%

2016　2017　2018　2019　2020

根據中國銀行保險監督管理委員會（CIRC）的資料。截至 2020 年 1 月，小型和微型企業貸款整體違約率為 2.99%

2020 年，為應對突如其來的新冠疫情，銀行迅速採取行動，確保 5,000 萬小型企業，仍可獲得無抵押貸款和信用貸款額度，協助聘僱員工超過數億人的群體。此外，銀行提供低息甚至無息貸款給湖北省抗疫前線的 850 萬家網路商家和小商店，幫助他們繼續維持營運。

在疫情最嚴重的階段，網商銀行為淘寶和天貓平台上的商家提供無預收費服務，累計原總預收金額超過 2,000 億人民幣（8,900 億新台幣）。聯合中國三大官方銀行和網商銀行一起向全國 81 個城市的小型企業、微型企業和個人消費者發放價值 100 億人民幣的「免息券」，促進小型企業經濟復甦並帶動消費力。

》案例四：支持全球金融科技菁英普惠發展

2018 年 10 月，世界銀行集團成員之一的國際金融公司（IFC：International Finance Corporation）和支付寶共同發起「10x1000 科技普惠計畫」。計畫在未來 10 年內，每年培訓 1,000 名數位科技領導者。除了幫助發展數位科技產業，也是提升新興市場領導者技能的重要方法。

2020 年，面對新冠疫情突如其來的多方面挑戰，10x1000 計畫與合作夥伴積極尋求科技解決方案，舉辦 6 場論壇中，討論利用科技幫助抗疫相關的主題，包括「利用科技平台抗疫」、「中國與非洲抗疫交流」、「消費券如何協助經濟復甦」等。

計畫涵蓋包括東南亞和非洲的五十多個國家，挑選的菁英包括各種的環境和數位科技行動人士。例如一位參與者幫助印尼漁民利用科技增加收入，另一位參與者受到螞蟻森林的啟發，在東南亞推廣電子資源回收，某個團隊正在探索支付寶小程式在非洲的應用。

來自東南亞、非洲等地區，所有金融科技創業家、政策制定者和生態合作夥伴，充滿激情是這些人的共同點，在杭州的線下課程中集思廣益，從一系列 10x1000 線上直播中學習新知識。

來自「10x1000 科技普惠計畫」的明星實習生實現了個人和企業的快速增長

　　Mohamed Tarek El-Fatatry 是一位來自芬蘭的企業家。他是馬來西亞電子回收公司 ERTH（Electronic Recycling Through Heroes）的創始人。ERTH 是 2019 年支付寶與新加坡國立大學合辦的企業社會創新挑戰賽的九名決賽選手之一。隨後，他受邀參加了在杭州舉行的「10x1000 科技普惠計畫」主辦的東南亞創新者培訓活動。培訓結束後，他帶領公司快速成長，並獲得以下榮譽：

- ERTH 在 2020 年創業世界杯上被評為全球前 25 名，是馬來西亞冠軍。
- ERTH 是 2020 年 HLB Launchpad 計劃的三名獲獎者之一。
- 2020 年，ERTH 籌集了 200,000 令吉（31,000 美元）的資金，並實現了 500% 的年業務增長率。
- 2020 年 10 月，ERTH 與 DHL Express（馬來西亞）合作，在整個馬來西亞商業界推廣電子垃圾回收實踐

》案例五：支持女性平等發展

　　2020 年 7 月 15 日，螞蟻集團和阿里巴巴集團共同發起「數字木蘭」計畫，預計在 5 年內惠及全球 5,000 萬名女性，提高女性數位經濟的參與度和競爭力。我們始終相信，為女性提供平等的發展機會，有助於建設更平等的社會，希望透過網際網路科技創新提供機會。例如，每年支援女性創業家提供至少 1 兆人民幣的貸款資金、設立 100 億人民幣的無息貸款基金專案和 100 個數位商業課程，用來打造女性企業家社群，都為 4,000 萬名女性創業家提供更多機會。

我們也跟東南亞夥伴合作，支持當地女性企業家。在印尼，與當地數位支付平台 DANA 合作，為近 2,000 名小型及微型企業的女性創業家提供貸款，並為 90 萬名當地女性創業家提供學習資訊及社群支援平台。

我們也為低度開發地區的女性創造 100 個新創專案和 10 萬個就業機會，包括為 200 萬貧困婦女建立平台，提供重大疾病和保險教育的技術支援，以及線上投保和快速理賠。與阿里巴巴集團、中國婦女發展基金會共同發起「Ai 豆計畫」，一個數位產業孵化專案，透過此專案在低開發地區，建立 8 個數位產業基地，並幫助當地女性成為人工智慧培訓師和雲服務供應商。

證明案例

Ai 豆計畫：
給予農村婦女參與數位發展的機會

人工智慧產業的持續發展帶來大量就業機會。Ai 豆計畫免費培訓「人工智慧訓練師」，幫助貧困地區婦女增加就業機會。

　　26 歲的白瑩瑩，初中學歷，家住清澗縣。她和丈夫嘗試過各種謀生方法，包括做過煤礦工、小販和菜販。她想藉由努力，改變自己的生活，由於缺乏學歷，求職時面臨許多困難。最後決定回清澗縣陪伴孩子們。

　　一直未能找到理想工作的白小姐，看到 Ai 豆計畫的招聘廣告：「擁有中學以上學歷，具備足夠電腦技能，優先考慮來自貧困家庭的女性。」她決定一試。經過兩輪測試，令她驚喜終能成功錄取。現在，對她而言這是一份理想的工作，因為每天工作 8 小時，還能彈性安排工作時間。

　　白小姐始終相信最先進的人工智慧將變得越來越有智慧，因而在數位經濟中日益重要。自從在這個領域工作，她瞭解人工智慧之所以是「智慧」，因為很多像她一樣的「老師」一起合作訓練人工智慧。為了便於育兒顧家，在離學校不遠的地方租一間窯洞，每月租金 300 元人民幣（約 1300 元新台幣）。儘管生活條件惡劣，一家四口仍幸福地生活在一起。如今，白小姐的月薪超過 3,000 元人民幣，有時甚至高達 3,700 元人民幣。增加收入改變了生活，她開始考慮以前不敢想的事情，和丈夫正考慮在縣城裡買房，週末已經開始看房，還打算在買房後買輛汽車。

　　總而言之，我們生活在一個新冠疫情和應對氣候變化需求不斷增長所產生的新時代。這些改變世界的事件，將永遠改變所有人生活、工作和娛樂的方式。在新時代沒有誰是孤島，我們都更加深刻地認識：「人類是命運共同體，生活在一個共同未來的社群中。」

　　螞蟻集團創立的夢想是：「未來金融服務不僅造福少數人，而是無時無刻服務所有一般人的日常生活。」懷抱著這樣的夢想，我們希望與志同道合的合作夥伴攜手，將普惠金融服務和創新數位生活服務帶到世界各地，利用數位科技的創新，讓金融科技 惠及全世界每一位消費者、小型企業和微型企業。

道格拉斯 · 費金
Douglas Feagin

　　自 2016 年 6 月起擔任螞蟻集團高級副總裁。加入螞蟻集團之前，費金曾在 2004 年至 2016 年間擔任高盛（Goldman Sachs）的董事總經理，在美國、拉丁美洲和亞洲的銀行、科技和保險等行業擁有廣泛的客戶關係。他於 1988 年畢業於維吉尼亞大學，並於 1994 年獲得哈佛商學院的工商管理碩士（MBA）學位。

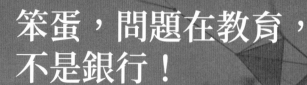

笨蛋，問題在教育，
不是銀行！

撰文｜奧里奧爾‧羅斯，西班牙 Latinia 首席行銷長

　　您可能聽過或讀過類似的標題，在多個語境中使用浮誇的辭彙「笨蛋」。這句子已經成為陳詞濫調，它直截了當強調最終真正重要的是什麼，並提醒我們不要被枝微末節分散注意力。

　　儘管拉丁美洲是世界上銀行服務水準最差的地區之一，只有一半的人口擁有銀行帳戶。但歸功於龐大的金融科技計畫、專案和生態系統內的實力，這裡仍擁有海量的機會。多年來，計畫增加金融業覆蓋的人口，並為人民提供金融服務一直是政府的主要目標，現在如此，將來更會繼續如此，讓他們免於陷入邊緣化，或使用合法性存疑的替代金融產生的風險。

　　因此，無論意識形態如何，提供銀行服務已成為所有稱職政府的口頭禪。現在各國政府意識到，無法與本國金融機構建立最低互動程度的人們，將面臨被社會排斥（social exclusion）的風險，造成社會不平等的深淵更被經驗所證明，同樣的，若能利用傳統金融體系的優勢亦然。在過去，更多是理想的理論卻無法具體實施，這正是金融科技正努力解決的問題。

　　成為專屬和夢幻俱樂部的一員，並不等同於將會有所發展或是能獲得機會。成功獲得貸款，或是擁有一張將名字印在發亮的信用卡，並不代表您屬

於某個特殊群體。

》》 教育是新銀行業

理論上，雖然能依據銀行規定而獲得帳戶，但您仍可能同時處於缺乏銀行服務（underbanked），或銀行服務不足（underserved）的狀態。這一切都歸因於是否接受金融教育。客戶擁有信用卡，或者他們擁有薪資存入的帳戶，不表示他們能理解銀行的建議、知道商品的用途或運用。這就像銀行和客戶正說兩種不同的語言。

結果是客戶無法使用更新更好的金融工具，銀行也無法向他們推銷商品組合。這是一場眾人皆輸的遊戲。遭排斥於銀行服務之外通常代表著也被社會所排斥，而唯一辦法是透過教育讓人人都有公平機會贏得遊戲。

普惠金融的未來並非為了讓人們獲得銀行服務，而是為了教育人們。

與增加提供銀行服務不同，普及金融知識是蝴蝶效應，它能觸發更多人獲得更平等的機會。今天在拉丁美洲的許多地方，要深入獲得金融知識就像在中世紀想獲得手抄本一樣困難。在那時代，金融知識僅限由少數人掌握，但如那時印刷機的出現，成功地使知識開始普及，金融知識的問世，意味著新時代的開始，一個擁有更自由平等的公民時代。

金融知識普及的唯一目標，無非是為了幫助人們更理解銀行的金融商品，讓人們能學會做出更多、更明智的決策。這不僅是提升金融技能，也關乎觀念的根本改變，使人們能夠瞭解自己的財務需求，以及如何辨識和解決這些需求時，都能積極主動地接受銀行提供的服務和商品。瞭解金融知識就是瞭解金錢在世界上如何運作，無論是取得它、管理它還是投資它。

然而，僅靠客戶自己來管理資源是不夠的。這是多人參與的生態系統，責任超出銀行及客戶這兩方面的參與者。政府資助的計畫相當關鍵，以墨西哥為例說明，採取一項重要計畫促進公共財政的健康，並向其客戶（公民）

展現公開透明廉潔的帳戶。

最後，金融教育計畫應該賦予人們能力。計畫的目的應該讓公民意識到財務決策的重要性，並教導他們不要依賴自己的阿姨、表親和摯友圈做任何財務決定。如果人們能夠自給自足，擁有一定基礎的經濟學知識，最重要的是理解信貸運作的方式，那就更好了。這對數百萬人來說，將邁出重要的一大步。

多數人認為年輕時候已經在學校學習並受過這些概念的教育，同樣地，我們都相信應該把更多的時間用於獻身的學科。工程師們認為應該花更多時間在科學、技術、工程和數學（STEM）上；音樂家認為應該花更多時間演奏樂器；體育老師認為應該花更多的時間踢球。他們說的都有道理，但面對未來多變的世界，我們的責任是投入更多精力去理解和具備銀行提供金融服務和產品的相關知識，以及構成這些服務和商品的組成要素。

2020 年 8 月，拉丁美洲開發銀行（CAF：Development Bank of Latin America）和經濟合作與發展組織（OECD：Organisation for Economic Cooperation and Development）發表題目為《拉丁美洲和加勒比地區普惠金融教育國家策略：實施所面臨的挑戰》的研究報告，其中探討普及金融知識所面臨的主要挑戰。困難存在於任何泛區域政策：

- 建立並設置關教育範圍的共同理論架構，例如教育的內容應該做到什麼程度、關於個人角色的責任、國家的作用及組成教育的層級。
- 建置架構的成本和後續維持的預算。
- 確保政策長期可持續及其獨立於政治週期的重要性。
- 確保有效的追蹤和監控流程。

沒有需求就沒有供給。自從 15 世紀初，梅蒂奇銀行（Medici Bank）發明非常原始的信用限額形式以來──也就是複式記帳法，追查借貸方或收付款的方式，供需市場現象就已經存在。假如需求實際不是基於區別某項市場商品提供的能力，因而受到監管，我們所擁有的是非理性和不可持續性的需求，

這是機會主義的市場，也是導致邊緣化的前奏。

》》 金融服務不足的代價

塑膠卡讓我們更容易參與金融系統，如果卡片不能使用其功能，那麼它只是一張用來炫耀的閃亮卡片，一張虛有其表無用的會員卡。正如一句古諺所說：「授人以魚，不如授人以漁。」送魚給他人，不如教會他怎麼捕魚。我們不僅要教人如何捕魚，還要教他們學會乘風破浪，因為潮水有漲有跌——市場也是如此。

銀行存戶不會因為銀行擁有交易紀錄，或身為某個銀行的客戶，就自動獲得金融服務，並成為銀行的服務對象。所謂的金融客戶是指經由簽約，和銀行基於對合約的理解，透過商品交換價值的人。雖然金融機構區分客戶的方式是二分法（您要麼是會員，或雖然不是會員，但是因為領取薪資或是直接從帳戶處理公用事業帳單，而與銀行產生關係），金融教育容許客戶只需透過指尖輸入少量的基本資料，便可使用無數觸手可及的工具，就像攀登無止境的階梯般逐步駕馭金融服務。

根據地理和人口統計資料，不少客戶對金融需求感到或多或少的滿意。有些人對商品或基本概念感覺滿意並能夠理解，例如利率可能是多少（儘管不是複利）或服務佣金（儘管不知道怎麼得到這個數字）。然而，隨著有吸引力的商品增多，風險也增加之外，理解它的難度也隨之升高，從而實際扼殺商品的吸引力。

拉丁美洲銀行聯合會（Felaban：The Latin American Federation of Banks）一再警告，儘管基礎建設和人口數位化已有進展，但金融商品的快速發展超過了傳統金融商品和服務的知識，致使金融教育落後。在此模式中，客戶取得和管理的金融產品，將與所需的金融知識不相符，如果不能同步推展金融教育，目前已經不平衡的情況將會更加嚴重。同樣的，如果不加深或

提升客戶對銀行商品的理解，銀行的數位轉型無法發生。

在拉丁美洲，各國金融機構在金融教育方面已做出重要的努力並且取得進展。他們充分意識到教育絕對與客戶的數位化息息相關，尤其是了解現在及未來的數位客戶，提供銀行服務給位處金字塔底部的大眾，和對那些「俱樂部成員」（已經擁有銀行服務但服務不足）提供銀行服務的重要性。

》》以儲蓄為名

拉丁美洲的金融知識有個特別問題是「儲蓄」。亞洲的儲蓄佔其國民生產毛額（GDP）的 33.7%，而拉丁美洲地區的儲蓄卻只有這個數字的一半（17.5%）。在拉丁美洲每 5 個人中只有 2 個人儲蓄，而且大多數是透過非正式的方法進行。

如果沒有儲蓄，若發生意外事件就容易將人們推入金融壓力和緊張的漩渦。儲蓄在兩種特定人群中尤為敏感：沒有儲蓄就沒有中產階級，沒有中產階級，社會的經濟引擎就無法運轉；另一方面，對於爺字塔的底部而言，缺乏儲蓄能力將使他們陷入貧困。

雖然儲蓄、訂定預算並堅持執行、控制開支，學習在何處和如何投資儲蓄都很重要，但瞭解詐欺更是關鍵，因為在這方面，對不具備金融知識的人所產生的危害尤其嚴重。近年來，社交網路已成為身分盜竊（identity theft）的場所，儘管政府努力防止使用者成為容易上鉤的獵物。

正如新冠疫情所證明那樣，電子商務的趨勢是不可改變的。網上銷售將成為任何缺乏銀行服務的人們日常生活中不可或缺的一部分，因此他們對於使用此類服務的訣竅和熟悉度也隨之提高。此外，除了認真和謹慎，在任何購買流程，信任都極為重要，無論是每週的線上購物或數位線上貸款，避免因任何欺詐行為而造成衝擊或創傷的情況下完成。

儲蓄不足可直接歸咎於低劣的金融教育品質。目標導向、可程式設計的

儲蓄策略，透過像四捨五入計數的行動 app 等工具（多數情況以遊戲化方式），被認為是不可或缺在提高儲蓄的認識和需求方面。

人們對個人金融的瞭解，反映一個社會的發展水準。這是政治領導者應該感受到的動力，但它意味著願意提供服務的態度，需要對強化金融教育的必要性存在共識。畢竟，沒有人會反對有益於所有人的事情。但很多時候，缺乏領導力導致許多這類計畫停滯不前，就像振奮人心的煙火，僅存在短短 30 秒的閃耀。

沒有財務健康，就不可能有健康的社會。引用美國消費者金融保護局（CFPB：Consumer Financial Protection Bureau）的話：「財務幸福感狀態，是指個人可以完全履行其當前和未來的財務義務，對未來的財務狀況感到安全，並做出讓自己享受生活的決定。」

大多數的拉丁美洲人或世界許多其他地區，並未被納入定義中。

》》科技、評判和裁斷

著重於強調科技的作用，它不是作為取得金融服務或消費金融服務的管道，而是透過行動 app、平台和其他方式，成為促進金融知識普及的「運載工具」。所以與人們日常生活息息相關的手機或電腦，被認為是規劃學習金融知識的最佳工具。

瘋狂滲透到生活中的科技必須成為策略的最佳盟友，但不能忘記，對某些人而言，可能被視為浪費時間和金錢，而不是對未來的投資。科技和金融也須在這些領域共同努力。科技應該是獲得教育的方式，而不是一種管道，應該如何做？邊做邊學，在適當的時機推行、養成良好習慣，例如透過四捨五入儲蓄，讓儲蓄變得更有趣，系統化、個人化、社群化。

從意義上來說，這不僅是銀行的工作，也是金融科技公司發揮重要作用的領域。幸虧由於開放銀行（Open Banking），金融科技公司不會被迫從頭

建構整個架構，透過開放應用程式介面（API），能夠以更靈活、成本更低廉的方式開發更適合的服務，同時將金融知識附加軟體納入數位服務中，提供給使用者和中小型企業。

　　要想確保為數眾多無法獲得金融知識和工具的人們，也能獲得這些知識和工具，要由誰來推動？經驗證明，多一點儲蓄的社會代表多一點的國民生產毛額增長，或者相同水準代表人民有更多福利時，刺激金融教育不符合誰的利益？這方面永遠不缺陰謀論，尤其在知識改革的喧囂聲中。

　　許多正在進行的努力都特別關注於銀行化和普惠金融，後者被理解為一種社會介入機制。我們斷言，為了銀行化而銀行化並不是解決方案，充其量只是挫敗感的來源，對發起者和客戶而言，最糟糕的情況是費用分配不合理。像是我們不知道什麼是越位規則，或有什麼樣的懲罰；或者不知道為什麼足球選手可以用頭觸球，卻不能用手觸球，那麼發放足球聯盟會員資格的目的是什麼？

　　對金融商品的瞭解包括對有限資源風險的理解（可能會有多少損失），但不僅止於此，很好的方式是教導人們瞭解未支付債務的社會後果。

　　這是持續性的工作，不僅要教客戶如何處理，幫我們將上次購買東西節省幾分錢的申請作業，還要瞭解運用融資的優勢和風險。社會排除（Social exclusion）會發生，不僅是由於缺乏包容性，還因為對內容（商品如何運作）及包裝（如何推廣）缺乏理解。

　　得益於過去15年來的經濟成長，拉丁美洲成就了兩個特別重要的里程碑：降低普遍的貧困水準，賦予新興中產階級和中小型企業存在的意義。這些新興中產階級和中小型企業也發現信用貸款等金融工具的魅力，這要歸功於科技，還有瞭解壞帳及其後果的陰暗面。這兩項社會成就在30年前是無法想像，持續致力把普及金融知識成為基礎，否則有可能回到被邊緣化的風險，就像中世紀的那些文盲。

奧利奧爾 · 羅斯
Oriol Ros

　　職業生涯都在 Latinia 度過，這家公司是他在 1999 年與人共同創辦的。羅斯在這家軟體公司擔任過多個職位，包括市場行銷、商業前端（commercial front-end）和市場推廣（go-to- market）的職位。不過，最重要的是，他在過去 20 年一直負責公司的企業發展戰略。

　　由於該公司最近在 Startupbootcamp FinTech Mexico 的投資活動，羅斯還指導了幾家金融科技新創企業。透過這項計畫，他努力終止銀行和金融科技公司莫名地相互對視，而是開始朝著同個方向一起行進。

　　羅斯擁有歷史和新聞學士學位，以及業薩得商學院（Esade）市場行銷和銷售高階管理碩士學位，並曾參加歐洲工商管理學院（INSEAD）關於企業和競爭戰略的多個課程。他的主要成就之一是說服克里斯 · 史金納（在疫情封鎖期間演唱金融科技版本的西班牙熱門歌曲〈慢慢來（Despacito）〉）。

公益取向的數位支付

撰文｜戈特弗里德・萊勃朗，比利時環球銀行金融電信協會 (SWIFT) 前總部執行長
娜塔莎・德特蘭，威爾斯環球銀行金融電信協會前公眾事務負責人

　　所有金融服務的書一定有提及支付的章節 [1]。然而支付不僅在金融或經濟面是需要關注的議題，它也扮演重要的社會角色。儘管支付是一種由社會所建構的機制，但它也是社會運轉的命脈。若沒有支付功能，我們的世界將停滯不前。然而，支付在定義上是社會性功能，卻也常衍生出社會問題，更對環境造成了影響。

　　談及支付功能造成的所有弊病，提供支付服務的產業並非唯一的罪魁禍首，但支付功能在科技發展驅使下，正經歷著前所未有的破壞與創新。銀行的傳統角色正受到挑戰，貨幣的本質也受到質疑。靠支付獲取的利益約占國民生產毛額 (GDP) 的 2%，支付相關組織正忙著為其 ESG 證書鍍金。那麼，這個產業所面對的激烈競爭，是否也是一個機會，至少可以解決一些 ESG 相關的問題？

1　作者的靈感來自他們的書《支付金融大未來：FinTech 到加密貨幣，看支付方式如何顛覆您我購物、理財和投資的未來》(2021 年出版)。

回答這個問題之前，讓我們回顧一下 ESG 的支付歷史。 古代支付的社會和環境問題是什麼？ 嗯～～這取決於您問誰。

》》 種瓜得瓜，種豆得豆

金錢的起源與過去支付的方式，大致上有兩種觀點。傳統的經濟理論認為貨幣，也就是支付的工具，隨著時間的推移由具體轉變為抽象：從貝殼、銀兩到硬幣、紙鈔，最後，大部分現代金錢都成了商業銀行中的存款。而從人類學研究的角度來看，債務先於金錢存在。他們認為，大多數的金錢從一開始便是可交易的債務。

這些對金錢的不同看法，可說是反映了對「社會」完全不同的觀點。認為人類能理性思考的觀點，會將金錢看作促使以物易物活動的便利商品。人類藉由經濟活動，將自己的功能發揮到極致，而金錢則是衡量成功與幸福感的標準。在這種觀點中，世界是功利的，在公平競爭的前提下，產生出財富與收入上的差異也是合理的。這種觀點獎勵企業家精神，並反映個人技能的經濟價值。這種現代自由經濟的信仰，是建立在亞當 · 史密斯 (Adam Smith) 與弗里德里希 · 海耶克 (Friedrich Hayek) 等歷史人物的著作上。

馬克思 (Marx)，甚至柏拉圖 (Plato)，都把人類視為政治動物，並將金錢視為債務。在他們的「人類學」世界中，財富和不平等是由政治、社會階層和／或種姓制度所驅使。人類彼此互動是為了滿足基本需求，並提高社會中的地位。

雖然這兩種看法之間有很大出入，但這兩種學派可能都會同意，支付一直都對社會與環境產生影響。在海邊收集貝殼可能不是生態災難，但開採白銀與黃金卻是。還記得埃爾南 · 科爾特斯 (Hernán Cortés) 引領的淘金熱是如何導致阿茲特克帝國 (Aztek Empire) 的覆滅，以及祕魯銀礦的惡劣處境嗎？還有公海上的海盜與路上搶劫，一切惡行都是為了拿金屬填滿金庫。

當然，債務伴隨著契約勞工 (indentured servitude)，所以從社會的角度來看，債務幾乎不比金錢好上多少。債務為那些無力償還的人創造了奴隸制度，但至少早期的票據是使用紙張與亞麻布製成，比那些開採出來的替代品對環境友善得多。紙和亞麻布料的缺點是容易腐爛，但這些浪費問題也隨著塑膠卡片與聚合物紙幣的出現獲得解決。或許會有生態純粹主義者（正確地）指出，這兩種材料都無法被生物分解，但也許他們能為最近森林復育的發展感到欣慰。

在中世紀的英國，人們首次使用有缺口的木條進行支付，叫做「Tallies」的木條被用來支付稅款。數百年後木材再次成為支付工具，多虧世界上第一個木製信用卡發行商 Treecard 及英國金融科技公司 Gohenry，為有環保意識的年輕客戶提供可生物分解的卡片，供應商還會在客戶第一次使用該卡時種植一棵樹。Gohenry 的環保卡片由玉米製成，會在六個月內生態分解，反觀一般的聚氯乙烯 (PVC) 卡片需要 400 年才會分解完畢。

加密貨幣的愛好者可能會將信用卡跟現金歸類為上個時代的問題，但他們可能要好好檢視自己的碳足跡。劍橋大學新興金融研究中心 (Cambridge Centre for Alternative Finance) 的資料顯示，比特幣所製造的碳足跡居然相當於阿根廷整個國家的碳足跡！數位貨幣網站 (Digiconomist) 指出，一筆比特幣交易的碳足跡相當於 1,813,272 次 Visa 卡交易，或連續播放 136,356 小時的 YouTube。如果這樣還不夠嚇人，想想仰賴比特幣的未來可能會發生什麼事。中國的研究人員估計，如果沒有進行管制，到 2024 年時，光在中國進行的比特幣挖礦就會消耗與義大利或沙烏地阿拉伯一樣多的能源，相關的碳排放量將接近奈及利亞的碳排量[2]。

2　《對中國比特幣區塊鏈營運的碳排放與永續性之政策評估 (Policy assessments for the carbon emission flows and sustainability of Bitcoin blockchain operation in China)》姜尚榮、李育澤、Quanying LU、洪永淼、關大博、Yo Xiong、汪壽陽等（中國科學院、清華大學）著，刊於《自然 - 通訊》12(1939)，2021 年 4 月，https:// www.nature.com/articles/s41467-021-22256-3。

》》 邁向數位化的路上

美國與英國在 2020 年的支付統計數據，展示了新冠疫情如何推動零接觸支付，並為現金交易畫下句點。現金消失還帶來其他深遠的社會影響，甚至比數位金融對無法或沒有機會使用數位替代品的人造成更嚴重的排斥。減少現金使用似乎增加效率，但它無助於減少配送及收取現金機制，造成固定財務或環境成本。

諸如《現金產業環境憲章》(Cash Industry Environment Charter) 等類型的承諾，主要為該產業訂定淨零排放目標和使用塑膠的目標。這類的承諾可能在一定程度上有所幫助，事實上「收掉營業據點」可能更容易一點[3]。銀行可以轉而關閉分行及免付費使用自動提款機，但就算這有助於改善它們的環境足跡，卻增加了使用現金客戶的成本。

在瑞典和荷蘭，現金的使用率在新冠疫情發生前就已經很低了，但疫情又加速了支付方式數位化的趨勢。根據統計，現在荷蘭只有14%的支付是以現金進行，而在瑞典則只有9%。因此，銀行持續關閉自動提款機，現在，農村地區的客戶不得不越走越遠才能找到自動提款機。為了緩解這個問題，荷蘭銀行將所有自動提款機集中在一處聯合公用設施內，藉此改善自動提款機的可（抵）達性。

這些改變都是好的，但當銀行忙於改變時，零售商與消費者也在做相同的事。某些零售商已經開始抱怨，收取現金的固定成本過高，使用現金的客戶數量很少，在某些超級市場內，還能以現金結帳的收銀機僅剩一台。

同時，消費者對電子支付也越來越有信心。即使是像老年人和無銀行帳戶的現金用戶，許多人也有智慧型手機，可以使用手機錢包或預付卡。因此，

3　《現金產業環境憲章 (Cash Industry Environment Charter)》創立於 2021 年 4 月，簽署者包括英格蘭銀行，以及紙幣硬幣生產商、商業銀行、機器供應商和自動提款機網路業者的代表。

現金未來可能會歸為供應方（銀行與店家）與需求方（消費者）間的「競賽」。當供應方減少自動提款機和現金收銀機的數量，需求方則對其他支付方式展現更大的興趣。雖然不會是近期，但現金最終會從日常生活中消失，這是社會性的決定，並對整個社會產生影響。

無現金或有限現金交易的未來，也衍生出數位科技、數據貧乏和普惠金融的相關問題。它還影響到社會凝聚力，如城鎮中心、商業街、就業、城鄉差距等，還有隱私、匿名與犯罪等問題需要考慮。我們不希望有犯罪，如果努力接納加密貨幣的缺點和問題、減少使用現金，可能會使犯罪率下降。然而，有時人們想在合法地情況下匿名支付，必須認識到選擇某種形式的支付隱私，將成為對我們有利的選項。

》》非預期的後果

消費的速度越快，經濟的發展就越快。商業發展需要便利，但信用貸款能為世界經濟提供的動力無人能敵，這也是為什麼將信用貸款和支付結合是一個天才之舉。從一開始的簽帳卡發展到信用卡，讓我們能在伙食有著落後，再來支付購買冰箱的錢。這些都有助刺激商業發展，使工作與就業機會增加。但如果信用貸款帶來的不全是社會效益，在某些國家，信用貸款導致的家庭債務與過度借貸已經非常可怕，當借貸變得太容易，會讓某些人花錢時毫不猶豫。

》》怎樣讓支付變得更容易？

從男性專屬的大來國際信用卡 (Diners Club) 時代，快轉到今日以卡片為基礎的支付機制，我們有一系列用來解除支付痛苦的藥帖，但它們也引起一系列不同的問題。如果不擅長輸入卡號，別擔心，簡單以卡片或是手機簡單

接觸刷卡機就能完成;零接觸科技甚至讓您忘記花了多少錢購物。如果希望無縫 (seamless) 支付,您可以乘坐優步 (Uber)、觀看網飛 (Netflix)、使用亞馬遜的一鍵購物 (1-Click),或是在 ApplePay 上儲存信用卡資料。如果想要數位信用貸款,先買後付 (BNPL) 在等著您。這些支付科技方便又友善,但也很容易導致過度消費與負債。

因此,像 Klarna 和 Clearpay 這類公司所提供的先買後付功能會受到抨擊。這些負面評論可能是正確的,但這些功能與過去的信用卡並沒什麼不同,這些服務商為線上買家提供了延遲付款或分期付款的可能性。華麗、通常有針對性、並且大部分是數位化的行銷手法,可說是獨具創意。某間公司甚至使用客戶所購買的商品製成的圖片,呈現客戶的財務狀況。

先買後付和實體信用卡最明顯的區別,並不在交易地點推銷信用貸款的方法——不然餐廳和商店門上的卡片標誌是做什麼用的?信用卡和先買後付找出潛在用戶的方式也並非天壤之別。記得您在信箱內會收到信用卡優惠,或是在機場和收銀臺看到傳單?沒錯,現在您也會在信箱與收銀區看到 Klarna。

兩者最明顯的差異是它們最初的目標客群。大來國際信用卡公司的目標客群是持有薪資帳戶、穿著鬆緊帶褲子的中年男性,但主打先買後付的競爭者則是以重視時尚的數位原生年輕人為目標客群。另一個非常巨大的差異是它們的收費方式。複利雖然讓許多人感到困惑,但至少在理論上,信用卡的年利率 (annual percentage rates,APRs) 有明確指標,因此它們的現行利率應該會抑制借貸行為。某些先買後付的公司為了避免利率被大肆宣揚,會轉而對逾期付款與未付款項收費——也就是,您在購物時最不擔心的事。

瑞典先買後付的巨擘公司 Klarna 在 2021 年時的市值接近 200 億美元,當時它才剛成立滿 15 年。鑒於在歐洲的成功經驗,Klarna 正如火如荼地在美國展開版圖。然而,儘管 Klarna 和它的兄弟們正忙著做大事,它們也面臨著越來越多的批評。其中一些批評來自監理機構,擔心提供先買後付服務的業

者在消費者申請信用貸款時，實際上並沒有執行如經濟能力檢查等傳統保障措施，而由於放款人必須先確認消費者的借貸款總額，監理機構也擔心消費者的先買後付借貸不會在信用徵信機構裡留有紀錄。

現在您可能跟監理機構有著同樣的擔憂，並認為消費者的平均負債上升不是社會所樂見的。您可能對先買後付公司的一些商業行為心存疑慮，即使您這麼想，還是可能想恭喜它們在先前只由幾間主要信用卡公司主導的消費性信用貸款領域，注入更多新的競爭對手。

》》包容性的設計

之前已經探討過，數位支付的轉變如何將已開發國家中的某些人拒於門外，但現在我們可以來看看它是怎麼推動普惠金融。在發展中國家，以智慧型手機進行數位支付，讓許多沒有銀行帳戶的人有機會使用支付服務。世界銀行估計，在 2011 到 2018 年的短短 7 年內，發展中國家裡沒有銀行帳戶的人口比例下降到 1/3，和之前相比下降了 2/3 之多。諸如手機業者及肯亞 M-Pesa 這樣的創新業者，達成了新興市場銀行與政府多年來一直試圖辦到的事，也就是讓數十億人獲得支付與金融服務。

數位化正使世界各地的支付更多元，讓賣家更容易使用，畢竟企業是由人組成。當 eBay 首次允許任何人在網際網路上成為賣家，促成革命性的改變。但真正改變遊戲規則的是 PayPal，一夕之間，PayPal 允許任何人成為可接受刷卡的商家，在這之前，這項特權只保留給規模更大、更正規的商店。

Square 透過著名的 Square Dongle，將普惠性由線上拓展到線下。Square 利用與所有智慧手機插孔相容的插頭，加上一個極為簡單的註冊流程，讓所有人都能在任何地方接收刷卡支付的款項，上述服務模式的眾多供應商，加上更加虛擬的 Stripe，提供無數讓商業蓬勃發展的機會，讓網際網路成為虛擬的露天市場，同時也將許多真實露天市場的銷售紀錄納入稅務人

員的掌握中。

關於支付的數位轉型還有一個更極端的例子。我們來看看中國，如今阿里巴巴的支付寶與騰訊的微信支付讓收付款變得十分容易，連乞丐都能被包含在內。它們使用二維碼 (QR code)，讓路人能掃描進行支付。這兩款中國的超級行動 app(superapp) 從十多年前開始，徹底改變了中國的支付方式。在 2011 年，中國僅有不到 3.5% 的支付是以行動電話進行，如今這兩間公司光在中國內部處理的付款金額，就已超過全世界所有銀行信用卡支付網路的總和 [4]。某些中國商家不再收信用卡，他們把信用卡終端機換成了手機行動app，如此一來既便宜又簡單。

在中國，大家似乎很樂見擺脫現金的低效率及信用卡的高成本。但中國當局似乎對強大支付巨頭帶來的社會經濟效益感到五味雜陳。2020 年底，中國官方首次出手，重挫了支付寶母公司螞蟻金服的首度公開募股 (IPO)。數個月後，官方對該公司處以高達 28 億美金的罰鍰，並給予騰訊與中國其他科技平台一個月的時間解決「反競爭行為……等行徑」。中國的平台致力推動包容性，但也許變得有點「太」包容了。

》》》跨越疆界

疆界，標示一個國家能對其人民徵稅和統治的主權區域。除了新冠疫情前期及零星的外交衝突外，國家之間的貿易、運輸和旅行似乎隨著航空旅行、委外 (outsourcing)、貨櫃船及全球化等因素不斷擴展。學生們前往國外學習、移工到國外工作，貨物在各地流動，有時還有其他令人眼花撩亂的互動。為了維繫這一切活動，我們需要資金以更快、更大量、更大幅成長的方式流動。

4 「中國的支付方法：中國如何成為手機優先的國家」，Dazue Consulting 著，2021 年 7 月 4 日。https://daxueconsulting.com/payment-methods-in-china/.

有很長一段時間，跨境支付沒有跟上世界的腳步，並非撞上國家之間的邊界及貨幣區域，而是栽在銀行業務的營運時間、系統與標準的差異。

　　儘管近年來在高額跨境付款的流動已經做了許多改善，但海外勞工把錢匯回本國的小額匯款，改善的步伐卻沒那麼快。移工發現他們在國外的匯款需求比國內還大，卻沒有好的方法把錢匯回去。如果透過銀行系統匯款，往往被形容為「昂貴、不透明又緩慢」。錢可能需要幾天才能入帳，像是西聯電子匯款服務 (Western Union) 等還會收取約 6.5% 或更多的費用 [5]。對需要匯款至海外的小型企業和個人來說，幸好有金融科技公司加入，使情況得到改善。例如，總部位於英國的 Wise ——前身為 TransferWise，收取的手續費便低於 1%。

》》獎勵包容性

　　針對支付做出的創新再次促進商業發展，並改善了社會流動性，而且這些創新同時與做為股東權益報酬率 (RoE)、企業永續發展 (ESG) 及企業社會責任 (CSR) 的衡量標準並不衝突 [6]。開發這些新領域對 PayPal 和 Square 相當有利，PayPal 的市值已經超過 3,000 億美元，Square 則將近 1,100 億美元。有趣的是，這兩個支付機構的市值都超過許多傳統銀行 [7]。先前提到的兩款中國行動 app 也有相似的高額市值，甚至連市場較小的 Wise，在 2021 年的市值也超過 50 億美金。Wise 顯然以低價競爭，而 PayPal 和 Square 向商家收取的費用則與銀行相當。它們的成功在於提供更多的便利性，客戶開戶容易，與傳統銀行簽約很困難的小商家也不會被拒於門外。

5　　根據世界銀行估計。

6　　儘管世界銀行、國際貨幣基金組織和其他機構如此指出，ESG/CSR 只在跨邊境範疇中發揮了作用。還有許多移民工人，其中很多人沒有證明文件，或正在匯款給較不穩定國家中沒有銀行帳戶的人，這些人仍然沒有得到金融服務。各地被剝奪數位使用權的人也是如此。

7　　摘錄日期：2021 年 10 月

　　銀行忌妒金融科技公司的市值，想知道該如何盈利。銀行缺乏規模，就算是最大型的銀行，與科技公司相比市佔率也很小。這是因為銀行都是國家或區域銀行，世代沿用的固有系統太複雜又傳統，也對科技不甚瞭解，並且須遵守嚴格的規範。因此，它們通往財富的路徑並非豁然開朗。

　　儘管如此，許多銀行仍舊試圖數位化，模仿金融科技公司的成功經驗，在這個領域的巨大進步仍值得讚賞，畢竟，我們現在有易於使用的銀行行動app，能在線上進行大部分的銀行業務，註冊新用戶及開通新服務也比以前更為容易。但是銀行還有一段路要走，更重要的是，它們追逐不斷向前的目標，就像《愛麗絲鏡中奇遇》(Through the Looking Glass) 故事中紅皇后王國的居民一樣，就算只想維持現在的地位，銀行也要不斷奔跑才不會被拋下。

　　現在，中央銀行正在透過發行 CBDCs（央行數位貨幣）提高數位化的籌碼。CBDC 是紙鈔的數位化身，和紙幣一樣，因為它的性質屬於對中央銀行的債權，和存在銀行帳戶裡的數位貨幣相比較無風險。但和實體鈔票不同的是，CBDC 可以在幾秒內透過網際網路進行交易。

　　2020 年時，中國首先在深圳的數百萬名消費者試行數位人民幣，而其他許多中央銀行也在認真考慮跟進。英國已經開始討論推出英國幣 (Britcoin)，而歐洲央行則已規劃出 2021 年的數位歐元 (digital euro) 計畫，並提出一系列令人印象深刻的要求。在這些要求中，有一項針對社會包容性提出的具體事項：「此貨幣應便於任何人使用，包含目前並未參與金融系統的公民。」另一個要求則強調貨幣的環保性：「應以科技解決方案為基礎設計數位歐元，最大幅度地減少生態足跡。」

　　屋漏偏逢連夜雨，銀行還被另一個趨勢困擾，讓銀行的支付業務量增加，卻未必更賺錢。這種新的趨勢在英國稱為「開放銀行」(Open Banking)，在歐洲則稱作「第二號支付服務指令」(Second Payment Services Directive，PSD2)，在帳戶持有人的許可下，允許第三方服務商取得用戶帳號內的資訊並執行交易，例如查詢餘額或啟動付款。

要清楚理解開放銀行和 PSD2 的影響，必須先討論一下印度統一支付介面 (UPI：Unified Payments Interface)。UPI 允許第三方行動 app 在帳戶持有人的許可下，向印度的任何銀行帳戶啟動即時支付交易。收款人需要辨識款項來源時，可以透過銀行帳戶號碼或別名，例如手機號碼或稱為 Aadhaar 的專屬識別碼。透過 UPI，電子商務企業和 Google Pay 等電子錢包，便能讓客戶進行即時付款，無需事先登錄銀行的行動 app。一切都運作得很完美，因此 UPI 的使用率一直都很高。到了 2019 年中，UPI 已經突破一億名用戶的里程碑，到了 2020 年 10 月，每月處理的交易量更超過 20 億筆[8]。

》》》銀行家，您往何處去？

當然，人們可能想知道這一切為銀行帶來什麼影響。當科技公司在檯面上服務客戶、獲取客戶資料、提供廣告和其他帶來營利的服務時，銀行卻極可能須負擔服務帳號及支付系統的成本。這樣的情景聽起來對銀行很不利，但往好處想，它們還是能留住客戶的存款——這是重要的資金來源，使它們能擴大信用並提供借款，並且還是能收取服務費或手續費。

我們可能不習慣為了使用銀行帳戶而付費，因為提供帳戶是一項服務，而且是基本的服務。收取帳戶管理費一時之間不會流行起來，但在大多數情況下，我們應該願意支付這些費用，就像我們支付市話費、手機通話費和水電費一樣。此外，銀行也還不需要放棄客戶介面，還是可以提供客戶和付款的資訊，完全可以在手機行動 app 上，建立像電子錢包等等的服務，並提供電子支付功能。

另外，銀行也可以透過相互合作的方式克服規模上的劣勢。舉例來說，跨境支付通常會涉及多家銀行，在不同的司法管轄區內，分別使用銀行所擁

8　「媒體報導」，印度國家支付公司。https://www.npci.org.in/npci-in- news/media-coverage。

有的環球銀行金融電信協會 (SWIFT) 網路進行作業。但轉帳作業既緩慢、不透明又充滿不確定性。隨著跨境貿易的增長，改善這些服務的呼聲也越來越高。銀行和 SWIFT 一起合作，提高跨境支付的速度和透明度，它們開發了一個更快的網路系統，稱為全球付款創新計劃 (Global Payments Innovation，gpi)。2017 年推出的 gpi，如今支撐著一半以上的跨境支付，確保交易只需幾分鐘就能完成，而不必再花上數日。

在開放銀行的世界裡，銀行還留有一手：也就是客戶的身分驗證資料。為了履行「認識您的客戶」(Know Your Customer，KYC) 手續，並依據規定確保客戶的真實身分與其聲稱的身分相同，銀行會在開戶的過程中收集這些資料。這是為了避免洗錢與犯罪活動，並且是世界各國重要的監管程序。此外，銀行在客戶查看餘額、進行付款時，提供強大的認證機制，以避免詐欺或身分盜用。

總體而言，銀行可以向第三方服務商提供驗證過的客戶身分資料。新冠疫情期間的封城突顯一項事實：我們迫切需要一個可靠的線上身分驗證系統，用以執行如註冊新的公營或私人服務、電子簽署文件等一連串任務。現有的變通方法包含拍攝護照、提供護照副本或簽名文件的掃描檔案，不但很麻煩，也有安全疑慮，因為可能導致個資及護照副本遭到非自願性散播。

銀行可以讓客戶在第三方平台上使用「銀行 ID」解決這個問題，執行方法就像消費者使用 Google 和 Facebook 帳號登錄第三方網站一樣。銀行可以這麼做，而且它們手上的資料更為精確，並使用更強大的認證方式。畢竟，它們真的知道您是誰。

如果要讓這個想法成真，各家銀行得合作創立一個聯合的，最好是覆蓋全球的網路。第三方服務商可以透過這個網路，以同樣方式取得用戶的身分資料。這種跨銀行的合作並非不可能，gpi 就是一個真實例子。雖然銀行這麼做的話，可能會有社會責任上的爭議，但單一銀行自己成立這樣的網路，也是很好的商業思維，在客戶向第三方確認自己的身分時，這樣的服務讓銀行

是「圈內人」(in the loop)，就像每次使用 Google 和 Facebook 的帳號登錄時，都有視窗跳出來一樣。

為了具備這一切，改變是必須的。首先，要改變（某些國家）關於 ID，尤其是數位 ID 的認知；第二，建立 ID 的規則與政策；第三，銀行之間要互相合作；最後還有包容性問題，讓我們回到 ESG。

普惠金融一直以來都被認為是銀行的責任，若銀行在金融上排除某些人，就是銀行的疏失。在大多數情況下，這樣的認知是正確的。銀行在主導支付業務中獲得好處，並且在業務提供扮演著關鍵的角色。因為它們只能在某個地理區域內提供服務，因此它們在區域內有很明確的職責，也就是經營分行、在當地放款並雇用當地職員、提供自動提款機等。

然而，數位化、多元化、整合及突發危機改變了這一切，今天的銀行身處非常不同的競爭環境，它們在日益數位化的世界裡，與完全虛擬的銀行和巨大的非銀行服務提供者競爭。此外，它們的股東和客戶在地理位置上與它們相距甚遠，卻希望無論身在何處都能得到回饋與服務。

讓銀行背負著昨日的責任是否有失公允？在某種程度上確實不公平。但它們身處社會與經濟鴻溝不斷擴大，且 ESG 是世界首要議題的環境下，金融科技公司已經示範了數位化如何解決其中的一些問題，即便在解決問題的過程中，有時會產生新問題。如果銀行要在新的支付環境中成功，不僅要實現自身的數位化，還要利用數位化提供「公益的支付」(Payments for good)。

戈特弗里德 · 萊勃朗
Gottfried Leibbrandt

　　精通經濟學、網路理論和公司標準，他將一生奉獻給支付領域，並且樂在其中。萊勃朗曾是麥肯錫 (McKinsey) 的合夥人，共同領導歐洲的支付業務。他在 2005 年加入 SWIFT，擔任多項職務，包含策略主管與標準制定主管，他也在 2012 到 2019 年擔任執行長。萊勃朗是《支付金融大未來：FinTech 到加密貨幣，看支付方式如何顛覆您我購物、理財和投資的未來》（2021 年出版）《The Payoff：How Changing the Way We Pay Changes Everything》一書的共同作者，並撰有一篇支付系統網路效應的博士論文。

娜塔莎 · 德特蘭
Natasha de Terán

　　在金融服務、科技、通信和公共政策等跨部門工作，為公司的公眾參與提供支援。她是 SWIFT 公眾事務的前負責人，同時也是一名記者，服務於支付系統監管機構 (PSR) 小組和金融服務消費者小組。她的文章大多關注科技及金融問題，特別是科技、安全、公共政策和金融之間的關係，以及金融科技、科技巨擘 (Big Tech) 和傳統銀行間的競爭，也為公司的公關與媒體參與提供建議。德特蘭是《支付金融大未來：FinTech 到加密貨幣，看支付方式如何顛覆您我購物、理財和投資的未來》（2021 年出版）一書的共同作者。

銀行和技術專家能為 ESG 做些什麼？

撰文｜安東尼奧 · 埃米利奧 · 弗萊雷，巴西 Eletrobras 監事
法比奧 · 阿爾佩羅維奇，巴西 FAMA 投資公司總裁

》》 銀行和技術專家能為 ESG 做些什麼？

　　最近國際間關於可持續性（sustainability）議題的討論變得越來越重要，主要關注 2015 年《巴黎協定》承諾的執行成果及氣候變遷對金融體系的潛在影響。巴西中央銀行 （BCB： Banco Central do Brasil） 體制議程（institutional agenda） 中關於可持續性議題，即 Agenda BC#，確認社會責任、環境保護、氣候變遷的議題與巴西經濟和金融穩定的相關性。社會環境（S&E：Socio-environmental） 責任是銀行非常重要的企業價值觀，確保銀行對公民、員工和環境議題的持續重視。

　　1995 年，巴西中央銀行在巴西經濟體系中致力推廣商業可持續性的最佳實踐，同時與其他幾個國家的中央銀行協調，努力將社會環境納入各國的監理法規。考慮到運用政府政策和國家貨幣委員會（CMN：National Monetary Council） 指導方針，巴西中央銀行承諾將透過內部行動方案及國家金融系統的監管者（SFN：supervisor of the National Financial System） 實現這個目標。

2017 年，巴西政府實施了一項社會環境責任政策 （PRSA ： Policy for Socio-Environmental Responsibility），目的是調整和整合整個政府機構在處理與社會環境相關問題所採取的行動和工作流程對社會產生的影響。這個政策計畫在金融體系內，特別是受中央銀行監管的機構中，培養對社會環境負責的態度。具體而言，巴西央行的 PRSA 基於三個支柱：

- 促進三個領域（社會、環境和經濟）的持續發展
- 鼓勵金融機構參與國家推動的平衡發展規劃
- 促進巴西公民和公司容易取得所需的的金融資訊、服務和產品的發展

自金融機構實施社會環境責任政策以來，這些機構必須考慮與社會環境相關的曝險及業務結構的相容性，並依據適當比例實施。因此，監理機關要求所有獲得銀行許可的金融機構，都必須具備社會環境風險管理系統。然而，正在轉型的過程中，已出現不可避免的典型陣痛，正以更大的力量影響無所不在的 ESG。例如，目前已經開始詳細檢視，幾年前可能沒有注意到標準不一致的現象。

其中一個弔詭的現象，是金融機構在這變動趨勢中所扮演的角色。從實踐 ESG 原則的角度來看，銀行設立並提供客戶符合 ESG 原則的投資基金，卻同時繼續為勘探化石燃料為基礎的公司提供資金（僅是繼續替該行業提供融資，就已經傳達對環境極不友善的負面形象）。關鍵是如何讓投資人相信 ESG 投資產品的真實性及其所能產生影響，如果一家金融機構中的一個部門致力於美化 ESG 的作為，而另一個部門可以借錢給可能對環境有負面影響的公司或是為其籌集資金。資產管理部門專注於符合 ESG 原則的產品，而另一個部門卻以相反的方式盈利。

雖然互相衝突的問題尚未嚴重到會改變現況，但已經引起各方的重視，強化符合 ESG 原則的道德立場至關重要。很明顯，金融機構具備幾個不同的「面貌」讓人覺得很不合理。也就是說，一方面呈現綠色行銷相關的面貌，銷售可

持續性概念的投資產品，另一面卻是協助導致環境惡化的公司能夠穩定運營。

然而，天真的想法在現實世界不會存在，就目前而言，大型全球金融機構實行新的 ESG 要求，仍繼續以非常靈活的方式運作。例如，摩根大通銀行（JPMorgan Chase）執行長傑米‧戴蒙（Jamie Dimon）在 2021 年致股東信（shareholder letter）中表示，儘管需要適應重視環境保護的新經營環境，但立刻放棄化石燃料行業是不可行的。相反的，他為逐步退出對該行業的融資業務進行了辯護，明確表示在往後一段時間內，銀行仍需要繼續將資源投入這些公司。正從新冠疫情衝擊後恢復的世界，美國總統召集了領導人峰會以因應氣候變化，他在峰會上大膽承諾，到了 2030 年，美國的碳排量將至少減少 50%。

而以下的數據能夠為傑米‧戴蒙對 ESG 的態度提供更多旁證。根據雨林行動網路（Rainforest Action Network）的一項調查，自 2015 年批准《巴黎協定》以來，摩根大通銀行已經向化石燃料相關公司提供約 3,170 億美元的資金 [1]。在全球提供融資予化石燃料產業的前 12 家金融機構中名列前茅，提供探勘及配送非可再生能源公司的資金總額超過 2 兆美元，而摩根大通銀行佔其中的 15.7%。其他機構依次為花旗銀行（Citi）、富國銀行（Wells Fargo）、美國銀行（BoA）、加拿大皇家銀行（RBC）、三菱日聯銀行（MUFG）、巴克萊銀行（Barclays）、瑞穗銀行（Mizuho）、多倫多道明銀行（TD）、法國巴黎銀行（BNP Paribas）、豐業銀行（Scotia Bank）和摩根士丹利（Morgan Stanley）。此份清單顯示，採用同樣融資傾向的金融業並沒有因地域而有所不同。這些金融業為在 ESG 世界中不受歡迎的公司提供資金，但他們也會銷售具備可持續性認證企業的基金。

近期在巴西發生的一個事件顯示，依靠 XP、伊塔烏銀行（Itaú BBA）、BTG

1　"Banking on Climate Chaos" Fossil Fuel Finance Report 2021 Rainforest Action Network, 2021, https：//www.ran.org/bankingonclimateschaos2021/.

Pactual 和瑞士信貸（Credit Suisse）的合作，3R 石油公司（3R Petroleum）在上市後不久就成功進行了增資。這樣的營運模式本身並沒有什麼特別之處，但與嚴格的 ESG 理念及銀行與合作者在市場上倡導良好實踐 ESG 原則的產品並不完全吻合（簡單用 Google 搜尋便能發現，這些金融機構同時提供各種新的 ESG 基金）。大家對 ESG 的定義可能存在分歧的觀點，但對於石油探勘產業絕不是「可持續」的這個觀點，則沒有任何疑慮。

事實上，該方案要求所有相關參與方——監管機構、公司、基金經理人、投資人和社會運動家——就金融機構其核心融資業務與通過投資部門提供的業務，兩者間達成共識。世界各地的銀行都宣布對可持續發展的承諾，同時卻又繼續為不可持續的行為提供資金，而宣稱某一項業務與另一項業務無關的論點是無法接受的。

在這種情況下，隨著遵循 ESG 原則的投資標的在投資人的組合中佔的比重持續增加，因此真正重要的是數據，而不是支持沒有事實根據的 ESG 神話。鑑於近期投資回報和廣泛接受 ESG 原則的趨勢，由數據驅動的證據，使投資人建立更符合目標的可持續投資組合。

在這 10 年中，我們相信投資人將繼續以創紀錄的速度擁抱 ESG 投資。例如，進入全球 ESG 基金的資金在過去連續四季持續增加，而在 2021 年第一季，總金額已經達到 2 兆美元。儘管 ESG 發展速度持續加快，但特許財金分析師協會（CFA：Chartered Financial Analyst）透露，33% 的專業投資人認為他們在考慮 ESG 問題時相關知識不足。

儘管預期這些破紀錄的 ESG 投資將會繼續增加，但仍有許多問題有待解決。以森林砍伐為例，據聯合國統計，在全球範圍內，砍伐森林和森林退化（forest degradation）已造成約 11% 的碳排放，這些碳排放本應由森林所吸收。這比全球運輸產生的碳排放要多，僅次於能源部門。

亞馬遜雨林佔全世界熱帶雨林面積一半以上，擔任「碳匯」的重要角色（sink for carbon，譯注：儲存二氧化碳的天然或人工的「倉庫」）。

一旦樹木和植被被摧毀或是燒毀以清空某個區域，亞馬遜雨林有可能成為二氧化碳的「淨排放者」（net emitter），而不再是「淨吸收者」（net absorber）。令人擔憂的是，有些人認為這樣的情況已經發生。

在巴西亞馬遜地區，僅 2019 年就損失了超過 100 萬公頃（10,000 平方公里）的森林，高於 2018 年的 753,600 公頃（7,536 平方公里）。根據巴西國家空間研究所（Brazil's National Institute for Space Research）的數據，2020 年森林砍伐率達到 12 年來的高峰，減少了 1,108,800 公頃（11,088 平方公里）的森林。這是一個比聖保羅或倫敦大 7 倍的區域，顯示趨勢正朝錯誤的方向前進。這也比巴西法律規定的年度森林砍伐目標高出 182%。 顯然，包括銀行在內的民營企業可以做得更多。

儘管巴西三大民營銀行——伊塔烏聯合銀行（Itaú Unibanco）、布拉德斯科銀行（Bradesco） 和桑坦德銀行巴西分行（Santander Brasil）——共同提出減少森林砍伐的聯合倡議值得讚許，很遺憾的是巴西銀行（Banco do Brasil） 並沒有接受這項倡議。巴西銀行是導致森林砍伐的公司最大的貸款人和投資人，而這項倡議也沒有約束力。 巴西銀行是國有銀行，它需要反應政府政策，但它也不可避免地必須對市場作出反應，若能施加更大的本地和國際壓力將對現況有所幫助。

外資銀行也必須反思自己的行為，如果亞馬遜雨林是世界的「肺」，而不僅僅是巴西的，國際金融業者與當地同行一樣都要對未來負責。2020 年，環保組織發現，公開承諾遵守 ESG 原則的歐洲銀行為出口亞馬遜石油到美國的公司提供資金。 荷蘭國際集團（ING）、瑞士信貸（Credit Suisse）、瑞銀（UBS）、法國巴黎銀行（BNP Paribas）、法國外貿銀行（Natixis）和荷蘭合作銀行（Rabobank）是歐洲最大的金融機構。

亞馬遜的石油業在環境保護和社會責任的紀錄非常糟糕。值得讚許的是，法國巴黎銀行、瑞士信貸和荷蘭國際集團都已承諾退出。 然而，它們所放棄的業務很快的就被其他銀行所填補。環保組織的研究持續證明，提高大眾對

議題的認知和揭穿進行不當行為的企業，對於促使它們的客戶採取行動是有效的。本地銀行和國際銀行應該更廣泛和更深入的覆蓋 ESG 領域，並在下一份令人尷尬的報告銀行成為被報導的對象之前採取行動。

不僅僅是森林砍伐政策需要改變，雖然巴西政府在討論亞馬遜地區的投資機會時已經委婉地提到了「可持續」等詞，但國際和本地關切此議題的企業，依舊很擔心產生的效果。

問題在於，如果沒有巴西的大型企業參與，各種舉措（如下面的兩個補充案例所示）是否還有意義？正如三家私營銀行之一的某位資深銀行家所說：「您可以訂定所想要的最好的環保政策；如果其他銀行仍採取舊的標準，那這個環保政策將無法持續。」

補充案例 #1

銀行業務和森林砍伐

導致森林砍伐的活動主要是由巴西的貸款機構提供資金。「Forests and Finance」是由熱帶雨林行動網路（Rainforest Action Network）和 Bank Track 等七個環境保護組織共同發起的研究計劃。該研究計畫發現在 2015 年至 2020 年間，巴西的銀行業向牛肉、大豆和木材以及其他可能造成森林砍伐的行業提供了 585 億美元的貸款和投資。美國的銀行和投資者是第二大投資集團，投資額為 116 億美元。由於巴西最大的肉類加工公司 JBS，其供應鏈中的農場與森林砍伐有關，北歐資產管理公司（Nordea Asset Management）撤銷了 4,500 萬美元的貸款，但巴西當地投資者和金融家仍對這家肉類加工公司提供財務服務。

總體而言，國有銀行巴西銀行危及森林行為（forest-risk）相關曝險金額最大，在 2015 年至 2020 年期間，總共有 327.5 億美元的貸款或投資額。根據「Forests and Finance」研究計畫在 2019 年 8 月至 2020 年 7 月期間的分析，JBS 從當地開發銀行 BNDES 所獲得的 21 億美元投資，運用在森林砍伐相關的活動。

自 2015 年以來，巴西三大民營貸款機構伊塔烏聯合銀行、布拉德斯科銀行 和 桑坦德銀行巴西分行 的危及森林行為的曝險，合計金額約為 150 億美元，這個數字雖然客觀，但仍不到巴西銀行的的一半。 然而，這些民營銀行更積極主動通過一項聯合倡議來解決這個問題。三家銀行已開始著手執行 2020 年 7 月宣布的十項倡議中的四項。四項要點是養牛業對森林砍伐的影響；如何確保咖啡、巴西莓（acai）和其他產品的種植是可持續的；圍繞土地所有權和規範化的問題；和生物多樣性（biodiversity）的議題。

與此同時，即便是擁有完善環境政策的歐洲銀行也陷入爭議。 在 2020 年 8 月發布的一份報告中 [2]，Stand.earth 和 Amazon Watch 批評歐洲銀行向從亞馬遜聖源地區（Amazon Sacred Headwaters region）位於厄瓜多的美國石油公司提供貿易融資。

補充案例 #2

協助環境與社區

Amazonia Impact Ventures 提供資金給秘魯的印地安原住民合作社，幫助它們發展可持續的業務和投資標的，並行銷至國際金融機構。業務模式很簡單：提供合作社具有可持續性的貿易合約融資條款，貸款採用市場利率，但仍低於當地銀行的利率。一旦達到合約設定的目標，所支付的利息就會打折，例如，初始利率為 15% 的貸款可以藉由遵守可持續性合約而獲得 3% 的折扣。

---

2 "Europe Banks Financing Trade of Controversial Amazon Oil to the U.S.," Stand.earth, August 2020, www.stand.earth/publication/amazon-banks-report-en.

對出售給德國經銷商五個貨櫃咖啡的合作社提供了第一筆貸款。在與秘魯合作社合作的同時，它計劃將業務擴展到厄瓜多和巴西。原住民土地涵蓋了 35% 的亞馬遜地區，當土地由亞馬遜原住民管理時，森林砍伐率下降了 2/3。

包括外國投資者在內的團體正努力支持原住民，原住民社區通常由 100 到 200 個家庭組成，其管轄範圍內最多可擁有約 6 平方公里的土地。如果其中 10 個合作社聯合起來，它們將可能加入碳信用抵換專案（carbon credit project），如 REDD+（Reduction in Emission from Deforestation and Forest Degradation Plus）。REDD+ 是根據《聯合國氣候變化綱要公約》創建，為了減少森林砍伐和森林退化造成的碳排放機制。

為儲存在森林中的「碳」設定了財務價值，進而有動力以可持續的方式投資於低碳活動。加入該計畫的合作社需有一定的規模，處理相關報告的成本更具效益。

如果改善原住民的經濟前景與減少森林砍伐之間存在正相關，那麼森林砍伐也與侵犯原住民基本權利存在直接關聯。因此揭露金融機構在社會責任、環境保護和氣候變遷相關方面的資訊，對於提高透明度、減少資訊不對稱和改善國家金融體系的市場紀律至關重要。

為此，巴西央行發起了公眾諮詢，以制定國家金融體系中的相關機構在社會責任、環境保護和氣候變遷等方面風險管理的揭露原則。該監管提案受到氣候相關財務資訊揭露小組（TCFD：Taskforce on Climate-related Financial Disclosures）的建議所啟發，但是其內容不僅限於這些建議，還考慮到其他議題的重要性，資訊揭露範圍從氣候變遷擴大到社會責任和環境保護。

該監理提案將分兩個階段實施。第一階段涉及定性方面（qualitative），主要是披露有關公司治理的清晰度、一致性和可比性的資訊；企業策略與社會責任、環境保護和氣候變遷相關的風險管理。第二階段計劃於 2022 年啟動，將設定量化資訊（測量機制（metrics）和目標）的強制披露。

》》 基金經理人的角色

有許多學術論文研究了與 ESG 相關的基金在利潤率上是否表現得更好。根據責任投資原則組織（PRI：Principles for Responsible Investment）所做的統計，自 1970 年以來發表的大約 2,000 項研究中，63% 的結論認為 ESG 與超額報酬之間存在正相關，10% 的結論相反，27% 的結論認為完全沒有相關性。不管這些研究報告的結論為何，人們都應該停下來反思一下：基金經理人的角色是什麼？

資產管理公司承擔客戶的信託責任，在控制及降低風險的同時，還要實現預期的收益。很明顯的，那些僅僅因為個人道德信念而接受 ESG 原則的基金經理人，違反了他們對客戶的信託義務。即使參與分析和投資過程的個人，在個人理念上可能希望改善地球和社會，但這不能成為基金經理人的主要目標。換言之，若僅僅因為資產符合 ESG 原則，卻不是依據分析財務風險和回報的資訊所進行的投資，那顯然違背了投資者的信任。

正如稍後將看到的，將 ESG 原則納入投資過程，其結果與我們剛才所述的情況相反：它往往會增加回報，降低波動性和不確定性，並顯著降低風險。

以長期競爭優勢來分析 ESG 因素，可以反應在價值創造、成長機會、降低各種類型風險（信譽、資本支出、罰款、淘汰和資本成本等）等等重要議題。因此，如果希望將 ESG 概念轉換整合成為金融專有名詞，我們可以說，這是綜合考慮公司的資產、機會、負債及風險等各項要素，為投資者帶來長期可持續回報，所規劃用以構建投資組合的流程。

》》 尋求基於 ESG 原則投資的風險考量

如前所述，尋找符合 ESG 原則資產的趨勢已越來越明顯。一方面，我們可以將其視為一個良性循環，能夠改善公司、基金和投資者的做法，從而強化整個系統，但還需要關注兩個不容忽視的重要風險。

　　第一個風險來自於 ESG 系統的參與者，他們採行 ESG 原則並不是因為符合自己的理念，而只是為了適應不斷增長的市場需求，這種風險被描述為「漂綠（greenwashing）」。

　　在近期 ESG 發展趨勢中，其中一個有趣的案例是 Novo Mercado 在巴西資本市場的發展。Novo Mercado 的字面意思是「新市場」，是為發展公司治理而提出的監理架構。2000 年公布時，很少有公司自願採用新法規中所提出的原則。然而，在 2004 年至 2007 年的企業上市熱潮期間，遵守 Novo Mercado 成為投資者對規畫上市公司的基本要求。那些不能遵守 Novo Mercado 的企業不是無法成功上市，就是必須降低預估市值。結果大多數新的上市公司採用了新的良好治理規範，讓許多已經在傳統市場交易的上市公司不得不改變作法，採行更嚴格的治理規則，從而獲得更高的市值。

　　儘管如此，多年來我們發現大多數涉及弊案上市公司，都是已採行 Novo Mercado 原則的公司。這明確地表明，企業獲得 Novo Mercado 認證只不過是取悅投資者的詭計，而不是真正用這些原則來管理公司及其文化。毫無疑問，有相當多的分析師、基金、產品和公司加入 ESG 潮流，但我們必須以謹慎態度審視：這些原則是否真的落實，還是我們看到的只是粗糙的「漂綠」？

　　加速採用 ESG 原則的第二大風險，是試圖以量化的方式管理本質上是定性的事務，例如通過追蹤簡單的執行清單。這可能是一個嚴重的錯誤，追蹤 ESG 執行專案數量，很可能會將公司執行 ESG 的重點從真正轉變公司的本質，變成追求呈現於外部的公司形象。回到 Novo Mercado 的例子，監管機構加強公司治理的意圖，在突顯問題和提高標準方面發揮了重要作用，但也產生了意想不到的後果。

　　實踐良好的公司治理應持續不斷地分析，觀察公司如何進行內部管理以及與利益相關者（股東、供應商、客戶、員工、社群等）的關係。然而，自從採用 Novo Mercado 以來，對良好治理的評估轉移到了執行清單上：單一股份類別（single share class）、獨立董事的百分比、隨賣權（tag along rights）等，而不再關注真正重要的事情：良好的企業文化。

因此，企業很容易在沒實際執行 ESG 原則的情況下，藉由勾選完成執行清單上的項目來獲得認證。最明顯的負作用是，公司治理不完善的企業在投資者眼中卻看起來不錯。然而，這還不是最嚴重的，最壞的影響是企業不再持續強化公司治理。好的公司認為他們已經完成了所要求的工作項目，就停止發展成為真正著重「利益相關者」的企業。

ESG 也面臨同樣的風險， ESG 的迅速崛起使投資行業和公司本身都沒準備好面對一個新的、不尋常的、抽象的議題。因此，出現了一系列指標和評級方法。與 Novo Mercado 一樣，具備這些指標對於推廣 ESG 至關重要，但對於實踐 ESG 仍遠遠不夠。

就像前面提到 Novo Mercado 的例子一樣，公司會專注於完成指標以提高他們的分數，許多分析師會對這樣的分數感到滿意。 然而，這並不一定意味著公司實際採用了真正的 ESG 原則。 例如，對於一家公司來說，真正相信多元化（diversity）並以開放態度面對，比僅是簡單地滿足董事會成員性別比例的要求要重要得多。

如果沒有適當的文化和流程來支持，卻不分青紅皂白地使用這些分數，可能最終會阻礙實踐 ESG 的進展。ESG 不僅僅是一個需要勾選的執行清單，它必須嵌入到組織的架構中。

》》 什麼是 ESG 以及我們如何理解它？

過時的 ESG 概念為公司理解 ESG 帶來了一些「新」元素，這些元素超出財務分析師的專業能力範圍，因此往往被忽視、誤解或草率地處理。

在分析師與公司管理團隊的會議中，經常會提出如何預測財務結果或是公司長期策略的問題，但很少會提出人權、環境或與聯合國可持續發展目標（SDG：sustainable development goals） 相關的問題。因為如果將原始資

訊做斷章取義式的解釋，而不與其他營運資訊相結合，那麼就很不容易理解，更不可能成為有用的資訊。

　　這種條列問題清單的做法，即便這份清單條列的是 ESG 相關的問題，也是一種已經過時的 ESG 執行方法，這些資訊很難協助公司進行評估或決策。例如，公司必須持續對供應商進行嚴格檢查，以確保它們不會使用奴工，否則可能會產生信譽風險、失去客戶及收入並遭受罰款。所有這些要素都直接影響預期財務結果，從而影響估值。這只是 ESG 中的「S」（社會責任）的實際範例。

　　塑膠替代品（plastic substitution）、純素肉類（vegan meat）或改變電力網路等議題受到前所未有的關注。這些議題對於某些公司來說是明顯的機會，但同時也給其他公司帶來了巨大的風險。舊的 ESG 方法將這些議題與公司的其他業務區隔開，將它們限制在不會影響公司日常業務的議題和指標上。若在公司分析中採用 ESG 原則，就意味著將這些議題擺在檯面上，這可能會影響收益、營業增長、利潤率、資本支出，甚至資本成本和折現率。

》》 有爭議的 ESG 評分

　　如前所述，ESG 原則是定性的（qualitative），試圖將它們變成執行清單往往會導致對真正重要的事情產生錯誤的認知。然而，已經有許多非常有聲望的公司在提供 ESG 指標。它們利用來自上市公司各種不同來源的數據，包括其財務報表、可持續發展和新聞報導，同時也與這些公司進行直接聯繫。儘管如此，將這些資訊轉換成一個簡單的分數是有風險的，也是錯誤的作法。同樣，基金經理所使用任何財務指標，若僅基於對財務數據的機械式分析，而沒有進行適當的討論和應用定性數據來強化評估流程，這樣的做法也需要被質疑。

　　切記，可持續發展報告是自願提出的。因為呈現的數據是有選擇性的，公司往往會展示表現好的數據，而隱藏不好的數據。大多數數據在該領域既

沒有經過審計也沒有一致認同標準。此外，可持續性指標往往是區域性標準，而不適用於全球，若按產業將公司分類，卻忽視當地的問題和挑戰，都會導致不準確的結論。

》》 ESG 與企業文化

總之，如果公司的價值觀沒有融入企業文化，任何公司都無法朝著目標的方向前進。例如，如果對員工福利的關注僅限於人力資源部門，如果良好的公司治理僅是為了符合法規，如果關注能源效率的議題僅限於工程部門，那麼公司就不會擁有融入 ESG 原則的企業文化。有些元素似乎看起來是存在的，但實際上它不是真實的。

瞭解一家公司的文化與瞭解其所銷售的產品或其所處的競爭環境同等重要。有許多公司雖然擁有優秀產品、聰明的員工，卻因為有害的文化而失敗。企業文化是公司員工共同相信的價值觀和信念，能夠作為公司決策的依據。很明顯，如果企業文化中不存在長期可持續發展的信念，很難想像公司會遵守 ESG 原則。

想像有一家保險公司和一家製造業公司。若是詢問這兩家公司有關碳排放的問題，分析師期望得到什麼樣的答案？碳排放對保險公司的相關性或重要性為何？對於排放量更大的製造業公司而言，如果答案是「不管它是什麼」？是否會讓分析師更深入的瞭解該公司與實踐 ESG 原則的一致性？可能會發生的情境是，隨著對話變得更加技術性，將會討論 ESG 議題具體執行的成果，而不是關注公司是否遵守某些排放原則。此外，即使是最好、最有效率和善盡責社會責任的製造業公司，也總比保險公司承擔更多環境保護相關的風險。

對於財務分析師來說，重要的是瞭解特定公司是否有處理廢棄物或是提高生產力的計畫，而不是討論與生產過程有關的 ESG 指標為何。分析師必須

瞭解公司是否有精心設計的作業流程來提高生產力，是否有特定的人員負責該領域的事務，以及公司利益和員工薪酬是否與目標一致；瞭解公司所採取的行動細節並沒有多大用處。

　　例如，我們不應該詢問公司高階主管中女性的比例是多少？或有多少獨立董事，而應該瞭解公司如何看待多元化的觀點及如何改善這種情況。與其詢問公司對於其供應商是否有關於童工或奴工的具體政策，應該瞭解公司及供應商，如何看待整個供應鏈及其各環節之間的關係。

　　與其深入瞭解公司如何使用水資源或其是廢棄物管理流程的技術細節，不如瞭解公司是否對這些問題有「監控機制」以及它如何管理流程。儘管數據分析（無論是通過可持續發展報告或是提出具體問題）可能有助於瞭解公司是否真正實踐其宣揚的理念，但關注可持續性的文化是否貫穿全公司並指導公司在 ESG 方面的長期策略，才能對企業產生更大的影響。

安東尼奧‧埃米利奧‧巴斯托斯‧德‧阿吉亞爾‧弗萊雷
Antonio Emilio Bastos de Aguiar Freire

　　擁有 University of Ceará（UFC）企業管理學位（1993）、約翰 H. Sykes 商學院（美國）企業管理碩士學位（2002）、政府管理研究生學位（2013）獲得經濟與管理研究中心（CEPEGG）/JK 大學和巴西利亞大學外部控制 - 聯邦地區會計法院（2017）的研究生學位。他是聯邦區總審計長的職業審計師、道德與誠信委員會副主席、財政委員會成員和國際扶輪社首席財務官。

法比奧 · 阿爾佩羅維奇
Fabio Alperowitch

具有企業管理學位（FGV-SP），並在柏克萊大學和哈佛甘迺迪學院修讀了推廣課程（extension courses）。他也具備特許金融分析師（CFA）資格。

Alperowitch 在寶潔（Procter & Gamble）公司開始了他的職業生涯。他於 1993 年創立 FAMA Investimentos 投資公司，負責管理巴西公司的股權基金，專注於投資具有社會責任感並堅持實踐 ESG 原則的公司。FAMA Investimentos 是一家經過認證的 B 型共益企業[3]。

他是以下非政府組織的創始人和執行長：FAMA 研究所、巴西—以色列研究所和 Totos da Tete 研究所，巴西 WWF、巴西 GRI、巴西 Conscious Capitalism 和聖保羅猶太博物館的董事會成員，也是自然環境相關財務揭露小組（TNFD：Taskforce on Nature-related Financial Disclosures）的成員。

3　B 型共益企業是獲得 B 型實驗室（B Lab®）認證的公司，在公司治理、員工照顧、環境友善、社區發展（供應鏈）和客戶影響力五個面向皆達到標準

永續投資如何成真

撰文｜韋恩 ・ 瓦切爾，加拿大 Genus 董事長兼投資長

　　瓦切爾任職於一家總部位在加拿大溫哥華，「B 型共益企業」認證的資產管理公司 Genus，專注永續投資已超過三十年。此後，影響力和永續投資已成為許多公司投資的核心產品，經過數十年發展，滿足熱衷於氣候行動（climate action）的投資者需求。快速適應客戶不斷變化的需求，並在這個新興市場中採取勇敢行動，是保持領先地位的關鍵。

　　早於 1980 年代，我與他人共同創辦公司時，就採行超越業界標準的創新量化投資和客戶為中心的服務原則，代表著打破產業現狀，為客戶提供最優質的服務。從那時起，公司在與客戶彙報和互動方面，一直採取與眾不同的做法。

　　當時一位年輕女士來到公司，想將大量家庭資產投資在符合她的環境和社會的價值觀時，以客戶為中心的方式便發揮作用。她向來為非營利組織貢獻心力，想進一步推動所熱衷的活動，不希望投資破壞環境的產業違背理念。那個時候，除了歐洲的少數幾個集團外，永續投資還未納入金融領域。在加拿大，重視環境投資尚未成為趨勢，但是鑑於以客戶為中心的服務理念，我們立即著手研究構建與她的價值觀相符的投資組合。

　　首先面臨的挑戰是獲得永續資料。當時，永續資料不像今天這般掀起淘金熱潮，但是我們找到麥克・簡特茲（Michael Jantzi）合作，他剛創辦一家公司，後來該公司成為全球領先的資料服務提供商 Sustainalytics。經初步討論後，我們成為簡特茲的第三位客戶，開始認真量化模型中的資料進行壓力測試，以找出在相似的市場建立風險報酬組合，同時剔除某些特定產業和個別公司。隨著投資組合統計資料和風險指標呈現穩健，我們建立了第一個價值觀相符型基金（values-aligned fund）。

　　實現以永續發展價值觀相符為投資重點的第一位客戶後，要求投資與價值觀相符的客戶數量開始成長。公司在資產管理的極小利基市場，累積經驗、實績和聲譽，進而引起國際氣候活動家大衛・鈴木（David Suzuki）等環保活動人士的注意。鈴木於 1990 年成立基金會，支持他的環境保護工作。隨著鈴木知名度的提高，著作擁有廣泛讀者群，對他的專案資助也不斷增加，而大衛・鈴木基金會需要一個資產管理公司。當然，這家管理公司不可能是典型的加拿大公司，必須是擁有永續投資經驗的公司。

　　大衛・鈴木基金會聘請我們達成財務和永續發展的目標，使組織能擴展活動和教育工作的規模。幾年後，另一位環保活動客戶 MakeWay Foundation（前身為加拿大潮汐基金會，原名為 Tides Canada），也在尋找能滿足氣候行動目標的投資組合。加拿大的這兩個重要基金會，是永續投資領域第一批真正的先驅者，讓其他基金會能用符合使命的方式進行投資。

　　我們環境基金的第一輪募集時，即削減碳密集型產品和破壞環境的投資，例如對煤炭或焦油砂的投資。不久之後，這些投資組合不再包括任何石油和天然氣公司，包括開採、加工和公用事業，後來連不是碳密集型產品，也從投資組合中刪除。

　　2013 年，判斷是否與環境和社會使命不符合的否定篩選方式，使用在選擇股票的量化模型中融入 ESG 因子，以及投資者的參與度，將基金的投資組合轉向完全無化石燃料產業。2014 年，積極的客戶更明確表示，希望更進一

步為影響力投資。我們的應對措施是推出公募股權影響力基金，強調投資有積極影響力的公司，而不僅是消極排除負面行為的公司。

就像 14 年前開始，我們研發第一個環保投資組合的過程一樣，團隊必須研究獨特的新型投資方式、投資組合參數和風險管理。基金投資為今天面臨的重大問題，提供解決方案的公司：醫療保健、氣候行動、教育、能源效率、清潔能源和營養。投資者被這樣的基金吸引，如今，它是我們投資組合中成長最快的基金之一，在 2020 年的資產管理規模（AUM）成長超過 72%。

》》撤資浪潮

根據經驗，從碳密集型產業撤資確實產生了影響，並被視為一種社會運動。來自牛津大學的安薩（Ansar）、凱迪克特（Caldecott）和提伯利（Tilbury）[1]，將這些運動描述為三波截然不同的投資浪潮。我們在業務中同樣經歷過這些情況。

回顧歷史的撤資運動，例如烟草和武器，第一波浪潮發生在維權激進投資者和信仰型組織投資者中，投資者將某些行動視為整個使命的關鍵，所以他們通常是早期支持者。當涉及從碳密集型產業退出的問題，積極的環保人士需做出改變，否則有其投資組合可能抵消他們的氣候行動。同時教會也開始緊隨其後。

第二波浪潮，包括公共組織和教育機構。這些組織的利益相關者往往更主動積極，並且非常關心組織的發展方向。包括劍橋大學（Cambridge）、

1　Atif Ansar、Ben Caldecott 和 James Tilbury，「擱置資產和化石燃料撤資運動：撤資對化石燃料資產的估價意味什麼？」2013 年 10 月，牛津大學史密斯企業與環境學院，https:// www. smithschool.ox.ac.uk/publications/reports/SAP-divestment-report-final.pdf

牛津大學（Oxford）和加州大學（University of California）在內的許多大學，都致力減少對化石燃料產業的投資。其他主要大學如史丹佛大學（Stanford）和耶魯大學（Yale）等也做出部分撤資的承諾。同時，公營機構也同意撤資，尤其是在愛爾蘭、舊金山和巴黎。

第三波浪潮主要在歐洲境內，投資者是規模較大的養老基金和普通大眾，從 2020 年開始轉移資產。全球許多養老基金正在整體投資組合內建立永續的目標。養老金可能有再生能源的投資組合或在其子投資組合中完全去除碳密集產業，但很少看到大型養老基金完全去除碳密集產業投資。在普通大眾看來，「綠色」投資如今已成為潮流，但在真正完全撤除碳密集產業的投資組合中，零售投資者（retail investor）遠非大多數比例。

目前北美地區從碳密集型產業撤資的浪潮已進入第二波，歐洲則處於第三波浪潮的開始階段，影響力投資仍處初期採用者（first adopter）階段，活動人士、基金會、信仰型組織及積極的個人推動向前發展。

》》 轉型的原因

從客戶的觀點來看，重視永續投資有堅實的基礎。對許多客戶，特別是基金會而言，它就像協調不同任務一樣簡單。如果它們是為了應對氣候變化，那麼除了擁有氣候相關的投資組合外，別無選擇。對於生活型態符合某些理想性、原則性的個人來說，一致性也必須延伸到投資。

信號傳遞和影響力是客戶參與永續投資的其他誘因。機構通常希望表明創新，或與某些利益相關者保持一致，還想利用投資進一步污名化某些產業。舉例來說，如果一個知名組織從化石燃料領域撤資，這是向組織的所有追隨者發出信號：他們也不應該支持化石燃料產業的採購或投資，它甚至可能鼓勵其他類似組織效仿。同樣的信號或影響，也發生在個人和家庭層面。

撤資的原因不僅基於價值觀，還有經濟方面的因素。可能對人類或環境

造成傷害的產業，或公司面臨各種風險影響：像是在煙草業、石油和天然氣業所面臨的訴訟；對賭博和毒品等領域的監管；與碳排放稅等相關的稅收；還有污名化，像媒體聚焦於有重大爭議的公司，從而造成其聲譽受損。

投資者真的願意面對當前或潛在的風險嗎？格魯斯納（Glossner）2021年的一項研究顯示，不良的 ESG（環境、社會和治理）與長期價值下降之間密切相關[2]。反之，具有嚴格的環境和社會標準的公司，長期表現良好，被證明是管理得更好的公司。紐約大學（New York University）和洛克菲勒資產管理公司（Rockefeller Asset Management）於 2020 年進行為期 5 年的整合分析（meta-study），是支持這種連結的最新論文之一。

我們確實發現，專注永續投資帶來客戶數的成長及熱情的客戶。雖然典型的公司企望透過風險管理、達成財務目標和提供優質服務來創造價值，而我們還能為客戶提供額外的高價值利益。永續投資的資產管理公司能幫客戶完成個人或機構的使命，這種一致性有助與客戶建立關係，這是客戶服務的關鍵。從長期來看，客戶流動率可能降低，如果某個年度績效表現不如預期，因為已獲得其他有意義的好處，那麼客戶可能理解並接受短期績效不如預期的狀況。

永續投資最初的成長是緩慢的，如今隨著財富大規模轉向年輕一代，以及人們對永續重要性的認知日益重視，我們看到顯著的成長。例如在 2020年，對無化石燃料基金的投資增加 34%，及我們管理的高影響股票基金（High Impact Equity fund）增加 72%。

價值觀相符，不僅是客戶的需求，也是員工的需求。以永續發展和使命為目標導向的公司，另一項好處是能獲得更多人才。因為員工有機會參與部分更宏大的理念，而不僅是服務於一家資產管理公司，能夠透過日常工作為

2　賽門‧格魯斯納（Simon Glossner），《ESG 事件和股東價值》，2021 年 2 月 17 日。SSRN 提供：https://ssrn.com/abstract=3004689

推動永續做出貢獻，使得公司的招聘比傳統公司更具優勢，對於 20、30 歲的應徵者來說尤其如此。

》》 公司內部的永續性

對於永續資產管理公司，可靠性（Authenticity）是必要的。熱情的客戶可能透過環保袋瞭解一家公司而投資。例如 Genus 是家經過認證的 B 型共益企業，我們力圖成為社會公益的一股力量，同時又是以營利為目標的資產管理公司。我們的使命是產生影響力，希望對世界產生積極影響的同時，也對客戶的未來財務產生正面影響。公司的永續發展政策引導我們每年都變得更好，從一開始，領導團隊具備強大的多樣性，並深植於各方面的體系中。

成為永續資產管理公司的其他要素，包括提供教育訓練和積極推動各種行動。透過研討會和網路研討會，分享洞見，並向客戶、潛在客戶和公眾傳授有關永續發展的議題。教育機會和產業組織的支持，有助我們更接近下一波浪潮。

》》 展望未來

今日，我們展望未來，並與客戶討論價值相符方面，希望看到下一步是什麼。每年都有新的議題出現，一個首要議題是每項投資都帶來影響力，它可能很顯著，也可能不明顯，但總有某種程度的影響，如何降低投資組合的負面影響，並增加正面影響？只有建立淨影響評分（Net Impact Score™），用它衡量我們投資於世界上產生的總體影響，以產品的收益為基礎，並與聯合國永續發展目標（UN SDG）保持一致，為我們的客戶提供簡單的衡量標準，以瞭解投資所產生的總體影響。

　　我們相信，衡量整體投資組合能產生影響的需求將會成長，可能會從區分「好」或「壞」的投資，轉向重視希望增加整體淨衡量的指標。淨衡量，可以針對整體的影響，也可以針對特定領域，像是氣候行動、健康和福利，或者減少不平等現象。

　　在永續和影響力方面的投資出現明確趨勢。淨零（net-zero）趨勢越來越受歡迎，讓投資者能支持已設定淨零碳排放目標的那些公司。未來可能是淨零和淨影響（Net-impact）的結合。其他感興趣的領域，包括幫助弱勢群體和減少不平等現象。永續戰略必須繼續創新和發展。

　　本質上，永續投資始於客戶至上的方式，必須以客戶的需求為導向。客戶希望投資組合與價值觀保持一致，而金融市場必須願意創新以滿足他們的需求。我們認為，金融公司需要不斷詢問客戶想要什麼，並願意承擔風險以提供這樣的服務。

韋恩 · 瓦切爾
Wayne Wachell

　　「無化石燃料投資之父」，總部位於溫哥華的 Genus Capital 的董事長兼投資長。該公司是加拿大第一家投資無化石燃料（Genus Fossil Free）基金的資產管理公司。瓦切爾於 1989 年與他人共同創辦 Genus 公司，是該公司投資流程的架構師，負責研究和投資運營以及新產品的開發。

　　瓦切爾在曼尼托巴省（Manitoba）北部長大，曾就讀於亞伯達大學（University of Alberta），並於 1980 年首次進入投資領域，在亞伯達財政部

（Alberta Treasury）擔任投資組合分析師。

瓦切爾是溫哥華金融分析師協會（Vancouver Society）前任主席，曾擔任加拿大廣播公司新聞網（CBC News Network）的市場評論員。他是比爾 · 里德基金會（Bill Reid）的董事會成員，並在英屬哥倫比亞大學投資組合管理基金會（University of British Columbia Portfolio Management Foundation）指導學生。

未來的綠色金融科技在亞洲

撰文｜曾農・卡普倫，新加坡 Kapronasia 執行長

》》無可爭論的事實

　　儘管人們對全球暖化的議題，以及它是否影響我們的地球和人類的未來，存在各種不同看法，但很明顯的是，我們可以做得更好。無論在東南亞的棕櫚油燃燒，還是中國的工業生產，顯然某些全球經濟的因素，對環境產生不利影響。經濟污染活動是否促成全球暖化似乎仍有爭議，但當您親身經歷過污染，感受它灼燒您的肺時，將確信它對地球和人類的影響是毋庸置疑的。

　　在大多數情況下，環境影響是經濟問題。例如，棕櫚油被用於從食品到工業應用和生物能源的各種用途，因為產量非常高[1]，它也被用來代替其他植物油。印尼是全球最大的棕櫚油生產國之一，在 2018 年，其年產量為 4,100 萬噸[2]，占全球產量的 57%，對印尼國內生產毛額（GDP）的貢獻在 1.5% 至

1　漢娜・里奇（Hannah Ritchie）和馬克斯・羅瑟（Max Roser），「棕櫚油」，數據看世界，2021 年 6 月，https:// ourworldindata.org/palm-oil；"Palm Oil," World Wildlife Fund, https://www.worldwildlife.org/ industries/palm-oil.

2　里奇（Ritchie）和羅瑟（Roser）。

2.5% 之間 [3]。

儘管生產棕櫚油具有重要的經濟意義，卻造成環境非常不好的影響。在 1990 年至 2015 年間，印尼約有 2,400 萬公頃（24 萬平方公里）的雨林遭到破壞，等同於英國的面積，其中大部分是為了種植棕櫚樹騰出空間 [4]。通常，每年有幾週甚至幾個月的時間，霧霾籠罩著新加坡，就像棕櫚園的濃煙籠罩印尼全國一樣，因為燒毀大片雨林建立棕櫚園，通常比砍樹更不用花費。

毫不奇怪，政府不願對某些超出環境限制的行為進行監管。失去生產棕櫚油如此重要的產業損失，將使許多地方的就業和經濟受到極大影響，而這些地方幾乎沒有其他物產支撐當地經濟。

》》 改變融資

缺乏政府或監管部門推動改變，限制了朝正確發展的諸多可能性。許多專案透過私募市場或公開市場籌集資金，顯示金融業透過影響力促成改變。事實上，如果我們想朝向永續的做法邁進，金融業能發揮關鍵作用。

對環境影響的日益重視和審查催生了「綠色金融」，或為了確保更好的環境結果，而建立金融活動的架構 [5]。綠色金融在達成數項聯合國永續發展目標（SDG）方面，發揮關鍵的作用，越來越多的投資者，包括機構和零售投資者，要求更多永續的投資選項。

3　「棕櫚油」，印尼投資，2017 年 6 月 26 日，https://www.indonesia-investments. com/ business/commodities/palm-oil/item166#:~:text=The%20Indonesian%20Palm%20 Oil%20Association,CPO%20per%20year%20from%202020.&text=In%20terms%20of%20 agriculture%2C%20palm,gross%20domestic%20product%20（GDP）.

4　「棕櫚油的 5 大永續問題」，綠色和平組織，2019 年 11 月 1 日，https://www.greenpeace. org.uk/news/5-problems-with-sustainable-palm-oil/.

5　肖恩．弗萊明（Sean Fleming），「什麼是綠色金融，為什麼它很重要？」世界經濟論壇，2020 年 11 月 9 日，https://www.weforum.org/agenda/2020/11/what-is-green-finance/.

　　為了實現綠色金融，金融業越來越依賴科技。如同金融科技幫助解決普惠金融的問題，金融科技也日益重視利用科技幫助金融機構，以及整個產業開始轉向更環保和永續的解決方案。

》》綠色金融科技

　　簡單地說，綠色金融科技是利用金融技術創造有益於地球和社會的金融商品。一旦實施後，它會監控產業內商品的使用和用戶，並衡量對地球和環境的影響。

　　綠色金融科技有多種形式。在前端，金融科技可以幫助投資者辨識符合特定 ESG 或永續發展指標的投資機會或專案，金融科技還能利用人工智慧（AI）和分散式帳本技術（DLT），即時記錄公司有關 ESG 的歷史或影響等相關資料和洞察，從而使研究更準確和容易理解，並可改善投資機會定價。DLT 也越來越多用在碳補償（carbon offsets）交易，最基本的形式是它能幫助企業交易碳補償，甚至越來越多地透過資料分析自動購買碳補償。這都有助於達成 ESG 目標及優化現金流。

　　一旦專案獲得融資，綠色金融科技可以利用分佈式帳本科技、人工智慧和物聯網（IoT）監控綠色融資專案的實施和結果。甚至可以想像這樣的場景：專案融資取決於達到特定指標，它們能透過物聯網感測器衡量，而融資會通過智慧合約自動分配。

　　最後，許多公司也把永續發展做為核心價值之一。大獲成功的金融科技新創公司 Stripe 得到矽谷的支持，其目標是達成碳中和，並在未來積極地從大氣中清除碳，Stripe 已經出資數百萬美元資助碳移除技術。總部位於德國的行動銀行新創企業 Tomorrow 將收取商家交易手續費中的固定比例，投資於氣候保護專案。與此同時，中國企業螞蟻集團（Ant Group）推出最著名的螞蟻森林（Ant Forest），以提高其客戶群對永續活動的意識。

並不是說沒有金融科技就無法實現綠色金融，而是科技可以發揮作用，讓綠色金融更易取得、更具成本效益和更適用於世界各國。

》》亞洲未來的綠色金融科技

2010 年，包括中國和印度在內的亞洲國家，二氧化碳排放量約佔世界的 53%。到 2019 年，這個比例到達 90%[6]，真是令人震驚的成長！亞洲在這個問題要負相當大的責任，但最終它也會負責任地提出大部分的解決方案。

在 19 世紀和 20 世紀，當美國和英國等西方國家經歷工業革命時，人們對環境影響知之甚少，也沒有什麼工具、科技或其他方法衡量和控制污染。今天的情況完全不同。亞洲的國家已經明確表達他們的綠色意願，而且有科技和政治意願去做這件事，無論該地區是否有其他國家參與。

新加坡是個城邦國家，位處改變的中心，在過去 10 年裡，成功地將自己定位為該區域最重要的金融科技樞紐之一。儘管缺乏自然資源，但新加坡在服務業方面處於領先地位，讓它成為金融業者和科技公司的關鍵據點。結合人才、監管、基礎設施和地理位置，使新加坡成為樞紐（hub），專注於金融科技和一些區域大型銀行。

自 2014 年新加坡政府推出智慧城市計畫以來，金融科技一直是新加坡政府的重點。例如，在 2020 年新加坡金融科技節（Singapore Fintech Festival），ESG 和綠色金融科技都是關鍵主題。新加坡中央銀行和新加坡金融管理局（MAS）啟動「綠色足跡計畫」（Project Greenprint），「做為綠色金融科技解決方案和專案的架構，以推廣更環保的金融生態系統」。「綠

6　漢娜‧里奇（Hannah Ritchie）和馬克斯‧羅瑟（Max Roser），「二氧化碳和溫室氣體排放」，數據看世界，2020 年 8 月，https://ourworldindata.org/co2-and-other-greenhouse-gas-emissions.

色足跡計畫」包括三個主要支柱：調動資本、監控承諾和衡量影響[7]。

　　金融產業的參與對於確保綠色金融科技成功，滿足產業需求極為重要，因此這是任何中央銀行的基本重點。在永續性與盈利性之間取得平衡，是監管機構發揮獨特作用的領域；MAS 對綠色金融科技的做法就是明證。MAS 已經建立以綠色金融科技為重點的黑客松競賽，提供資助並支持以綠色金融科技為重點的概念驗證（POCs）。這些都將激勵私部門轉向發展永續解決方案。

〉〉〉需要發生什麼

　　所有的挑戰來自資本主義。如果我們生活在一個無關盈利的世界，那麼犧牲經濟收益實現環境的永續性將是微不足道。問題在於我們並不是生活在那樣的世界，所以人們對綠色金融仍存有質疑。全球大多數公司都以利潤為導向，如果讓他們在增加利潤或推動永續解決方案之間做出選擇，大多數會選擇前者。事實上，與世界各國一樣，做出永續決策的公司都是有能力這麼做的公司，因此往往是規模較大的跨國公司。

　　「主題」（thematic）投資，例如以 ESG 為重點的基金，過往的業績也不盡理想。晨星（Morningstar）的資料顯示，長期表現上，只有約 10% 的主題基金優於一般的產業標準[8]。該資料不包括 2020 年至 2021 年的市場表現，由於新冠疫情，更加扭曲市場表現的結果。為此，政府必須發揮更積極的作用。

　　亞洲，特別是新加坡，對綠色金融科技的做法仍處於初期階段，因此尚不清楚該計畫能取得多大成功，以及從中汲取哪些教訓。顯然，世界各地多

7　綠色金融科技，新加坡金融管理局，https://www.mas.gov.sg/development/ FinTech/ Green-FinTech. 7 THE FUTURE OF GREEN FINTECH IS

8　Gavin Corr，「主題投資：一個警示故事」，晨星，2021 年 5 月 18 日，https://www. morningstar.co.uk/uk/news/212306/thematic-investing-a-cautionary-tale.aspx?ut=1&utm_ source=sendgrid&utm_medium=email&utm_campaign=intl_newsletter_email.

數的金融中心已經擁有許多工具,如果追求永續的經濟議題沒有改變,那麼其他方面能否改變,就值得懷疑。

從金融科技轉向綠色金融科技的關鍵是改變結構。儘管追求永續發展的議題,也許有助於公司實現短期 ESG 指標,但經濟效益則需較長期的改變,更可能是透過直接和間接激勵計畫的組合。直接激勵包括稅收優惠、補助參與或投資永續專案,無論是金融科技公司還是其他公司。間接激勵包括 MAS 的活動:黑客松競賽、資助和政府支持。

並不是說亞洲做起來會很容易。從「非永續」的活動轉換而造成的失業將是挑戰。理論上認為,隨著更多的工作消失或轉移到其他地區,勞動力將從價值鏈往上移動,轉向從事生產率較高的、附加價值較高的工作。這種理論在教科書上看來不錯,實際上,資本主義一直充滿挑戰,像印尼這樣的政府要為經濟和勞動力制定明確的發展方向,以減低失業的影響。

亞洲在經濟和政治措施方面的區域合作歷史也各不相同,特別是在金融業。東南亞國家協會(東協 ASEAN)成立於 1967 年,目前有 10 個成員國,目標是推動區域內的經濟成長、社會進步和文化發展。

儘管有這些遠大的抱負,但是不同的文化、政治制度、語言和經濟發展水準,使得共識非常難達成。例如,在歐洲建立一個類似於單一歐元付款區(SEPA)的統一支付區具有經濟優勢,但東協國家很難達成一致意見。誰將擁有該平台,以及使用何種貨幣?這些問題都阻礙了相關努力。在歐洲要簡單得多,因為歐洲中央銀行(European Central Bank)擁有該平台,結算方式採用歐元。同樣的,在東協綠色金融科技議題想達成共識頗具挑戰,關鍵在政府、監管機構和市場參與者需確保他們能信守承諾。

例如,新加坡透過 MAS 推出綠色足跡專案(Project Greenprint),並將自己定位為綠色金融科技的關鍵中心。此外,新加坡也在評估對其投資。淡馬錫國際(Temasek International)是新加坡主權財富基金淡馬錫的管理和投資公司,該公司承諾在 2020 年底前實現碳中和,並在 2030 年將旗下投資

組合公司的排放量減半 [9]。就算這是將來的重點，基金仍需處理目前的投資組合，包括翱蘭國際（Olam International）的多數股權。翱蘭國際是一家農產供應商，股權包含印尼棕櫚油和新加坡國家航空公司。這兩項資產都遠遠未達到碳中和，並面臨上述許多挑戰。為這類企業或投資尋找永續解決方案需要時間，絕非易事，為朝著正確方向前進的努力，重視透明度也非常重要。

最後，研究建立工具開發、監控和衡量綠色金融活動前，還需要注意工具本身。比特幣是一種點對點（P2P）系統而建立，無需中介即可傳遞價值。為了支援比特幣區塊鏈，交易必須透過能源密集型的採礦過程驗證，與氣候變化一樣，關於比特幣的污染有許多爭論，與現金或黃金等現行貨幣體系，相比到底是更嚴重或更輕微？無論如何，都是在現存的污染上，再外加新的污染源。

類似的概念，雲端運算是金融行業參與者合理化技術堆疊（technology stack）的高成本效益的方式，同時希望未來也能持續下去。從永續發展的觀點來看，與其營運自己的資料中心，不如將業務外包給有實體空間或有運算能力的供應商，因為後者的經驗和規模擁有更高效率和更永續的計算能力。然而，雲端運算需要謹慎使用，由於能很簡單地啟動另一個伺服器，可能也讓企業更容易失去控制，反倒增加他們的碳足跡。新科技中的任何項目都需在總體影響（總體擁有成本）方面做更多工作，也需要監管機構的參與。

》》綠色金融科技的未來

那麼，綠色金融科技會奏效嗎？它能扭轉氣候變化並讓金融業做出永續的決策？當然希望如此，目前初步的跡象是正面的，私部門對綠色金融的興

9　「淡馬錫可能會在綠色目標上『更加積極』」，海峽時報，2020 年 1 月 25 日，https:// www. straitstimes.com/business/economy/temasek-may-get-more-aggressive-on-green- goals.

趣日益濃厚，主要由各種主權財富基金所推動。

儘管承諾的措辭含糊不清，而且實際行動仍有點薄弱，要言行一致、說到做到。根據雨林行動網路（Rainforest Action Network）的一份報告，從2016 年到 2020 年，來自歐洲、亞洲和北美的全球前六十大銀行向化石燃料專案投入了近 3.8 兆美元 [10]。有關綠色金融分類標準，或者說如何基於永續性識別和分類的討論仍在持續進行。

然而，現在是金融科技產業能發揮超大影響的獨特機會。我們已經看到產業能為普惠金融做些什麼，開始透過螞蟻森林這樣的平台，提高人們對永續發展的意識。

改變金融科技解決方案可以直接鼓勵可持續金融和具體實踐，並且可以成為潛在的收入驅動因素。只需幾行代碼即可將機器人顧問（roboadvisor）平台納入 ESG 指標。當使用者乘坐公共汽車而非計程車時，提供一個彈出式視窗來提醒他們正在節約碳排放，可以提高人們對永續解決方案的意識、知識和偏好。這些簡單易行的修復方法，隨著時間的推移可以有積極的影響。

最終，綠色金融科技只是人類解決氣候問題所利用的眾多工具之一，但對於我們這些業內人士來說，它是最容易獲得的工具，用來推動氣候變化。雖然目前還不清楚永續和綠色金融對世界的最終影響，類似於氣候變化。無論您相信什麼並不重要，而是我們可以做得更好，綠色金融科技是實現目標的一種方式。

10　蘇菲・基德林（Sophie Kiderlin），「自 2016 年以來，大型銀行向化石燃料業投入了 3.8 兆美元。報告稱，摩根大通在貢獻名單中名列榜首。」，內幕報告，https://markets. businessinsider. com/news/stocks/banks-poured-trillions-fossil-fuels-jp-morgan-tops-the-list-2021-3- 1030242368?op=1.

曾農 · 卡普倫
Zennon Kapron

　　Kapronasia 的創辦人和董事，該公司是亞洲領先的金融科技諮詢服務供應商之一。卡普倫從事金融科技已有二十多年，涵蓋了金融科技和區塊鏈的所有主題。

在 Kapronasia 之前，卡普倫是英特爾（Intel）駐中國上海的全球銀行業經理，在加入英特爾之前，他是花旗集團葡萄牙分公司的資訊長。卡普倫曾在美國國會對中國金融科技的問題作證，他著有《細談比特幣：比特幣在中國的歷史與未來》《Chomping at the Bitcoin：The History and Future of Bitcoin in China》（2014）由企鵝出版社出版。他擁有雪城大學（Syracuse University）計算機科學學士學位及歐洲工商管理學院（INSEAD）工商管理碩士學位。

專訪蓋爾‧布拉德布魯克，英國反抗滅絕聯合創辦人

反抗滅絕（Extinction Rebellion）的組織於 2010 年代中期在英國成立，是一個非暴力抗議組織。雖然號稱非暴力抗議，但在年度會員大會期間，他們躺在路上阻止汽車進入機場、打破銀行窗戶，以表明自身的觀點——地球因濫用資源而正被摧毀中，必須阻止這種行為並扭轉公共政策。組織其中一項關鍵使命是促使銀行做出改變，因為銀行是提供化石燃料公司融資的核心。

▶ **您如何到達今天的位置？我認同您的目標，但沒有很認同您表達的方式。**

數位包容（digital inclusion）是我人生的第一個職涯。眾所皆知，我素來協助數位科技公司提供社群中媒體和商業的功能，我雖不是專家，但與社會及科技結合一直是工作的一部分。

您所謂同意我們，但並不同意我們的表達方式，或許是人們談論公民抗命（civil disobedience）最常見的說法之一。顯然，我同意打破銀行的窗戶很愚蠢，重點是如果不這樣做，就不會展開對話。這才是問題真正的癥結所在。

▶ 反抗行動是如何開始的？

從很小的時候，我就開始對這世界充滿好奇，可是常覺得不太對勁，所以在 14 歲時加入綠黨（Green Party）。我來自一個煤礦社區，家父是一名煤礦工人，一名煤礦工人的 14 歲女兒加入一個剛興起的新政黨是很不尋常的。

學生時期的我常常心煩意亂，熱愛科學，但是也對社區和反壓迫的工作感興趣。我將大部分空閒時間都花在關心人類和地球之類的事情，所以我決定試著把它們變成所做的工作。我找到能做的第一份工作，碰巧是在數位包容的領域，最終將職業生涯的大部分精力投注在上頭，但也讓我明白慈善事業的局限性。

2008 年全球金融危機之後，我與各種組織合作，開始自己的志工生涯。我和木匠們一起做事，也開啟一條精神信仰之路——這是另一個話題。我痛苦地意識到，在經濟學方面有多麼不瞭解。我讀過一本關於逃稅的書，以及國際租稅正義聯盟（Tax Justice Network）估計約有 450 億英鎊的逃稅或避稅行為，實際數字遠高於這個數目，我意識到有一條規則適用於享有特權的某些人們，另一條規則是針對其他人。之前大致知道有這件事，但直到那時才真正明白了。

還有一些事情也隨之而來。其中一件是我聯繫國際租稅正義聯盟，詢問他們為什麼在這問題解決之前，我們不能大規模拒絕納稅。很明顯，這是變革中一個非常重要的部分，所以我開始全面研究，還深深地著迷於經濟學，在接下來的兩三年裡，我閱讀一些書籍，這些書籍讓我覺得沒有拿到經濟學學位很蠢。但經濟學家說，不用為此感到困擾，因為這不是正確理解經濟學的方式。經濟學沒有分不同的學派，他們只教一種。

▶ 為什麼他們說滿屋子的經濟學家是場混亂？

我開始試著在戶外街頭講授經濟學。有一段影片是我剛開始透過一系列節目，推廣財經素養並分享這些經歷的過程。因此我找到了一些志同道合的

人，想要進行大規模公民抗命和規畫運動，但不是以傳統方式。而在接下來的 8 年時間裡，我試著找出想進行大規模公民抗命的人們。我參加了各種會議和集會，我總是提出我們需要公民抗命，並詢問誰願意加入我的行列？他們談到一件事：「當有第二個人加入時，變化於是產生。」那是一個非常重要的時刻。

▶ 什麼是決定性的時刻？您在哪一個時間點，確認這就是您要投入的志業？

有幾個階段。首先，是與國際租稅正義聯盟連繫時獲得極大的鼓勵，因為通常大多數人不太會鼓勵一些想法。當人們有相當激進的想法時，其他人會說這些想法行不通，或者他們太忙而無暇考慮這些想法。我寫信給許多不同組織的人，說我願意來組織這個活動，但單靠我一個人的力量是做不到的。

然後，在 2013 年，我研究一個關於經濟學秘密的部落格（blog），並真正深入調查焦油砂（tar sands）。天哪，我的心都碎了！做為綠色環境保護的成員多年，看著這世界向前邁進，卻沒有產生真正的改變，不是嗎？您可以看得出沒有發生任何實質重要的變化。

還有許多其他重要的事情影響我。其中一件事是我並沒有全心投入。我想找份工作，也有孩子要撫養，但後來我想到，無論如何都要做點事讓理念開始實現。第二件事是，在內心深處，我是一個帶著焦慮感和具備專注力，並有主觀判斷的人。這些特點深植於很多激進的社會運動參與者。

▶ 多年來，許多人談論著氣候問題，因為我已在這個領域工作很長的時間，總會面臨難以採取行動的狀況。「反抗滅絕」究竟是怎麼開始的？

我遇見羅傑・哈勒姆（Roger Hallam）和其他人。那些人做事極其認真。人們把自己當回事真的很重要，就算感到很荒謬可笑。您必須全心全意去做這件事，當我在這趟旅程中努力尋找同伴們時，同伴不僅要有實現理想的企圖心，也要瞭解如何達成理想。

例如 2016 年我參加一些關於如何組織動力驅動（momentum-driven）的培訓，這是關於如何開展運動的一些運作機制。正如您可以學習經濟學和其他科學一樣，您能夠研究事物是如何發生變化的。這對我來說是一個啟發，加上我勤奮好學就像個書呆子。

我們該如何改變？從非常微觀的層面來看，它涉及諸如創建身分認同之類的事情。我們創造了品牌標識「反抗滅絕」，這可以由非常小的團隊完成。幾年前我們已經有其他群組，所以已經有幾千人的檔案在資料庫裡。我們也在媒體曝光；我們有了起點。

當您提出想法，當然也開過一些會議，在您建立機制來落實的時候，人們基本上會說他們感興趣，然後在您的臉書頁面上點「讚」。我們只要簡單的回應，發個訊息對他們說：「我們可以到您們當地的社區演講嗎？」接著，您再做些訓練和非暴力直接行動（non-violent direct action）。很多事情就會像火箭似地一飛沖天。

▶ **其實這正是我想問您的問題。在演講中您提到失敗，以及經歷過多少次失敗。您堅持不懈地克服所有障礙，最終還引起我的注意，也得到了全世界的關注。您從失敗中學到什麼？**

您若不是成功就是在學習。這聽起來或許有些陳腔濫調，卻也是您不能放棄的事實。儘管其中有機制運作的一面，也有變革理論（theory of change），但我認為我們確實挖掘出一些東西。像是情感，在 2010 年代後期發表了一些非常嚇人的科學論文，當看到這些東西時，令人震驚。它產生絕望的感覺，引起恐慌。我剛剛去過湖區（Lake District），那裡的現況讓我充滿悲傷。這些大自然是怎麼回事？這個地球正在消亡，生命快死了。

首先是接受「情緒」，我們傾向於認為所做的事情是基於邏輯思考，或者我們所做的事情是由道德引導。事實證明，我們想要與真正的生活更相關，做這些事讓生活產生了新的關係，聽起來似乎很崇高，但它其實來自於為人

父母的天性。對人類來說，最重要的是繁衍後代，意味著您必須做正確的和聰明的事情，而這並非真實的情況。實際上真正讓一個人「快樂」的事，是感覺自己過著真實的生活，並成為正派的祖輩。

▶ **這是非常有趣的觀點，因為我們談論的是改變人們的行為。如何讓人們停止他們正在做的事情？**

我認為很多答案都是相關的。像是人們對所做的事情產生的影響有所瞭解時，更有可能改變他們。這關乎系統性的變革，而不是個人的改變，但不是說個人不需改變，而是系統性的變革會改變個人的行為。

許多人的生活壓力太大，以至於無法做出所有最理想的改變。如果我們生活在消費主義的文化中，即使盡最大努力，仍會成為破壞地球的同謀。都會在某些地方失敗，我們沒辦法達成理想。

真正改變行為的方法，部分須透過市場機制。可以準確地為物品定價，確保物品成本沒有被外部化。除此之外還需解決「不平等」的問題，因為當世界存在嚴重的不平等時，就無法解決氣候變遷問題。

我並不是說窮人因壓力太大而無法解決這個問題，而是說富人有太多的錢和產生太多的碳足跡。如果想馬上改變我們的碳足跡，必須迅速削減的最簡單方法，是讓最富有的人減少他們的碳足跡，因為地球上大約 1% 的人口產生超過一半以上的碳排放量。

▶ **面對永不停止改變的未來，要運用政治、經濟、社會、科技（PEST）四個面向的變革力量。讓我們從政治開始，似乎各國政府未能解決這些問題，這樣會發生什麼？**

我們應該從根本上審視為什麼民主制度失敗了。政治與經濟緊密連結，我們已經展示如何與政府一起做出改變；必須讓政府承擔責任。而主要原因在於媒體沒有讓政府負起全部的責任。

▶ **英國廣播公司（BBC）真理的聖杯。**

我與英國廣播公司的高層管理人員開會時，他們才剛舉辦一個氣候和生態問題的大型培訓專案。就在不久前，他們還進行一場科學的辯論。他們會為人們提供表達平台，但從不過問他們的資金從哪裡來的。當您觀看英國廣播公司的節目，如果有經濟學的談話，是誰支持播出節目？通常是那些資金不透明的人。英國廣播公司不會過問他們的資金從哪裡來，而是將他們的言論當作事實報導。經濟學幾乎被描述為一種自然的新興特質（emerging property），而不是一種政治選擇。

在講述氣候和生態危機的真相方面，他們確實傳播出一些很棒的觀點，如羅傑・哈拉賓（Roger Harrabin）和大衛・艾登堡（David Attenborough）。

如果「我們正在摧毀這個地球，則文明將會崩潰」，這是目前世界正在發生最重要的事情，但它並沒有每天都出現在新聞中，是吧？

▶ **回到您的觀點關於如何產生影響，透過採取非暴力行動。這對政府產生什麼影響？**

這能追溯到公民抗命和變革理論。在我看來，非得這麼做是很有問題的。我們從 Act Up（AIDS Coalition to Unleash Power）中獲得許多靈感。Act Up 大約出現在 1980 年代，試圖為同性戀者爭取權利，並以一種完全不同的方式對待愛滋病危機——尤其同性戀者瀕臨垂死掙扎時，因而掀起了世界上最大的活動。

這有點像當婚姻出現危機，在某個時刻，其中一人會離開，或者有外遇，或者氣得在廚房砸盤子，會發生一些破壞性的事情以引起注意，就像公民抗命的運作方式。

然而，民主的表達應該是知情同意的。您應獲取完整的資訊，並理解正在發生的事情，進而做出明智的決定。包括英國廣播公司在內，媒體提供多

少空間讓人們能對「人類的現狀」進行強而有力的對話？就我所知，媒體在大衛・艾登堡的干預後，做了更多事情，但已經是 2021 年，原本在多年前就應該發生。

▶ 從二十年前起，我就在談論氣候緊急狀態。為什麼現在我們還在談論同樣的事情，卻沒看到人們採取行動？

有一本書[1]系統性地分析世界領導者、商界領袖和政界人士，看待和應對最大風險的能力。我們生活的社會裡，領導者無法思考黑天鵝事件、白天鵝事件或綠色事件。他們無法思慮那些有可能發生的事情，甚至已經明擺在桌上的事情。他們就是短視。

我不相信民主制度能有效運作，關於這件事我的態度很堅決。同一所學校照片上的人們，分別曾經是或現在是首相，這事實說明很多東西。一個正常運作的民主國家要能夠保護其人民。

當民主被用來迎合經濟體系的需要，就是一個病態的經濟體系。

▶ 銀行系統似乎是我們所面臨問題的根本組成部分。

是的，我認為整個經濟體系內的一個關鍵問題就是金融系統。從根本上說，我認為沒有誰是壞人。我不相信有特定銀行的糟糕領導人或是壞人，試圖損害或違背人民利益或做諸如此類的事情。當然，所有組織中都有一些害群之馬，但更嚴重的是有一個鼓勵破壞地球的制度。事實上，它不僅鼓勵傷害地球的行為，還積極地獎勵人們去破壞地球和人類。這當然是籠統的說法，不過事實就是如此。反過來說，這也是一種選擇。

1　尼克・戈溫和克里斯・蘭登，《思考不可思議的事情：顛覆時代領導力的新使命》（伍德布里奇：約翰・凱特教育出版社，2018）。

▶ **我書中的一個核心主題是利益相關者資本主義與股東資本主義。利益相關者資本主義要求您對社區、社會和地球負責。**

　　在那之前，我們曾有過自己的版本去定義資本主義，順帶提一下，我不太樂意用 C 開頭的這個字。因為使用「C 開頭的字」的那一刻，人們就會認為您是反商業或反金融的，每個人對這個詞都有不同的定義。儘管如此，我不認為我們有功能性資本主義（functional capitalism）。

　　我們需要明確的理念。人類必須有足夠的凝聚力闡明理念，聽起來很偉大，卻是公司的做法；他們寫下自己的理念。經濟體系的目的是經濟增長，讓公司實現利潤極大化，兩者都是造成癌變的原因，為了發展而不斷成長就是癌細胞，為了獲得利潤而不斷追求利潤就是癌症。然後，我們在很多方面系統性地植入現實指標，像是一直強調的國民生產毛額（GDP）。我們所衡量的、所看重的、所談論的，就是我們所得到的。這像是一條通向毫無意義的道路。

　　並不是說有些正在成長的部門不需要成長，就我所知，現在有相當多無可辯駁的事證，說明無法將破壞地球的行為與經濟增長脫鉤。如果您繼續保持經濟成長，地球將不斷遭到破壞。我們能有很多不同的方式建立金融系統，還有很多其他的選擇，而我們現在的方式可能是最糟糕的一個。

▶ **這是特別針對銀行改變其融資方式的分支「貨幣叛亂」（Money Rebellion）的由來嗎？**

　　我一直寫信回應世界經濟論壇（World Economic Forum）的「大重置」計畫（great reset）（譯註：大重置計畫是世界經濟論壇第五十屆年會的名稱。其主題是因應在新冠疫情之後，重建社會和經濟的全球危機）。其中談到股東資本主義該如何終結，以及利益相關者資本主義該如何浮現。我想說的是，這些說法可能是真的，也可能是其中的組成部分，但我認為不該由當前的達沃斯菁英們（Davos elite）（譯註：世界經濟論壇每年於瑞士的達沃斯召開），

決定驅動力是什麼，因為某種程度上是他們將人們逼落懸崖。我覺得不能相信他們會解決這個問題。

「貨幣叛亂」是「反抗滅絕」的一個分支，它想對政治經濟學展開成熟的討論，討論政治與經濟互動及我們所做的選擇。我認為如今能以誠信做到這點的唯一方法，是通過公民大會，您能隨機邀請不同類型的人員和專業人士組成陪審團。

我們需要向新的經濟體系轉變。大家都有很多想法，例如瑪麗安娜・馬祖卡托（Mariana Mazzucato）對於排放型經濟體系（emission-based economic system）的想法，凱特・拉沃斯（Kate Raworth）關於甜甜圈經濟學（Doughnut Economics）的建議，和莫莉・斯科特・卡托（Molly Scott Cato）對生物區域經濟學的觀點。有很多令人驚歎的想法，但要由誰來決定？

▶ **如果明天您可以接管一家大型銀行，您的第一個決定是什麼？**

說實話，這是我嚮往的情境。我們處於大規模的「國王的新衣」環境中。例如，如果您是巴克萊銀行（Barclays）的企業社會責任主管，您只是做自己的工作，我知道您要還房貸，因此您講的是一堆「漂綠」的廢話。

我確實知道有些改變，其中一些變化相當大，但速度太慢了。某位領導過一家大公司的人說過最真實的一句話：「做正確的事比做壞事要困難得多，我希望改變體制，這樣才有可能完全做正確的事。」

▶ **我在書中提出的一個核心觀點：網際網路和智慧型手機讓一切變得更加公開透明，而科技正幫助世界改變。您同意嗎？**

關於大數據武器化的問題確實令人擔憂。我有點討厭手機，我覺得這項科技如此受歡迎真是不可思議，然而我經常想關掉手機。我感覺手機裡正在打仗，我知道是谷歌、亞馬遜和微軟在彼此競爭，我對此感到厭煩，只希望它能夠使用。

　　整個科技領域都有大量的公共補貼，但人們卻沒好好談論它，以及它回饋給公眾的價值。我的看法是：我們現在就是個產品，科技存在許多重大問題，因為相關的資訊太多了。極右派決意壓倒人們，讓人們不想參與民主，對民主不感興趣，並將權利留給其他人。有一種方法能暗中悄悄地擺脫民主，科技在這方面發揮著重要作用。

　　應該問：「我們想要用科技做什麼？」您看到這些超級迷幻、微劑量、超級大腦在矽谷湧現出所有神奇絕妙的東西。例如，他們知道我快要跟丈夫分手，所以在離婚前可以賣我某些東西。這正是問題所在：科技應用由追求利潤的動機驅動，為什麼我們沒有不同理念的科技？

▶ **現在有場關於科技民主化和去中心化的大辯論，讓每個人對世界發生的事情都有更多的聲音和看法。**

　　記得 10 年前有過這樣的對話，有點天真。如果您看看正在發生的事情，人們會被吸引進迴聲室（echo chambers）（譯註：是傳播學的一種理論，資訊會在封閉系統內因重複交流而被放大），一場文化戰爭正在上演，人們互相競爭。那麼，如何理解所有的資訊就成了問題。

　　我的背景來自勞工階級。我和家人們有著密切的連繫，了解他們試圖悟出道理，為世界上所發生的一切事情尋找代罪羔羊，看到勞工階級在分化的過程中如何成為目標。我不相信他們有更多權力，實際他們得到的更少。原則上，他們可以擁有更大的權力，但如果科技的目的是為了賺錢，再用錢賺更多的錢，那麼一切都跟壓榨有關。這樣不會有好結果的，是吧？科技成為有問題的系統中的重要工具。

　　當然，在社會運動中，我們仰賴科技。我不想說科技的一切都是負面和錯誤的，但對此我並不樂觀。工具不能改變什麼，因為該工具已經根據使用的演算法做出了某些決策。

▶ **難道您不認為，由於當今世界是以科技建構的，科技可能會偏離政府和董事會，變成一種更民主、更自由的東西嗎？**

這是可能性之一，但同樣取決於演算法及其背後的意圖。

▶ **但是，這種模式是否適合反抗滅絕和貨幣叛亂呢？我們是不是應該擺脫這個體系？離開這樣的系統？**

我們只是研究變革理論，用以強調現在的經濟體系正在扼殺地球上的生物，這種情況需要改變。我們想強調這個觀點，並想建立公民大會來審視，且提出像金融體系等特定角色和所需進行的改變。

這不是試圖解決所有問題。它試圖思考人類能夠如何進化，是的，我個人認為某種以數位為基礎的去中心化經濟體系是解決方案的一部分，只是不知道哪個去中心化的經濟系統以數位為基礎。這不僅是單一的議題，還有其他問題需要同時解決。

▶ **我們如何讓波蘭這樣的國家擺脫對化石燃料的依賴？**

因此我們要討論公正轉型（just transition）。正如美國國防部部長曾說過：「石器時代的終結，並不是因為石頭用完了。」

我們在「反抗滅絕」中提出的第三個要求，是「建立一個關注氣候和生態正義的公民大會」，「公民大會」這個詞非常重要。舉例說卡車司機考試，如果您是卡車司機或煤礦工人，某人提出的測試建議是否實際有效？如果對這些人來說測試的內容沒有用，那麼這個建議就是沒有意義的，是吧？

有趣的是，最近有一個美國的煤礦社群說：「讓我們停止開採煤炭，」並且說：「我們需要再培訓。」

▶ **對未來的展望：我們說每年要消耗 40 噸的碳，而這個地球只剩下 200 到 300 噸的碳。那麼我們該做什麼？**

　　這是讓我們感覺好一點的神話。如果您關注科學，實際上我們已經沒有碳預算（carbon budget）了。顯然，我們將繼續排放碳，因為還有太多現有設備需要運轉，無法在一夜之間停止排放，必須從大氣中去除碳。還需要做一些相當不太愉快的選擇。

　　我對未來的看法很簡單。我們擁有最好的碳捕獲和封存技術叫做大自然，我想在地球上重建天堂；一個處處綠意盎然美麗的地球。大自然充滿生機健康的土壤，目前蚯蚓的數量已經減少了 80%，沒有健康的土壤，就沒有健康的食物體系。我們還剩 40 ～ 60 次的收成，然後就沒有食物了。我們正朝向瘟疫、饑荒和戰爭這三件事前進。

　　許多事圍繞著同樣的解決方案展開；我會非常關注農場。目前，工業化畜牧業正污染著河流，破壞生態系統，使我們的身體變得不健康。我們可以轉向再生農業和自然友好型農業。

　　那是我的願景，但當在某方面需要考慮父權制來執行的話，它就不會發生。這裡的父權制不是指男性，而是指交由對現況無能為力的體系將會驅動需求和供給、不平等和匱乏。我們需要一種不同的經濟體系，關注互惠而不是匱乏。

　　向大自然學習。自然是建立在關係和互惠之上。這是一種與生俱來的智慧。人類與自然有種關係是：造福自然，人類也受益。我們往往想到那些負面影響，但如果沒有播種，玉米就無法生長。麥草若沒有被人類採摘就不會茂盛。大自然就是這樣，我希望看到在經濟、農業和其他實踐中，更接近再生思維的科技世界。

蓋爾 · 布拉德布魯克
Gail Bradbrook

自 2010 年一直在研究、計畫和培訓大規模公民抗命（civil disobedience），並且是社會運動「反抗滅絕」（Extinction Rebellion，簡稱 XR）的聯合創始人，該運動自 2018 年 10 月發起後，在國際上迅速傳播。已有超過 1,150 個 XR 團體在 75 個國家成立。

布拉德布魯克因公民抗命行為被逮捕 4 次，包括因抗議 2 號高速鐵路（HS2）時，打破英國交通部窗戶而被逮捕，此外還有抗議政府政策擴大，以及對氣候和生態緊急狀態缺乏行動。最近她在斯特勞德的巴克萊銀行被捕，罪名是在喚起女權運動的一項行動中打破窗戶。對於這些行為，她可能面臨 6 ～ 24 個月的監禁。

布拉德布魯克是 2 個男孩的母親，年齡分別為 13 歲和 15 歲，她研究分子生物物理學。在生態危機的科學、積極參與的心理學、以及公民抗命必要性的演講，已經在網路上廣為流傳，並激勵許多人加 XR。她出生於約克郡，是一名煤礦工人的女兒，最近被 GQ 雜誌評為英國最具影響力的 50 人之一，並因參與煽動反抗英國政府而在英國 BBC 廣播 4 台的 Woman's Hour 節目，評為 2020 最有影響力的女性之一。

邁向社群與理念

撰文｜劉曦曼，美國 Unconventional Ventures 共同創辦人

　　「理念驅動」（purpose-driven）一詞讓您想到什麼？慈善事業、宗教、還是利基市場？或許應該先退一步，您會如何定義「理念」？銀行業是個錙銖必較、注重利潤的產業，與理念似乎沾不上邊，那麼「理念」在銀行業中又扮演什麼角色？

　　雖然無法準確地指出金錢是什麼時候發明，以金錢為概念實已存在數千年之久。即使在以物易物的時代，就算不是大家熟悉的型態，金錢也在社會中發揮著特殊的作用，促進貿易發展，並幫助文明繁榮。金錢的核心價值是人們可以信任的承諾，超越文化和時間的概念。它既是一種交換媒介，也是一種保存價值的容器。俗話說得好：「能省則省」。

　　在我成長的過程中，父母經常提醒我：「金錢不是萬能，沒錢卻萬萬不能。」我對金錢的第一個記憶，是中國新年時給紅包壓歲錢的傳統習俗，還有我的第一個小豬撲滿。我所學到的金錢交換概念，是一個有輸入和輸出的等式，或者我們會稱之為「資產負債表」。這是我財務知識的啟蒙課程，在此學到理財的第一課，也粗淺地學會，想要飛黃騰達的不二法門就是努力工作。

諸如此類關於謹慎看待金錢的教導已經行之有年，其中一個教誨據信出自於湯馬斯・傑弗遜：「永遠不要在錢還沒進口袋之前急著花掉」。雖然財務知識很重要，但它並非總是通往繁榮的鍍金門票。您還是需要正確的工具。

> 「年收入 20 磅，而年支出 19.96 磅，這是幸福的。年收入 20 磅，而年支出 20.06 磅，則是痛苦的。」

米考伯先生所言

摘錄自《塊肉餘生記》（1850 年），查爾斯・狄更斯著

》》 邁向普惠金融與平等的漫漫長路

能夠就業、購買及出售商品和服務、創造及使用長期儲蓄，轉帳或儲存資金、擁有獲得信用及投資的能力，都是許多人對現代金融活動的期望，並視為理所當然的活動。然而，使用銀行服務的機會仍然不平等，有近 17 億人無法享有銀行服務（unbanked），並有更多的人無法獲得足夠的銀行服務（underbanked）。同樣值得注意的是這問題並不僅限於發展中國家，舉例來說，美國也有同樣的狀況。

- 超過 5% 的美國家庭（約 1,200 萬成年人）沒有任何銀行服務，包含支票及儲蓄帳戶。
- 近 11% 的美國家庭（約 2,400 萬成年人）無法享有足夠的銀行服務，他們只能繼續依賴像是支票兌現功能等附屬的金融服務。
- 約 34% 的家庭無銀行帳戶，約 45% 的家庭無法享受足夠的銀行服務，其家庭年收入通常低於 3 萬美元。而享有銀行服務只是漫長旅程的開始，路上更充滿意外的挑戰，包含收付國內外資金的功能、到創辦新企業、購買房屋或為未來儲蓄。

普惠金融對女性尤其重要。透過為女性企業家設立的貸款和補助金以及

職業培訓，更多女性可以參與經濟創新，她們的財務獲得保障，並促進經濟發展。根據世界經濟論壇最新的《全球性別差距報告（Global Gender Gap Report）》，估計還需要約 3 個世紀才能消除女性在經濟參與及機會上的性別差距。這個差距令人完全無法接受。

》》 經濟平等是權利，而不是特權

銀行業是一項不可或缺的關鍵服務。無論是身為產業，還是身為社會，都需以新的角度，關注在現有體系服務範圍之外人們的基本需求。這點變得更加重要，因為新冠疫情所造成的經濟衰退，已經影響依賴社會安全網的人們。根據統計，在符合條件的美國家庭中，大約只有 80%，政府會將急需的救濟金匯入他們銀行帳戶。剩下約 1/5 的家庭需要尋求其他途徑，包含昂貴的支票兌現服務。更多時候，處理時間及成本會影響到最急需這些錢的人們。

於此同時，銀行透支費與管理服務費開始成為個人財務中昂貴但較少被談論的部分。這些費用再次讓努力擺脫貧困循環的中低收入家庭受到極大的影響，尤其是非裔及拉丁裔社區的家庭。據統計，各金融機構於 2020 年間向消費者收取的銀行透支費約達 313 億美元，這與消費者支出減少和政府刺激支付的現況是互相衝突的。隨著各地財富不平等加劇，管理服務費也成為銀行收入模式中重要的一環，未來是否能讓金融機構的利潤動機與消費者利益達到更加一致的狀態？

》》 向社群與理念邁進

過去 10 年，我們看到金融科技新創公司的融資案有爆炸性的成長。從螞蟻集團、Paytm 到 Grab 和 Gojek，從 Robinhood、SoFi 到 Wise 和 Nubank，世界各地數以千計的金融科技新創公司，不論是研發新的數位產品

與體驗，借貸、支付、投資及其他應用領域，皆有長足的進步。

近年來，我們也看到專精於特定領域金融科技公司持續增加。它們提供服務給某些長期被主流金融機構忽視的特定客群，包含 Daylight（LGBT+），Lesbian（女同性戀者）、Gay（男同性戀者）、Bisexual（雙性戀者）、Transgender（跨性別者）、Cheese（亞裔美國人）、First Boulevard（非裔美國人）、Greenwood（非裔及拉丁美洲裔）、Lili 和 Stoovo（臨時工與自由業者）、Purple（有特殊需求兒童的家庭）以及 Stretch（剛出獄的囚犯）。這些以社群為重點的金融科技新創公司並不服務傳統的市場區隔，而是展示科技如何以金融服務為媒介，讓我們透過共同點連結在一起。

正如 Sunrise Bank 和 Aspiration 等共益企業（B 型共益企業認證公司）所證明的，利潤和理念是可以共存。

》》人口結構變化帶來的機會

隨著世界開始經歷人口結構變化，我們有更多機會挑戰現狀，並更加關注多樣化的社會。以高齡化趨勢為例，在 2018 年，65 歲以上的人口首度多於 5 歲以下的人口。到 2050 年，在歐洲及北美，將有 1/4 的人口大於 65 歲。從 20 世紀初以來，人類的平均壽命已經增加 30 年，越來越多人活得更健康有活力，人生各階段的狀態也比我們生日蛋糕上的蠟燭數量更為重要。

活得越來越久，生活形態與父母及祖父母相比也有所不同。更多人開始創業，在美國，超過一半的新創業家年齡超過 45 歲。大多數人的工時也更長，開始零工經濟（gig economy），並且在退休後仍過著活躍的生活。同時，我們的財務也變得越來越複雜：除了自己的退休計畫與孩子的教育規畫外，也更能顧及到父母及伴侶的財務狀況。

當以年齡作為分水嶺劃分市場不再有意義時，要如何對待有著不同需求且逐漸增長中的人口群體才會是最好的？我們該如何以長壽和理念為基礎，

重新塑造金融服務？

》》**當長壽成為現實**

雖然金融服務使用人工智慧可能潛力無限且令人興奮，但這種人工智慧通常只用來處理作業自動化與改善操作設計，或僅是利用高科技來吸引年輕人口的噱頭。

但科技是不分年齡的。用來幫助千禧世代與 Z 世代理財的解決方案，也可以用來幫助夾在中間的三明治世代（sandwiched generations），處理多個家庭間的財務。協助消費者採取適當行為，並邁向未來更安全財務的行動經濟學原則，也可以用於廣泛的受眾，無論年紀。沒有理由把儲蓄當做某個特定人口群體的問題，或將人類的生理年齡當作劃分群體的標準。

「我的錢足夠支應退休生活嗎？」是一個簡單卻複雜的問題。就算不是所有人，也是絕大部分的人們要面臨的問題，而且對許多即將退休的人尤其重要。他們沒有自己的理財顧問，卻在尋找最佳策略來消費資產。這對家庭照護者也同等重要，他們是撐起家庭的重要支柱，卻在沒有適當財務規劃的狀況下被推入危機之中。隨著壽命延長，加上更複雜的扶養關係，一成不變的規劃已經不敷使用了。

從資產的積蓄和提領，到老年人的財務保障，理財顧問和資產管理公司有很多機會能提供老年人個人化的服務——尤其是女性，很多女性是家庭照護者，她們的財產往往較少，而預期壽命往往較長。金融機構在經過適當的訓練、訂定良好的介入與預防策略後，便能發揮關鍵作用，成為客戶及家庭真正的守護者，幫助他們實現願望與人生目標，讓他們不單單把儲蓄當作是「存款」而已。

是應該超越儲蓄、存款和年金，重新想像金融服務的時候了。數位轉型不該只是流行語，或另一個有酷炫介面的預算行動 app，是我們應該重新定

義數位轉型的時候了。專業知識與科技可以創造真正有意義的事物,「有意義」代表的是它不僅能讓一代人,而是數代人受惠,有責任以一種有用、值得信賴、價格實惠並有可續性的方法達成。

現在,我們應該重新塑造一個不同的未來,一個所有年齡、性別、性向、種族和背景的人都能茁壯成長的未來;一個集體智慧與生活經驗對社會至關重要的未來。

是時候把我們的心放回生態系統,並打造真正重要的東西。

金融科技和其他領域是展開嶄新一頁的時候了。把幫助基層勞工、女性以及被忽略的人口浮上檯面,就是我們拉了整個社會與所有社區的一把。當我們把麥克風遞給坐在會場後方的人,就放大了那些沒被聽見的聲音。

在過去的 20 年裡,我們看到驚人的創新,創造極大的財富,但這些發展大部分卻沒被平等分配。經濟不平等是一個能解決的人為問題,若好好運用科技,它可以成為社會包容與公平的催化劑,發揮遠遠超越股東價值的效果。現在便是我們一起將它化為現實,並持續精進的時候。

劉曦曼
Theodora Lau

一名作家、演說家及顧問,致力於促進革新,改善消費者的金融安全。也是 Unconventional Ventures 的創始人,該公司協助企業、創業家及創業投資家組成的生態系統發展與成長,藉此更貼近消費者的需求,尤其關注女性、少數族裔創辦人及高齡化經濟。

　　她是《Beyond Good：How Technology Is Leading a Purpose-driven Business Revolution》（2021 年出版）的共同作者，主持關注金融科技與創新的播客節目《One Vision》，並於產業活動與出版物擔任專欄作家，包含《哈佛商業評論》和《日經亞洲週刊》。

專為永續世代設計的
銀行產品

撰文｜瑪格麗塔・門德斯達瑪雅，葡萄牙郵政銀行（Banco CTT）數位專案經理及
葡萄牙金融科技公司共同創辦人

》》 目前的難題

　　每隔幾年，就會出現一個閃亮的新趨勢，或者是由預言（也可能是真實發生）驅動的變革呼聲，聲稱金融業即將面臨厄運。新的智慧術語開始出現，顧問公司趕著發表一連串報告，人們詢問專家們的意見，銀行業者則在後頭努力追趕。

　　這是銀行業在過去 10 年所面臨的現實。銀行一直難以適應 2008 年經濟危機之後揮之不去的影響，金融科技新創公司與大型科技公司突然竄升的競爭，以及快速演變的數位化競賽。在這場風暴中，有些銀行為了勉強存活被迫改變，有些則是具有足夠的遠見，抓住轉型機會，進而在市場和新的參與者們合作，設計出新的策略目標並加速創新。

　　然而，即使在最好的情況下，這些變革都是為了因應外部因素帶來的龐大壓力，而不是銀行內部管理團隊為了未來建立的可持續戰略路徑圖。不僅如此，勉強而來的改變還有一個特點，就是銀行不太願意向外看，也沒有認知到其他利益相關者在改變中扮演著重要角色。這個內在缺陷讓後者的影響

更讓人擔憂，特別是銀行在專業領域外的社會、環境和永續等問題解決能力不足，這些問題正在發生，而且一定會延續到未來，進而影響到所有的人。

在過去 10 年，很多銀行將他們的努力很明顯地盲目投入於達成股東的利潤，卻刻意忽視任何對環境或社會永續性應該採取的調整。

銀行的疏忽

舉一個由這種疏忽造成的特殊案例。在巴黎協定生效的 5 年裡，世界前 60 大的商業銀行和投資銀行，提供超過 3.8 兆元的借款及融資給化石燃料產業[1]。這和世界各國的政府與人民為控制溫室氣體排放付出的極大努力背道而馳。

新冠疫情才剛橫掃全球，為了滿足全球 90 億人口的基本需求，自然資源已經逐漸稀缺，且氣候破壞越來越頻繁的情況下，做為個人和團體成員，我們對於自己行為所產生影響的意識正在不斷提高。因此，銀行業正面臨來自公眾、倡議團體、立法者、員工、客戶和投資人嚴格的審視。

審視已到達臨界點，非常真實的「黑暗期」即將來臨：如果產業要延續下去，必須認知到增加利潤與達成和環境及社會責任相關的更廣大目標已是密不可分。現在已經沒有餘地將永續性視為可以取捨的議題。

雖然銀行業仍可以持有不同立場，但保持中立不再是個可行的選項。為此，我認為銀行應該和他們的利益相關者結盟，專注於相同理念的夥伴關係上。要如何改變？可以透過一些巧妙設計的商品。

1　「氣候災難中的銀行業務：2021 年化石燃料金融報告」，雨林行動網路，2021 年，https://www.ran.org/bankingonclimatechaos2021/。

〉〉〉 被誤解為不願接受新的理念

指責銀行業沒在浪潮一開始時就立刻跟上「理念驅動」的趨勢，這樣的批評是件不太公平的事。畢竟，眾所皆知銀行向來不是精實（lean）也不是敏捷（agile）的組織，難以面對來自四面八方的問題。從執行長們和執行董事會們不情願地面對這個議題的態度看來，我想，相當令人質疑他們會具體執行。

造成銀行猶豫不前，使得他們在定義與執行「理念」時進度緩慢的原因，和起初進行數位轉型的情況很類似。當時有很多企業很晚才開始進行數位轉型，因此受了很多苦。四個主要的原因為：缺乏可以擾亂市場秩序的直接競爭、不願接受較大的結構及策略性改變、法規與政府並未強制要求永續行動，以及最重要的一點：害怕無法成功交付股東期待的價值[2]。

如果不是因為整個科學界、政府、非政府組織、活動家和媒體所掀起的民眾認知，對掙扎於資本主義經濟中的金融機構來說，猶豫不決及抗拒永續性的背後原因就顯得很合理。小自格蕾塔・桑伯格（Greta Thunberg）等年輕活動家，大至聯合國永續發展目標的民眾認知，將讓消費者知道企業對社會、環境和永續目標的漠視。

如果把銀行業的不作為，歸咎於害怕無法交付股東價值或缺乏競爭也是不對的。根據研究顯示，「理念驅動」的銀行在營收和市值上都有較好的表現[3]，其中「理念驅動」的數位銀行在這場競賽中處於領先，股權上也有較好的回報。追求公益聽起來可能很天真，但實際上，在促進公司成長上也相當有利。

2　Kim Kim Oon、Alan McIntyre 與 Edwin Ban der Ouderaa「理念：推動銀行的強大轉型」，埃森哲，2021 年 5 月 5 日，https://www.accenture.com/hk-en/ insights/banking/purpose-driven-banking-powerful-digital-transformation。
3　同上。

每家銀行將其商業策略與利益相關者的需求和要求完全保持一致，這決定是錯的。銀行業達成永續目標時扮演很重要的角色，因為銀行對利益相關者所關切的議題來說，同時是金融家也是促進者。因此在不久的將來，在定位銀行的價值時，理念會被視為必要條件，在這前提下，該怎麼著手修正未來的價值定位？

》》朝向理念驅動努力

理念驅動應該由與利益相關者的結盟行動開始。為了如此崇高的目標，我對正努力嘗試的人有個提議及他們可能感興趣的方法。然而，我先提出銀行業如何起步的不同看法。

各種追求組織結構性變革的策略都有一個共通點，他們必須由高階管理團隊開始啟動，因為董事會與高階管理團隊對機構的未來有最終決定權。巧合的是這些關鍵決策者通常致力於滿足股東的期望，而不是利益相關者的期望。因此，高階管理團隊為了保證對利潤的承諾，很多產業使用一個常見但不怎麼有效的策略：由個人或團隊負責實現組織內的永續責任。

例如，現在廣泛被採用的永續長（CSO：Chief Sustainability Officer）概念是值得讚許的，因為團隊的主要職能是評估和創造永續方案。然而，長期來說還有個潛藏的問題，就是這種作法放棄將企業理念點滴滲透到每個員工的好處。這個錯誤在銀行業快速推動數位創新的時期就一直存在，多年來，金融機構錯把創新的責任放在單一團隊上，但創新的重擔不能單由個人或一個團隊承擔，應該要在組織內橫向進行。

這麼做的風險是理念不在整個組織平均散播，而是局限在孤立的單位內，然而這個理念能為金融機構內的所有團隊帶來許多利益。要設定一個遠大的目標，可以引用矽谷創投資本家約翰・杜爾（John Doerr）的話：「我們需要一個傳教士團隊，而不是傭兵團隊。」以其理念來判別這個團隊，若是專

門處理別人交辦事項的團隊，那就是傭兵；對永續事業擁有強烈信念和視野，致力解決問題的團隊，那就是傳教士。

為彌補前一個方法的不足，我提議透過管理團隊將產品團隊定位為策略性支持企業理念的關鍵。簡單來說，在規劃目標時讓產品團隊在組織內成為「傳教士」。但如同我強調的一樣，現今針對理念驅動的銀行業務有多種執行策略，那為什麼要選擇產品團隊，而不是其他團隊？

》》為什麼從產品團隊開始？

產品團隊在組成和職責上有很明顯的特質，讓他們能追求更遠大的目標，卻不會與組織分離。事實上，他們本身的行動特性比其他的團隊更能迎合內外部的利益相關者；請容我更清楚說明原因。

產品團隊與管理團隊同步作業，以達成銀行的業務目標，而不是由他們單獨驅動。要成功達到關鍵績效指標，產品團隊還需平衡股東和利益相關者的需求，假如不能做到，則難以維持銀行的競爭優勢。

產品團隊可以促進消費者更瞭解並親近銀行，持續創造新的商品和服務，從和消費者的互動中，以質化和量化的資料重新評估先前成果。他們的核心作業是透過使用者測試、使用者訪談、行為科學、使用者回饋和市場調查，瞭解消費者需求並找到痛點。

產品團隊同時也結合了各種領域。一個強大的產品團隊基本組成為產品經理、產品行銷經理、產品設計師、用戶研究員、資料分析師和 2 ～ 12 名工程師。多元觀點讓他們在同部門內保持更多彈性與敏捷性，並以創意的方式解決不同領域中的問題。最重要的是，在逐漸廣闊的環境、社會和發展挑戰中，這樣的多元性提供更廣的策略面向、影響和機會。

產品團隊是銀行面對利益相關者價值主張背後的設計師，產品團隊會負責商品或服務的不同設計階段，包含企業內部或外部、從發想到實際執行。

在研發過程中，他們會和來自不同團隊的人參與公開討論或合作，例如：合規、法律、營運、業務開發和資訊部門。在這些部門的幫助下，產品團隊就是商品觸及受眾的負責人和交付者。

考量以上的因素，產品團隊必須具有基本的商業頭腦、多樣性、敏捷度及影響力，並能在組織內外推廣「理念驅動」的銀行業務。此外，他們可以完美地實現我提出的方法，透過銀行業達成社會、環境和永續理念，也就是消費者及銀行的夥伴關係。

》》留意落差：消費者與銀行的夥伴關係

當我與從未在銀行工作過的人討論「公益銀行活動」（banking for good）與「理念驅動銀行」（purpose-driven banking）的概念時，產生了消費者與銀行夥伴關係（consumer-bank partnership）的概念。在活動問答的環節時，有三個問題很常出現：

- 銀行業和社會環境永續性是什麼關係？
- 銀行除了保管及管理我的錢外，還有什麼理念？
- 現在一切都數位化了，我猜銀行一定節省了不少紙張吧？

這類問題我聽了無數次。銀行業和整個金融業全面地形塑社會與個人生活，讓我無法理解為何人們會認為，將銀行業與永續性連結起來是很陌生的概念。我不斷詢問不同年紀和背景的人，直到得出一個結論：大多數消費者不理解銀行的商業模式，就像他們不理解零售業的商業模式一樣。

舉例來說，如果我請您替銀行在永續性上打分數，從 1 ～ 10 分，您會怎麼評分？花 1 分鐘時間想想是否瞭解您的銀行的永續性，以及環境與社會議題上的付出，答案很可能是：「不太清楚。」大家常常自問：「我的運動鞋是用可回收材料製成？」或是「這些酪梨是在無農藥農場裡生長？」但很少

思考銀行是否為永續性的環境與社會理念付出努力。

對氣候危機的關注持續增加，也使得消費者意識個人行為對環境造成影響的比例激增。除了此類意識的增長外，金融機構的本質與複雜性對消費者而言是難以捉摸，大多數時候，銀行業整體——甚至像個人銀行帳戶微不足道的部分，在消費者腦海中都難以理解與量化。

儘管大家以前不太瞭解銀行業無孔不入的影響，但某件事實不論在那個產業皆為真：「消費者希望幫助企業行善，並要求企業能幫助他們行善。」這個事實已有廣泛研究，歐盟報告指出，超過 80% 的歐洲人民認為，個人致力於保護環境與選擇更有永續性的行動[4]。同樣地，永續溝通公司富特拉（Futerra）的報告也指出，96% 的消費者認為捐款、回收、道德的購買與投資行動等個人行為，真正地為全球環境與社會永續性帶來改變[5]，88% 的消費者希望品牌能在日常生活中更加環保並符合道德規範。

另一方面，根據歐盟和富特拉的報告指出，認為企業讓人們在日常生活中更能實踐道德與環保，然而政府機構和公共組織在執行永續性商業活動上卻做得不夠多。

這層落差，就是消費者對銀行業務模式的誤解，與他們想幫助／被幫助的意願之間的落差——便藏著銀行與利益相關者攜手合作的大好機會。銀行花了太多寶貴時間審視內部，以至於忘了還能把他們的影響力拓展到組織本身之外。

消費者與銀行的夥伴關係也意味著雙方有更深入的了解。這些消費者都是影響銀行與金融機構的因素，他們是積極的利益相關者，卻沒機會參與打造一個更加良善、有永續性未來的挑戰。為達成這個目標，需要在策略上重

4　「環境調查：公民信任歐盟，但期待更高」，歐盟環境總局，2018 年 1 月 25 日。

5　Solitaire Townsend，「88% 的消費者希望您能幫他們做出改變」，福布斯，2018 年 11 月 21 日，https://www.forbes.com/sites/solitairetownsend/2018/11/21/consumers- want-you-to-help-them-make-a-difference/?sh=3ce2aab16954。

新定位產品團隊，透過負責精心的商品設計，鼓勵消費者支持並參與銀行追求的理念。

》》彌平落差：用心的商品設計

在負責任的商業慣例發展過程中，消費者往往是最沒被充分利用的資源，同時應該要注意一個矛盾，並且最好能解決它：消費者一方面偏向選擇對社會和環境有正面影響的銀行 [6]，在最近英國勤業眾信的一份報告指出，有 70% 的消費者會轉向以理念驅動的銀行。另一方面，大多數消費者對永續性銀行的涵義並沒有清楚的認識，往往將「數位化」及「減少紙張浪費」當作銀行永續性的定義。

要解決這個問題，產品團隊需要讓利益相關者準備好接受消費者與銀行夥伴關係——產品團隊還有很長的路要走。他們設計的解決方案必須能讓個人以多樣化的方式與知識貢獻一己之力，透過整合這些行動，創造出正向的疊加效果。因此，商品團隊努力的方向，便是建立信任、重塑銀行在消費者心中的角色，並鼓勵消費者參與。

身為一名產品設計師，我有必要在進入實作前傳達兩個免責聲明。第一，真正的永續性商品並不存在，無論是數位商品或實體商品，從概念到執行上的每個決定都是環境與經濟的權衡取捨。例如，即使是像銀行的電子郵件行銷手法，或是應用程式上的額外視窗這樣的小功能，每年也會留下大量的碳足跡 [7]。因此，產品團隊只能採用的較實際做法是：「設計出意識到自身所造

6　「創造影響力：客戶在選擇銀行時，ESG 是其中一個會優先考慮的因素」，勤業眾信，2020 年 12 月 22 日，https://www2.deloitte.com/uk/en/pages/press-releases/articles/making- an-impact-esg-factors-are-a-priority-for-customers-when-choosing-a-bank.html。

7　Lauren Greenan，「一天少一封電郵，氣候變遷遠離我」，Tred，2020 年，9 月 8 日，https://www.tred.earth/blog/one-less-email-a-day-helps-keep-climate-change-away。

成的破壞,並試圖抵銷其破壞程度的商品。」

第二,就像第一點所說,數位商品和服務本質上是以客戶為中心所設計。有人可能會說,每樣商品都是這樣設計,但在數位世界中,沒有人會關注設計不良、無用、目的不明確的商品或設計。數位轉型和理念驅動的銀行業務是相輔相成的,不幸的是,世上也存在無法達成永續的數位化(unsustainable digitalization)。因此,我們要避免將數位商品設計當作永續性發展的幌子,因為消費者很輕易就能發現誇大不實與不符的承諾。

有以上認知之後,金融機構必須努力實踐幾項核心原則,來找到符合客戶的價值及當今企業責任的基礎。

》》 打造信任與透明化

信任就是相信銀行會以追求您的最大利益作為出發點,並且將此目標拓展到周圍的社會和環境的最大利益。信任能驅使行動、建立起忠誠度,並創造增加收入的機會。然而,銀行如果辜負消費者的信任,將會有很高的消費者離去的風險。因此,信任是達成下列兩個目標的關鍵:「重塑銀行的意義及增加參與度」,問題是幾十年來銀行一直無法獲得消費者信任。

埃森哲(Accenture)的一項研究發現,只有 43% 的消費者認為銀行在意他們的長期財務健康與可續性[8]。事實上,在金融危機期間,銀行並沒有為消費者提供足夠的支援,銀行在 2008 年後與現今新冠疫情期間的作為就是鐵證。此外,銀行故意採取對消費者不利的行為,比如利用消費者的疏忽,在提供的商品和服務說明中以小字標示隱藏費用,或是向已經債台高築的客戶

8　Alan McIntyre、Julian Skan、Kim Kim Oon、Francesca Caminiti 和 Mauro Centonse,「理念驅動的銀行業:贏得消費者的信任」,埃森哲(Accenture),2020 年 3 月 10 日,https://www.accenture.com/us-en/insights/banking/purpose-driven-banking-win-customer-trust。

過度推銷信貸產品。

　　如果銀行要重建消費者的信任，必須讓消費者看到正在努力改變經年累月的作為。要達成這件事，只要運用簡單的商品概念就能得到最好的效果：

- **積極溝通**：盡可能與不同身分的消費者經常進行溝通，瞭解他們的「痛點」並採取相應行動。主動聽取消費者的建議，簡單的行動便是表明：「客戶是銀行活動中的利益相關者。」積極溝通包含使用電話或親自訪談等傳統方式，以及非傳統、更具娛樂性的方法，例如每季度在數位平台上設計彈出式視窗，給填寫回饋意見的客戶提供獎勵。

- **簡單化**：大多數銀行要提供的金融商品或服務多到難以置信，傳統銀行更是如此。消費者感到困惑，不知道哪種商品最適合他們，而銀行提供的往往是無法滿足他們需求的錯誤商品。因此，簡化商品或是為個別消費者需求進行客製化便是關鍵。要達成這個目標，銀行應詳細審視商品清單和客戶，儘管銀行可以獲利，卻無法幫助客戶以可持續性的方式達成財務目標的商品應被剔除。另一個解決方案是透過人工智慧，徹底分析每個消費者的財務與交易資料，以設計個人化商品。

- **明確化**：儘管有行動 app 或網路銀行服務的輔助，訂購金融商品的流程仍十分繁複。因此，世界各地的監管機構皆要求銀行在商品銷售頁面和訂購過程中說明條款，無論該條件是否可更改。說明通常會以對消費者最不友善的方式呈現，畢竟消費者多購買商品或服務一次，銀行就能多獲利一次。在提到商品及服務的訂購或退訂時，銀行必須避免模糊帶過相關衍生的影響，這只會導致客戶的不信任與不滿。在使用數位訂購時，訂購頁面首先應清楚說明最重要的注意事項，字體要大和清晰。同時，銀行也不該只展示商品的優點，還要說明服務衍生的直接或潛在費用與影響。儘管讀者可能覺得這些是基本要求，在銀行業卻很少實際做到。

- **透明化**：重建消費者信任重大的一步，便是停止對消費者與利益相關

者的「漂綠」（green wash），特別是永續性發展的領域中。「漂綠」指的是在銀行的環境與永續性政策上，傳達錯誤印象或誤導視聽的訊息。舉一個明顯的例子，摩根大通銀行宣布他們的新氣候政策符合巴黎協定（Paris Agreement），並為客戶提供許多淨零碳排放的崇高計畫。但自 2016 年以來，該銀行仍直接為化石燃料產業提供 630 至 700 億美元的資金。

只靠單一行動並不能挽回消費者對銀行的信任，但實踐積極溝通、簡單化、明確化和透明化等概念，是恢復消費者信任的第一步。這將是漫長的過程，如果同步重塑銀行對消費者的意義，消費者的信任會恢復得更快。

》》重塑銀行的意義

單看品牌，銀行對消費者沒有任何吸引力。消費者將銀行視為單純的大眾商品（commodities），就像手機供應商或電力公司一樣，在無數的選項中，沒有一家能鶴立雞群。隨著金融科技崛起，以及許多傳統銀行在數位化上漸趨成熟，選擇銀行顯然是有跡可循的：例如數位平台的易用性、帳戶的相關費用、商品的多樣性、客戶服務的細心程度等。然而通常都與消費者和銀行雙方，在價值觀上更深層的連結毫無關係。

目前，人們認為在那裡開戶和管理財務與自我認同無關或是不重要。在某些案例中，即使消費者明確表示自己是積極關注氣候變遷的人士，他們並不認為在金融領域做出的選擇與自我認同一致[9]，也不認為決定在銀行購買的

9　Diane Osgood，「來自綠色銀行業（green banking）的洞見：是什麼原因讓客戶不換銀行？」，Greenbiz，2021 年 2 月 17 日，https://www.greenbis.com/article/insights-green-banking-what- keeps-customers-switching-banks。

產品及服務足以讓改變發生。上述現象清楚說明銀行業並沒有建立起品牌和消費者的關係（brand-to-consumer relationship）。由於社會和環境價值在客戶行為中的角色越來越重要，銀行需要盡快找到與社會和環境價值連結的共同點。

要找到共同點，銀行可以承諾發行更多注重永續性的商品，並且積極推廣，用來取代破壞社會或環境的商品。為了確保銀行能真的實現，而不只是應付部分消費者的要求，銀行需要說到做到，針對永續性商品提供較優惠的條件，商品設計也需從獲得短期利潤轉變成以社會利益為優先。

如果要改變商品設計，可以從以下幾個作法著手：

- **創造企業的正面影響：** 如果很不幸地，您的銀行像大多數同業一樣，沒有致力改善周遭社區、環境，或分享消費者財務健康的例子，現在開始創造並不算晚。與其害怕犯錯而在消費者與利益相關者面前「漂綠」，銀行更該面對過去的疏忽，訂下新的「理念驅動」任務，藉由承認錯誤並重新開始，銀行便可以邀請、甚至是鼓勵消費者加入他們的行列。

  正面影響的故事與新的永續性商品一起發行，並輔以視覺化呈現方式，說明這些商品和以前商品的差異，而它們是如何對社會有益。例如，可以說明：「我們以前投資的資金會分配給化石燃料的融資，然而，我們所有的新商品都不會與破壞環境的計畫相關。」

- **綠色儲蓄和活期帳戶：** 消費者存在這些帳戶中的資金只能用於投資或貸款給社會與環境的永續性計畫或企業，例如可再生能源、水資源保護、潔淨運輸、社會住宅等。這些商品應成為銀行永續性服務的基礎。然而，完全轉型成只提供綠色儲蓄和活期帳戶對於結構重組來說可能太具挑戰性，因此，銀行可以從在每種商品中提供一個永續性選擇開始。重點不是提供大量的商品，而是讓商品和消費者的價值觀一致。例如，讓客戶可以從不同的選項中決定投資方向，「我希望我存款帳

戶中的資金 x 部分可以投資在 y 項本地計畫內」。如此一來，消費者就能在銀行的帶領下，感受到與銀行一起行善的過程。

- **綠色抵押貸款與信用貸款**：這類商品提供消費者更好的利率，他們便能在房地產上追求更優質的節能方案，也能激勵借款人和銀行一起邁向永續目標。

- **綠色投資產品**：將整個商品都轉為永續投資，對銀行來說可能負擔太大，況且大部分銀行都已擁有種類眾多的投資商品。所以，讓消費者能根據自身價值觀篩選商品才是最佳解答。數位平台能讓消費者透過 ESG、負面與正面篩選條件選擇道德投資策略，並減少抉擇時的負擔。同時，也可以透過組合型投資商品推廣道德投資，例如潔淨水、可再生能源、普惠金融等相關投資。

將消費者當作實現永續性發展路上的一項資源，必須建立在一連串的夥伴關係上，在您推廣價值觀時，如果消費者沒有選擇權，上述的生態系統就沒辦法實現。

》 推動參與

一直以來，消費者與銀行打交道完全是出於需要，而非個人興趣。挑戰者銀行和新銀行在一定程度上提高了消費者對平台的參與度，但消費者感興趣的主要原因，還是吸引人的用戶體驗和簡明頁面。如果銀行正希望以合作的方法推動消費者參與，碳足跡測量與遊戲化（gamification）便是兩個強大的解決方案。

我們在日常活動中都會留下碳足跡，且幾乎不會察覺這些碳足跡造成的影響，這也是實行碳足跡測量的用意，讓消費者瞭解在商業與交易上的選擇產生的後果，獨具創新意義的改變，再搭配減輕或補償方案，甚至可以說是

革命性改變。綠色金融新創公司特雷德（Tred）和冰島銀行（Islandsbanski）就是銀行業的例子，特雷德是一家行動優先（Mobile first）金融科技公司，而冰島銀行則是既有的銀行，都在數位平台上提供測量碳足跡的資訊。

我故意將遊戲化留到最後說明，因為妥善結合前述的案例，它便有潛力讓消費者行為轉往永續化的基石。如果還不熟悉這個概念：遊戲化就是將遊戲理論運用在與遊戲無關聯的用戶體驗中，透過在用戶體驗加入如「任務」、「勳章」或「獎勵」等遊戲元素，便能增加客戶在商品或服務的參與度。

若設計精良，遊戲化不僅是創造參與感的有效方法，還可以串聯起企業理念與顧客價值觀。在永續性發展中，遊戲化是使企業行為與消費者行為保持一致的完美工具，證明雙方都在為同一個目標努力。

透過供應綠色產品及碳足跡追蹤工具，並同步結合遊戲化，銀行能設計出各種不同面向的客戶獎勵機制，鼓勵更多的永續性發展，並在永續產業中留下一席之地，下述為幾個例子：

- 獎勵永續性行為，根據消費者的月碳排量，或是當消費者在銀行訂購更多綠色產品時提供各種獎勵，如種樹、提供折扣代碼、價格較優惠的綠色產品，或是提供維護費用的折扣等等。

- 提供消費者具體分類的碳足跡圖，例如包含汽車、公共交通、旅行、食品、購物和服務等類別。

- 向消費者說明他們的碳足跡，讓他們對過去一段時間內所產生的影響有較實際的概念。比如：「您今年透過購買 X 商品，拯救了 17 棵樹」，或是「您這個月的碳排放量比以往都高」。

- 提供消費者解決方案或建議，持續改善他們的碳排狀況。例如：與可再生能源公司等永續性企業合作，提供更好的替代商品檢測不符合永續理念的消費行為。像是：「您知道貴府的家庭電力來自燃煤發電嗎？」「您知道跟我們合作的再生能源供應商，可以提供您更好的解決方案嗎？」

》》請務必言行一致

無庸置疑，只要積極參與消費者在永續上的努力，銀行便有無數機會可以轉變形象。銀行只需讓他們的產品團隊發揮創意，重塑目前的模式，使客戶與銀行之間的關係更加緊密。銀行有的是資源，但缺少的是方法，儘管如此，銀行還要有一套自己的原則。如果他們希望客戶能找上門，實現永續性目標，並達成正向的疊加效果，銀行就需要具備永續性。

因此，我要在文章結尾提出警告：光靠外部宣傳，是不能與消費者維持長久的關係。必須通過從內到外，與消費者密切行動所獲得的願景，成為銀行基礎和價值觀的一部分。最終，銀行和金融機構便能對我們、對全世界的永續性，產生強大的影響力。

瑪格麗塔・門德斯達瑪雅
Margarida Mendes da Maia

金融科技塑造了瑪格麗塔・門德斯達瑪雅的職涯，以及她部分的個人特質。她喜歡大膽創新理念帶來的挑戰，在大家認為過於制式化的領域中培養創造力。

門德斯達瑪雅的第一份工作是在 Banco BiG，她在開發第一個投資管理型商品時發揮創意，並通過彙整所有投資資產，超越了歐盟法案「支付服務指令修正案」（The second Payment Services Directive，PSD2）規範，並在 2018 年獲得泛歐交易所（Euronext）的年度金融創新獎。至今她對想法大膽且雄心勃勃的科技專案依舊充滿熱忱，現在她在葡萄牙郵政銀行（Banco

CTT）負責端到端的用戶體驗，並與跨領域技術團隊合作，確保銀行的數位產品策略能夠成功。

門德斯達瑪雅是葡萄牙金融科技公司（Portugal Fintech）的共同創辦人，這家公司致力於協助金融科技新創公司蓬勃發展。她組織了第一個葡萄牙所有國內金融監管機構組成的創新中心，與 VISA、埃森哲、西班牙對外銀行（BBVA）和微軟合作，推出了金融科技新創公司專用的共同工作空間，並聯手策畫微軟的第一個全球金融科技加速器。

讓「綠色金融」不那麼特別

撰文｜麥克爾‧梅奈里，英國 Z/Yen 集團執行主席

〉〉〉 現在的情況無法承擔

　　我們不談論「鞋帶」金融，不發展「炊具」金融，不需要「家畜」金融。那麼「綠色」金融有何獨特之處？「綠色」被描述為外部因素肆意蔓延的區域，如污染等未列入成本的影響。是的，「綠色」涵蓋的範圍很廣，無論是氣候變化、林木業、水資源和生物多樣性。是的，我們有各種顏色，有綠色、棕色，最近還有橄欖色。讓我們縮小範圍專注氣候變化，以及如何改變投資環境，來消除二氧化碳當量排放。

　　我從 1970 年代開始環境問題的研究，並於 1984 年進入倫敦金融城（City of London）的金融領域。當我第一次在倫敦金融城工作時，最感到意外的，大約是 40 年前關於氣候變化的一場正式辯論——原本不該令人如此吃驚，金融城聚集了最聰明的分析師，而溫室氣體理論可以追溯到 19 世紀末。

　　從 1958 年開始，在夏威夷莫納羅亞，一直收集令人信服的二氧化碳相關資料，用這些資料繪製二氧化碳上升趨勢的圖表。1950 年代初期，倫敦金融

城不僅承認了排放問題的存在，還採取一些措施。1954 年，倫敦市通過了英國第一個《清潔空氣法案》。儘管，倫敦金融城聚集最傑出聰明的分析人士，1984 年的那場辯論卻直至今日才收場，社會真的願意為避免氣候變遷付出代價嗎？

這些成本並非微不足道，何況還有其他的溫室氣體。以二氧化碳本身來計算，截至 2021 年 11 月，歐盟公民平均每年排放的二氧化碳超過 7 噸，歐盟排放交易體系（ETS：Emissions Trading System），每噸二氧化碳排放價格約為 60 歐元。用每人每年 420 歐元來估算零排放的成本並非愚蠢的方式，零排放的成本約為每年歐盟公民生產毛額（GDP）1% 左右。世界公民平均每年排放 4 噸，英國人每年大約 10 噸，美國人大約 16 噸。

許多人認為價格過低。2006 年，根據尼古拉斯・斯特恩爵士（Sir Nicholas Stern）估算，全球成本佔公民生產毛額的比例為 1%，但隨後於 2008 年將其上修至 2%，即每人每年約 700 歐元。2019 年，摩根士丹利（Morgan Stanley）分析師估計，從現在到 2050 年，全球需要在零碳科技（zero carbon）的 5 個領域投入約 50 兆美元，每年約佔全球公民生產毛額的 2%。

這意味著對排放的限制將更加嚴格，因為大多數排放交易計畫似乎涵蓋了約 40% 的排放，而歐盟排放交易體系的價格可能會升至每噸 80 歐元，歐盟公民年均價格 560 歐元，每人每年約 500 至 700 歐元之間，每個四口之家約 2000 至 2800 歐元之間。您不會從政客那裡聽到這些數字，因為全球排放量持續上升（除了新冠肺炎疫情期間，在 2020 年有幾個月暫時減少 6%）。

40 年的拖延可能突然結束。我們已設定目標，尤其是 2050 年的「淨零碳排」目標，世界各國日益響應，意味著到 2050 年將不再產生新的碳排放。僅管實際排放微量，但會從大氣中提取一定的補償量，並將其封存在某處。如果承諾成真，那麼在不到 30 年的時間裡，從全球每年排放約 350 億噸二氧化碳當量氣體，轉變為零排放，未來將發生劇烈變化。

》》解決污染問題

面對市場失靈，經濟學家通常會援引代理問題（agency problems）、資訊不對稱、缺乏競爭和過度槓桿等因素。當面臨市場失靈（如污染）時，核心的經濟分析就會提到外部性因素。外部性因素是指影響其他方面的工業或商業活動，而不讓從事該活動的人承擔成本或獲得利益。正外部性像是養蜂人的蜜蜂，為周圍的作物授粉。負外部性像是工廠的主煙囪，向周圍社區排放有毒物質。對外部性收費可扭轉這種現象，經濟學家稱之為「內部化」（internalization），讓人們為強加給他人的成本支付適當的價格。

內部化，如對排放許可收費一樣，1990 年代初在美國成功地用於二氧化硫排放。1997 年的《京都議定書》第三次締約方會議，也同意使用這種傳統的經濟工具來收取外部性費用。《京都議定書》希望對排放許可收費，並讓這些許可進行交易。到 1999 年，倫敦金融城已開始建立全球首個碳交易市場。

除了對污染收費的建議外，其他機制也很流行，例如 ESG 評級和綠色債券（green bond）。金融業一直在追求 ESG 評級，並以此為綠色債券和氣候債券（climate bond）制定標準。基本理論是提高投資者投資「壞」公司的資本成本，降低投資「好」公司的資本、股權和債務成本。

所以，問題解決了。還沒嗎？

》》綠色的獨特性

綠色能源仍然是一個能源專案，需要對能源價格預測、資金成本、建設和維護等方面進行正常的財務分析。綠色金融的特殊之處，在於對政府政策的極度敏感。政府對設定能源價格的環境可能會有不當的影響，像是提供任何補貼、收取外部性費用、給予規畫許可。政府政策會對核能、太陽能、陸上風能、海上風能、電池、氫能和儲能市場的發展產生不利影響，經過數十年，

政府對綠色的口頭承諾，政策搖擺不定，是故綠色市場仍然不夠穩定。

與此同時，客戶的壓力使投資管理行業專注於以下理論：即通過非 ESG 金融措施提高資本成本可能產生影響。為什麼不只計算碳的外部性，就像透過拍賣排放交易計畫，來承擔真正的成本一樣？為什麼政府的政策不能變得更加明確穩定一些？我們能讓綠色金融正常化？

通過關注兩個簡單的事情，政策執行績效債券（policy performance bonds）和收取碳排放成本，我們可以讓綠色金融與普通金融沒有太大區別，而第三種新穎而善意的方法是衡量 ESG 的評級，要麼關注邊際收益，要麼無直接相關的。同樣，第四種善意的方法，對募集資金債券（Use of Proceeds Bond）綠色債券的認證，也是要麼具有邊際收益，要麼無直接相關。

》》 政府的獨特性

回到綠色能源，除了政策風險外，還有兩個明顯的特徵。首先，可再生能源專案的前期成本較高，生產成本較低，邊際生產成本往往較低。其次，傳統的化石燃料競爭者提供嵌入式儲存（embedded storage）。即便儲存一個世紀後，一桶桶石油仍然可供燃燒，但風力渦輪機的能量必須立即使用。前期成本是財務事實，嵌入式儲存缺口可以透過能源儲存市場來填補。

然而，政策的風險越來越大，政府不僅青睞綠色專案，傳統的化石燃料競爭者仍獲得補貼。喜怒無常和變化莫測的公眾，喜愛發表聲明，卻不喜歡付出代價。2050 年實現淨零排放，已成為近期的流行趨勢和熱門話題。這是很好的目標，但前幾年它在哪裡？事情來得快，去得也會快。

1990 年，英國 12 家地區電力公司的私有化，形成了一種每半小時現貨價格為核心的結構。一個包含基本負載價格在內的更複雜結構，需要配合更長的合約供應期限，約為 18 個月，以證明一家地區電力公司擁有的能源供應（舉例說）可達到 80%。基本負載市場可能讓核能和儲存公司具有優勢。英國也

曾經歷過天然氣的搶購，在供應需要快速滿足其不斷變化的需求市場中，天然氣是最具競爭力，確實降低二氧化碳的排放量，但也意味著為了短期供應必須優化輸電網路。

英國聲稱已經通過《2008 年氣候變化法案》（Climate Change Act 2008）制定具有法律約束力的目標，該法案承諾到 2050 年前實現碳排放量比 1990 年減少 80%。在 2019 年 6 月，通過了二級立法，將此目標擴大到 2050 年「至少 100%」實現淨零排放。在提交給議會的《2021 年減排進展報告》中，氣候變化委員會（CCC）表示，4/5 的地區缺乏政策達成所需的減排量，以實現 2035 年具有法律約束力的減排 78% 目標。此外，如果英國未能實現，它將在 2051 年被告上法庭，打臉自己。對於今天的投資者來說，做出 30 年承諾並不是特別具有說服力的論據。其他國家也不遑多讓，好不到哪裡去。

》》ESG 債券與 ESG 政策執行績效債券

市場上發行的一系列 ESG 債券其設計正日益複雜：

- 綠色債券募集資金將用於綠色專案。
- ESG 債券聲稱所得將用於更廣範圍的可持續性 ESG 目標。
- 發行方將直接報告 ESG 債券在可持續性目標投資的進展狀況。例如，Alphabet／谷歌公司 2020 年債券發行 57.5 億美元，將報告專案在能源效率、可再生能源、綠色建築等方面投資的進展。
- 利率與政策績效掛鉤的政策執行績效債券。

政策執行績效債券（policy performance bonds ESG）是一種固定收益工具，代表投資者向借款人提供的貸款，其利率與政策執行結果相關聯。政策執行績效債券不同於綠色債券或 ESG 債券，它們之間的關聯在於發行方將資金投入於保證執行績效的領域。

　　與綠色債券不同的是，政策執行績效債券對募集資金的使用方式相對較不明確，卻非常關心實現目標的結果。與「收益用途」的綠色債券相比，這些工具的管理成本較低，因政策執行不佳將產生更嚴重影響。政策執行績效債券（也被稱為「積極激勵」或「與可持續性相關」的貸款）的術語仍在不斷演變。

　　從 2018 年開始，政策執行績效債券在綠色債券運動背景下蓬勃發展，發行公司包括達能（Danone）、路易威登（Louis Vuitton）、義大利國家電力公司（Enel）、西班牙電信公司（MásMóvil）、豐益國際（Wilmar）、邦吉（Bunge）和中糧集團（COFCO）。好例子像是法國巴黎銀行（BNP Paribas）在 2020 年為科進集團（WSP）籌集了 12 億美元，為期 4 年的銀行聯貸循環信貸融資，其期限為最長的 4 年時間，並應符合以下條件：

　　1. 在全球運營中，減少市場的溫室氣體排放。

　　2. 提高對環境產生積極正面影響的服務，增加所產生綠色收入的比例。

　　3. 增加女性擔任管理職位的比例。

　　債券所設定的最終目標顯示了此類債券在 ESG 全面的潛力。

　　另一個例子來自可再生能源基礎設施集團（The Renewable Infrastructure Group，TRIG），該集團於 2021 年設立 5 億英鎊含息的循環信貸，並與以下條件相關：

　　1. 環境：透過 TRIG 的產品組合，增加使用清潔能源供電的家庭數量。

　　2. 社會：增加 TRIG 支持的社區基金數量。

　　3. 治理：保持較低的損失時間事故頻率（LTAFR：lost time accident frequency rate）。

　　設定的最終目標，再次展示這個想法的力量。任何目標明確的政策都可以設定利率，從可再生能源發電的百分比到碳價格、造林或可持續發展目標，再到教育程度。

》》債券套現政策：政府財政如何吸引私人融資

若綠色要成為新常態，政策就必須穩定。抗通膨債券（Inflation-linked）或通貨膨脹率連結債券（Inflation-indexed）的政府債券已存在很久，是政策執行績效債券的先例。政府為特定的通貨膨脹目標（例如 2%）發行債券，並根據通貨膨脹支付高於該目標的利息。如果通貨膨脹率為 5%，債券可能支付 3% 的利率。

第一種已知與通貨膨脹率連結的債券，由美國麻州海灣公司於 1780 年發行。1981 年，現代與通貨膨脹率連結的債券在英國重新出現，隨後是 1985 年的澳洲，然後是 1992 年的加拿大和 1994 年的瑞典。基本上，當投資者認為政府政策行不通時，就必須發行與通貨膨脹率連結的債券。

今天的投資組合必須規避政府的政策風險。對綠色金融而言，這意味著確保投資組合中也有一些棕色金融（brown finance），目前棕色金融相當多，經常棕色與綠色比率高達 8 比 1。投資組合經理不能冒反覆無常的政府政策變化，偏向於化石燃料的風險，政府改變戰略時，不能對投資者產生財務風險。因為沒有人會補償今天遵循政府政策，明天卻因政策改變而走投無路的投資者。

透過政策執行績效債券，投資者可以規避政府的政策風險，就像受到通貨膨脹侵蝕的風險所做的那樣。例如，到 2050 年淨零排放連結的英國政府債券，是未來幾年每年減少 3.5%。如果從現在開始的 2 年後，排放量處於今天的水準，而不是兩年後的 93% 的政策目標，那麼這種債券將支付 7% 的利息。如果 2 年後排放量低於 93%，那麼這筆貸款就是向政府提供的無息貸款。

這將對投資產生深遠影響。那些不相信政府能實現 2050 年淨零排放政策的投資者，可以用此類債券規避投資組合的風險，而不一定要投資化石燃料來避險。對缺乏信任感的投資者來說，可以根據所缺乏的信心程度購買此類債券。對於所有投資者來說，政府發出如此強烈的信號，表明政策將保持穩定，投資者將有機會調整投資組合，關閉化石燃料投資轉向綠色能源時獲得補償。

》》 回到未來：限額與交易

排放交易體系（emission trading schemes，ETS），又稱限額與交易計畫，透過提供經濟激勵來減少排放，以市場機制控制污染的方法。排放交易體系已被成功地用於減少二氧化硫和氮氧化物的排放。1997 年在京都舉行的第三次締約國大會上，採用排放交易體系以市場機制，做為控管溫室氣體排放的方法。

在第三次締約方會議之後，一些人士為倫敦金融城公司撰寫一份碳交易機會的研究報告，題目為「交易排放許可：倫敦金融城的商業機會？」[1]。倫敦金融城建立影子碳排放交易體系（shadow carbon emissions trading scheme），然後與英國貿易和工業部（今天的 BEIS）合作，將其擴展到全國。2003 年，歐盟採用英國影子碳交易計畫作為歐盟排放交易體系（EU ETS）的架構，並於 2005 年 4 月啟動。

排放交易體系並非沒有問題。然而在歐盟排放交易體系成立之初，尤其是在 2007 年，一直被登記和許可超額分配的問題困擾。而 2011 年大規模的許可盜用事件，包括二手碳補償的轉售、網路釣魚和駭客詐欺及增值稅欺詐，更削弱了市場信心。在英國脫歐之後，英國排放交易體系於 2021 年 1 月 1 日取代原先參與的歐盟排放交易體系。

墨西哥、哈薩克和紐西蘭都有國家型的排放交易體系，還有更多的提案正在審議或正在執行中。美國和加拿大，在沒有國家型排放交易體系的情況下，某些州和省分已經制定地方型的限額和交易計畫。值得注意的是，擁有多個區域型排放交易體系的中國，於 2021 年 2 月 1 日啟動了全國性排放交易體系。

1　「交易排放許可：倫敦金融城的商業機會？」，金融創新研究中心，1999 年 1 月，https://www.longfinance.net/media/documents/CSFI_-_Trading_Emission_Permits_Report_-_A_Business_Opportunity_For_The_City_-_1999.pdf.

建立許多的關聯和重組，眾多體系出現全球貿易商機，現在是重新審視的理想時點。由於覆蓋範圍不斷擴大，這些體系的財務意義也日益重要。換言之，中國和歐盟排放交易體系覆蓋超過 24 億人口，近約 40% 的排放量，所以碳排放價格也不斷上漲。

交易將受到管理規則結構的強烈影響，例如跨國公司、碳和溫室氣體當量計算、碳邊界調整、分類和自願減碳市場，價格上漲直接導致更低的排放量，無論是拍賣還是定價，都帶來用以抵消轉型成本的稅收收入。

》》 贊成和反對

避免氣候變遷的必要性日益緊迫，我反對任何不確定可行的方法。如果必須選擇兩個方法，以合理的碳價格制定排放交易體系和系統，再加上政府發行的政策執行績效債券，似乎是不錯的組合。

如果我必須放棄兩個方法？ ESG 評級已經沿用 20 年了。它們仍然有許多互相競爭方案而組成的「英文字母湯」（alphabet soup）。正如麻省理工學院（MIT）的「總體混淆」（Aggregate Confusion）專案所發現的，公司可能在一種 ESG 評級算法上排在前 5%，而在另一種卻排在最後 20%。對於現金流良好的棕色公司，評級只是將它們從資本市場推向私募股權公司。ESG 評級是如此間接，以至於也許會以高昂的成本造成更多的誤導，超出了合理的範圍。

綠色債券同樣應以較低的成本吸引資金。有時，這類債券的資金成本較低，但公司會將認證成本考慮在內，公司可以發行 ESG 認證債券，將其收益用於行銷目的，但我懷疑這樣做對 ESG 不會有太大效果。

》》 展望未來

理解使綠色金融變得特別的原因，暸解什麼阻礙了我們達成控制氣候變化

目標，可能帶來諸多好處。透過關注合理的碳價格和政策執行績效債券，政府可以創造穩定而有吸引力的投資環境。綠色專案的投資者，或保險公司等投資組合管理公司，能跨政治週期規避政府的政策風險。通過審查已發行債券的數量（以債務和 GDP 的百分比計算）和市場價格，能在國際上比較各國的承諾規模和確定性。在討論貿易和邊境碳調整機制的背景下，根據市場價格的結果設定關稅稅率，從而避免干預各國如何實現 2050 年淨零排放的目標。

如果政府發行足夠數量的與碳目標連結的債券，全球碳價格將適當趨於一致，清理成本將由當地承擔，並且幾乎不需要碳關稅。與可持續發展目標連結的主權政策執行績效債券是一種債券套利（bond cuff），它會激發人們對政府有約束力的目標抱持信心，而不是在承諾 30 年後，以法律約束力打臉自己。

麥克爾 ‧ 梅奈里
Michael Mainelli

英國皇家特許會計師協會合格的會計師、證券專業人士、資訊專家和管理顧問，曾就讀於哈佛大學及都柏林聖三一學院。他在倫敦政治經濟學院獲得博士學位，同時也是創新與資訊科技的客座教授。他的職業生涯橫跨科學研究、會計事務所合夥人和國防部研究主管。在從事商業銀行業務期間，梅奈里於 1994 年成立倫敦金融城（City of London）首屈一指的商業智囊機構 Z/Yen，致力於透過改善金融和科技促進社會進步，尤其以全球金融、綠色金融和智慧中心指數及科技和金融研究而聞名。他在機器學習領域深耕了四十多年。

梅奈里是 Z/Yen、FS Club 和 Esop Centre 的執行主席，格雷沙姆學院

（Gresham College）榮譽教授、榮譽終身研究員，英國認證委員會（國家標準機構）和 AIM 上市的 Wishbone Gold plc 的非執行董事，市政公會，莫登學院信託人，古德諾學院院士，以及倫敦大學巴特利特學院客座教授。梅奈里曾為世界各地的許多政府和城市提供諮詢服務。獲得獎項包括英國金融實驗室遠見挑戰獎、英國智慧預測軟體獎、科技戰略委員會挑戰獎（金融角色）、渣打證券與投資學會頒發「榮譽」獎。他是英國電腦學會年度理事、聖西爾維斯特羅騎兵協會紳士、蒂貝里納學院的學術顧問、聖約翰騎士團會員、倫敦國王學院榮譽院士。

梅奈里是倫敦金融城的市議員，2019 年至 2021 年任行政司法官，曾是 Worshipful Company of World Traders 的大師、Watermen&Lightermen 公司的榮譽會員，以及家具製造商同業公會榮譽會員、水資源保護者、市場行銷專家、稅務顧問、國際銀行家和管理顧問，以及教育家的榮譽會員。

他通曉英語、德語、義大利語、法語，略知荷蘭語，中文更不擅長。他的第三本書《魚的價格：邪惡經濟學和更好決策的新方法》獲得 2012 年獨立出版商圖書獎，以及金融、投資和經濟學金獎。致力於保護環境，在供應鏈中促進公平貿易，改善食品安全並確保人道對待動物。

理念驅動的真正含義
是什麼？

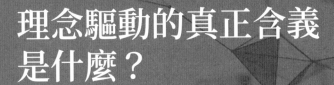

撰文｜克里斯‧史金納
安東尼‧湯普森

　　前面所有文章的都強調，企業需要一個更崇高的「經營理念」，而不僅僅是以利潤回報股東的投資。企業和銀行業需要由更全面的「理念」所驅動，確認企業所有的利益相關者 (stakeholders) 並將利益回報給他們。具體來說，21 世紀的企業將利潤回報給投資人時，也需兼顧為社會和地球做好事。通過科技擴增能力並且能與所有人連結，我們可以更全面地關注周圍世界，逐漸成為新物種。

　　當我們想到「理念驅動 (purpose-driven)」型組織時，有 8 間企業表達了他們好的理念：

WHOLE FOODS MARKET

　　美國第一家經過認證的有機食品超市 Whole Foods Market 的理念宣言中寫道：「秉持極大的勇氣、正直和愛心，我們承擔責任，共同創造每個人、我們的社區和我們的星球都能蓬勃發展的世界。」為了實現理念，這家價值數十億美元的企業每年將超過 5% 的年度淨利潤捐贈給慈善機構，並致力於環境保護、促進供應鏈中的公平貿易、改善食品安全，並確保以人道方式對待動物。

西南航空 (SOUTHWEST AIRLINES)

廉價航空公司西南航空相信「讓天空民主化 (democratizing the skies)」，這不只是提供最便宜機票的行銷策略。西南航空是世界上最大的廉價航空公司，採用三重底線 (triple-bottom-line) 的方針，致力於公開揭露和負起商業運營責任，成為企業公民的前端。西南航空每年的慈善捐款總額（現金和贊助旅行）超過 1,100 萬美元，同時在燃油效率和減少溫室氣體排放方面，一直是行業的領先者。（譯註：三重底線是指人 (People)、績效 (performance) 和星球 (planet)。）

WARBY PARKER

消費者每購買一副眼鏡，Warby Parker 就會向非營利組織 VisionSpring 捐贈另一副眼鏡，該組織為發展中國家的人們提供眼鏡。有遠見的想法源於「以革命性的價格提供設計師眼鏡」的理念，並延伸到不僅提供給客戶，也提供給弱勢群體。

PATAGONIA

服裝公司 Patagonia 將可持續發展的承諾「縫進」了所有的布料中。除了支持公司內部許多環保相關的行動，並對採購和生產流程保持公開揭露，甚至告訴客戶不要購買其產品。啟動了 Common Threads Initiative 計畫，鼓勵人們對於產品進行修復、再利用或回收。

THE CONTAINER STORE

許多公司承諾將關注客戶或利益相關者，但令人驚訝的是，美國儲存解決方案零售商 The Container Store 的核心理念是將員工放在首位。該公司的員工薪資比行業平均水準高出 50% 到 100%，並提供 240 小時的培訓，而同業的員工平均培訓時間為 7 小時。在 2008 年至 2009 年經濟衰退時期，沒有

解僱任何一位員工。這項大膽的投資，在提高忠誠度和生產力都獲得了回報。

LIFE IS GOOD

Life is Good 能讓人感到正面樂觀完全可以理解。這家服飾公司在 1989 年以 200 美元創業，現在已經發展成一家價值 1 億美元的企業。引導公司持續茁壯的企業理念是致力將正面樂觀情緒傳播給他人。該公司將淨利潤的 10% 捐贈給有需要的兒童，此外還通過舉辦 Life is Good 音樂節等活動募集更多資金。

GOOGLE（谷歌）

大型科技公司谷歌隱含的企業理念遠比非官方口號「不作惡 (Don't be evil)」更宏遠。從一開始，它的理念就是「組織全世界的資訊並使其普遍可取得和運用」。Google 為員工提供卓越的工作環境和靈活的工作安排，以實現這個理念。

聯合利華 (UNILEVER)

1890 年代，聯合利華創始人威廉・利華 (William Lever) 將公司的理念設定為「讓清潔工作變得更容易並走入每個人的生活」。2010 年，這家消費品巨頭進一步淬鍊了這一理念，以更好地應對這個「開始超出負荷」的世界。「讓永續生活成為常態 (making sustainable living commonplace)」修訂的理念下，聯合利華設定了三個目標衡量其進展：改善 10 億人的健康和提升福祉；減少對環境的負面影響；在改善生活的同時，以可持續的方式採購原物料。

但是，上述某些內容混淆了使命宣言（mission statement）、願景宣言（vision statement）和理念宣言（purpose statement）。使命和願景是公司的目標及它的發展方向，願景宣言描繪企業的目標，使命宣言則是如何實現它。兩者並不關注企業文化和價值觀，而這正是「理念」所堅持的。理念是

公司所堅持的價值觀。

如果您不堅持某些事情，您終將會失去一切。

理念是企業的文化定位，而不是它的市場定位，這是教科書可能忽略的細微差別，理念關注公司外部的議題而非內部。例如我們的理念是：

- 盡量減少造成氣候變遷
- 保護野生動物
- 愛護我們的下一代
- 培育和投資於未來
- 造福社會
- 為世界做好事（這不就是不作惡 (Don't be evil)）

無論是哪種形式，以理念為導向的銀行都會訂定業務以外的事物作為企業的指引，然後將其轉化為想要達到的願景，以及將如何實現的使命宣言。有個很重要且微妙的細微差別。例如，英國的合作銀行 (Co-operative Bank) 有非常明確的理念：成為一家有道德的銀行 (to be an ethical bank)。[1] 這在網站上已明確說明：

「對於有理念的人
在合作銀行，一直驅動我們前進的是與眾不同的信念：以道德標竿來提供銀行服務。這就是為什麼我們是第一家英國商業銀行 (high street bank) 引入以客戶為導向的道德政策 (customer-led Ethical Policy)──自 1992 年以來，已收到超過 320,000 名客戶的回饋，並進行相應的調整。
「2017 年，我們慶祝了實行道德政策 25 週年。共同努力解決對您重要的事情。

1　The bank stumbled due to management failures.

從氣候變遷到人權議題。雖然在這 25 年間發生了很多變化，但我們一如既往地致力於：

- 傾聽並關切對您而言重要的事情
- 確保您的錢使用於正確的地方
- 贊助您認為正確的事」

合作銀行將如何做到願景轉化成為以下宣言：「以合作銀行價值為引導，成為英國最高效且財務可持續的零售和中小企業銀行。」

合作銀行沒有使命宣言，因為它的理念宣言已經清楚宣示要成為怎樣的銀行，它的道德立場已納入公司章程，比任何其他英國銀行都更進一步。合作銀行在道德政策中具體表明，不會為與客戶觀點相衝突的組織提供銀行服務，這些觀點涉及人權、環境穩定性、國際發展和動物福利等一系列的議題，也不會對涉及經營不負責任的賭博或發薪日貸款的組織提供銀行服務。

在願景、使命和理念之間進行區分可能會產生混亂，卻是這議題有趣的地方，也許有點誇大其詞，但重點是理念與使命是兩個不同的觀點。

願景是企業長遠的方向；使命是如何實現明確的目標達成願景；理念則是公司所堅持的價值。理念更加重視公司的文化和價值觀，而願景和使命則關乎公司想實現的目標。理念、願景和使命之間有明確的界限，但這界限並不容易理解，也無法清晰地表達。大多數公司都有願景和使命宣言，有些公司則有願景和理念宣言，很少公司同時有願景、使命和理念宣言。然而，隨著我們談論可持續金融 (sustainable finance) 如何吸引客戶和贏得人才大戰，理念將在未來 10 年變得非常重要。

如果看不到您所堅持的立場，那麼可能會因任何事情而改變。如果不知道您的企業價值觀是否與我們一致，而您的使命宣言通常是價值和專注議題的陳詞濫調，而不是您在社會和世界中擔任的角色，那我們為什麼要與您合作或打交道？

隨著客戶和員工希望看到，銀行和企業為社會及世界邁向創造幸福的未

來，他們會希望銀行能通過明確的理念宣言來強化，成為指引銀行（和企業）行為方式的明燈。例如，亞馬遜的使命和願景是「全世界最以消費者為中心的公司；讓顧客可以在線上找到任何他們想買的東西」。這樣的宣言並沒有提及任何關注外部的議題，因此它可以進行公關活動，宣揚將利益相關者置於股東權益之上，但卻又解僱數千名員工。這是因為亞馬遜並沒有理念。

在未來，理念將會指引客戶、員工和企業的觀點、營運和專注重點，也將引導股東和投資者的投資決策。

》》理念驅動在銀行業意味著什麼？

銀行業對社會、經濟和政府有著巨大的影響力，因為它非常具有系統重要性並需受到強烈嚴格的監管。銀行很重要，因此，銀行怎麼經營也很重要。很少有人會質疑銀行提供服務的核心經濟功能：

- 銀行被認為是政府、企業和社會之間所信任的價值中介
- 銀行在國內和國際上提供價值的存儲和交換
- 銀行藉由吸收存款並將其貸給借款人創造資金的流動性
- 銀行是處理價值存儲和借貸過程中管理可能產生風險的專家
- 銀行管理有助於減少資產買賣障礙和成本的資訊

問題是銀行有責任超越其核心經濟功能並為社會做出更多貢獻？他們應該有更高尚的理念？除了為股東賺錢外，銀行是否應該關心他們的理念？

正如本書和許多書籍所證明的那樣，有種觀點正迅速被大家所接受，就是若僅專注於向股東回報投資利潤，這樣的銀行在未來將注定失敗，因為銀行需要對社會有益，才有存在的意義。銀行的角色和企業理念應該有更高的標準，應專注於為所有利益相關者帶來價值，而不僅僅是為了股東。銀行的理念應該要對整體社會有益，而不是對社會無益。

這與近一世紀以來主導大部分商業世界的盎格魯－撒克遜資本主義 (Anglo-Saxon capitalism) 原則相衝突，著名經濟學家密爾頓・傅利曼清楚地揭示了這些原則。

》》 傅利曼錯了嗎？

密爾頓・傅利曼在他的著作《資本主義與自由》（1962）中說：「企業的社會責任只有一個……就是增加它的利潤。」他在書中寫道，公司應該在適當監管範圍內生產產品或創造服務，「然後將其出售，並將收益支付給其資本提供者。」他說，這些原則所追求的目標，就是把「別人的錢花在普遍的社會利益上」。

從那時起，銀行業似乎全心全意地接受了這個觀點。時至今日，銀行業建立在一種信念上，即它的存在純粹是為了替股東賺錢。在服膺這樣的原則後，銀行幾乎忘記自己作為政府與社會之間信任中介的角色。

以利潤為驅動力的觀點，導致許多銀行向不一定需要信用貸款的個人和公司銷售信用貸款。例如，幾位媒體評論員認為銀行已經成為受利潤驅動的零售商 (retailer)，銷售的產品是信用貸款。銀行變得像販賣金錢的毒販，強迫人們接受金錢，讓他們累積越來越多的債務，就像毒販引誘人們對他們不利的事物上癮一樣。

零售銀行業務的過失在於：信用貸款能帶來利潤，而能為股東帶來利潤讓銀行管理團隊獲得更多回報，促使管理團隊以犧牲客戶為代價，成為信用貸款的毒販。人們很少因企業犯罪被追究刑事責任，已經破產的普度製藥 (Purdue Pharma)，因不當銷售高度成癮的止痛藥 OxyContin，遭到刑事指控並認罪。個人會因非法交易毒品而入獄，但普度製藥的管理團隊卻沒有人因此入獄。

》》客戶至上

客戶至上並不是新概念。在 1954 年，管理大師彼得 · F · 杜拉克就寫道：「企業存在的目的只有一個有效的定義：創造客戶 (to create a customer)。」我們在這觀點之上建構企業，相信利潤是為客戶提供更好的產品、服務或體驗之後的副產品。

華盛頓大學奧林商學院 (Olin Business School) 金融學教授 John E. Simon Anjan Thankor 談到銀行擁有更崇高理念的的議題。在他的著作《銀行業的理念 (The Purpose of Banking)》（2019）中，談到銀行之所以存在親社會原因 (prosocial reason) 的議題，它超越了典型的業務目標，但彼此又產生交集。正如他所說：「當一個組織有更崇高的理念時，就會做出同時符合親社會目標和業務目標的決策。」更崇高的理念表達了組織最深刻的真實意圖。

》》利潤與理念

有效地經營企業應該帶來利潤。不要誤會我們的意思，我們知道利潤對企業很重要。股東需要從投資所承擔的風險中獲得適當回報，這是企業經營的主要目的，然而它也需要保持平衡。員工的努力需獲得回報，企業需投資以確保未來的競爭力。如果企業的經營行為是敲詐客戶，像對待產品一樣對待員工，並持續製造氣候問題或其他對地球具有破壞性的活動，那麼純粹只關注利潤肯定是錯誤的。利潤應該是企業的副產品，而不應是開展業務的根本原因。

我們已經看到銀行無情又短視地追求利潤帶來的災難性後果。我們會爭論說，擁有超越利潤的理念，就能做出對企業及其客戶更好的決策。但是更為廣泛的利益相關者呢？公司的理念，對利益相關者有多重要？

2019 年，美國商業圓桌會議決定重新定義公司的經營理念：「推廣經濟成長是為造福所有美國人。」[2] 修訂後的企業經營理念強調對於客戶、員工、

供應商、社群和股東的五項承諾。

　　根據標準普爾 (S&P Global) 的資料顯示，在過去 2 年中，超過 90% 金融機構的 ESG 評等為負向。為了回應這個現況，包括美國銀行 (BoA) 和花旗集團在內，參與商業圓桌會議的執行長共同發表了一份宣言，表明企業應該有一個能超越只專注股東期望的理念，應該推動對員工和客戶價值的投資。這只是大企業和大銀行推動新企業經營理念的眾多舉措之一。

　　正如 Merryn Somerset Webb 在《金融時報》(Financial Times) 上所寫：「長久以來，公司一直面臨對性別議題採取積極作為的壓力。對社會正義的期待，讓壓力團體著力於反對以股東至上為基礎的獎勵機制，更將此一議題提升至企業文化的領域。幾乎沒有一個品牌沒有舉辦與包容性相關活動。例如可口可樂舉辦的「我們必須在一起 (Together We Must)」系列虛擬晚宴，以討論社會正義議題，或 Uber 的反種族主義運動。」（「如果您容忍種族主義，請刪除 Uber」）[3]

》》 理念與地球？

　　澳洲最近組成新的 2030 氣候聯盟 (Climate League 2030)，號召企業削減超出政府預測的碳排放量。在美國，We Mean Business 聯盟也在推動同樣的事情。法國則更進一步要求公司考慮其企業利益時，優先納入社會責任和環境議題，並鼓勵他們將社會責任納入企業宗旨。這對於 Z 世代和千禧世代的

2　　"Business Roundtable Redefines the Purpose of a Corporation to Promote 'An Economy That Serves All Americans'," Business Roundtable, 19 August 2019, https://www.businessroundtable.org/business-roundtable-redefines-the-purpose-of-a-corporation-to-promote-an-economy-that-serves-all-americans.

3　　Merryn Somerset Webb, "Covid has put 'stakeholder capitalism' on steroids," Financial Times, 30 October 2020, https://www.ft.com/content/fcb05366-a3fb-4946-a026-5188d841b4a5.

新一代經理、員工和客戶特別重要，與老一輩人相比，他們認為更友善對待社會和地球至關重要，因為他們更清楚前人對社會和地球所造成的損害。

我們不是在宣揚特定的理念，而只是想說明擁有理念對您的公司很重要。沒有理念，就沒有要堅持的信念。如果沒有要堅持的信念，利益相關者會對企業失去興趣。當然，您還是會有股東，但是卻沒有員工和客戶，也就不會有利潤，今天的員工和客戶比起上個世紀，更像激進主義者。他們期望並希望能在價值觀接近的公司中工作。換句話說，公司必須有可以相信的理念、相同的價值觀及能夠產生共鳴的企業文化。

當然，憤世嫉俗的人會說：「您當然可以說這些崇高的理念，但要對股東負責的經理人？企業主呢？」。多年來，我們一直致力於為股東創造價值，並沒有證據顯示純粹關注股東價值的企業，其整體表現優於具有更廣泛理念的同業。

有更多證據支持這個觀點，即具有明確理念、價值觀和文化的企業，整體經營績效優於那些沒有明確理念的企業。有大量證據表明，與金錢相比，在企業工作的人更能被廣泛的社會議題所激勵。在最近的一項調查，有超過70% 的受訪者表示，他們的執行長應該就氣候變遷、多元化和不平等等議題發表意見。

》》 銀行執行長越來越常談到理念……

理念通常是由企業的創始人建立。1890 年代，聯合利華的創始人威廉 · 利華 (William Lever) 將公司的理念設定為「讓潔淨成為常態」。如今，聯合利華的價值超過 1,500 億美元。隨著時間推移，創始人會出售他們的企業、退休或死亡，他們的企業由後代經營，不少人缺乏創始人的熱情和動力，在許多情況下，理念被淡化或完全遺忘。然而，今天的許多商業領袖再次闡明或重新闡述他們的經營理念。Monzo 的聯合創辦人兼前執行長 Tom Blomfield

就是一個很好的例子，他在接受採訪時說：[4]

「公司為什麼存在？我們加入公司是為了什麼？……我們必須盈利且可持續，但還需考慮對社會和環境的影響。如果不這樣做，我們可能會賺到一大筆利潤，但是卻把其他一切都搞砸。……我認為最好的企業會找到對社會、環境和個人客戶產生正面影響的東西，並產生真正健康、可持續的利潤。」

蘇格蘭皇家銀行 (Royal Bank of Scotland) 執行長艾莉森・羅斯 (Alison Rose) 在建立一家以理念驅動 (purpose-led) 的新銀行時，宣布不對化石燃料產業融資。在 2020 年 10 月的一次演講中，她表示：[5]

「我們正制定新的企業承諾，要成為以理念為導向的組織。一個支持有潛力的人、家庭和企業都能成長茁壯的組織。我知道很多企業都在談論理念，我想告訴您，理念驅動對我個人意味著什麼，以及它對銀行的未來意味著什麼。比以前更廣泛的意義上，理念是思考企業存在的目的。這是我們在社會中的角色及與社會的聯繫。

「所以，對我來說，理念必須是我們做所有事情的驅動力。為了確保理念能貫穿我所領導的團隊，我正思考讓我們所做的決策，能對所有利益相關者產生更廣泛的積極影響。」

在做這樣宣示的同時，她還承諾對不符合《巴黎氣候協定》的化石燃料公司削減資金，並在 2025 年前將銀行轉變為完全碳中和。

荷蘭國際集團 (ING) 前執行長、現任瑞銀集團 (UBS) 執行長拉爾夫・哈默斯 (Ralph Hamers) 也是致力經營一家以理念為導向的銀行。正如引用自

4　Natasha Bernal, "How Monzo's customers triggered a troublesome identity crisis," WIRED, 10 February 2020, https://www.wired.co.uk/article/blomfield-monzo-culture.

5　"Alison Rose: Building a purpose-led bank," Scottish Financial News, 14 February 2020, https://scottishfinancialnews.com/article/alison-rose-building-a-purpose-led-bank.

ING 網站：**6**

「但我們的理念不僅關注客戶，它還體現了 ING 在社會中的作用。拉爾夫強
調，ING 承諾遵守《巴黎氣候協定》，因為 ING 可以對我們的客戶及其活動
產生積極的影響。」

》》 銀行需要擔負責任

2019 年 11 月，聯合國發布了《責任銀行原則》(Principles of Responsible
Banking)，為可持續的銀行體系提供基礎架構，並展示銀行業能如何為社會
做出積極貢獻。這些原則將可持續性融入策略、投資組合和交易層面，並擴
及所有業務領域。

 原則 1：
一致性

將調整業務策略，以符合可持
續性的發展理念、巴黎氣候協
定及相關國家和區域架構中
所揭示的個人需求和社會理
念，並為之做出貢獻。

 原則 2：
影響與目標設定

將持續增加我們的積極影響，
同時減少會對人和環境造成
負面影響的活動、產品和服
務，並管理相關的風險。為
此，將設定並發布我們產生最
顯著影響的目標。

 原則 3：
客戶經營

將負責任地與我們的客戶共
同合作，鼓勵可持續的做法，
以及能為當代和未來世代創
造共同繁榮的經濟活動。

 原則 4：
利益關係人議合

將主動且負責任地與相關利
益相關者諮詢、互動和合作，
以實現社會目標。

 原則 5：
公司治理與文化

將通過有效的公司治理和建
立責任銀行的文化，履行對這
些原則的承諾。

 原則 6：
公開揭露及當責

將定期審視我們個人和整體
實施這些原則的狀況，公開揭
露我們所造成積極和消極的
影響，以及對社會共同目標所
做的貢獻。

6   "Ralph Hamers talks purpose, CX and sustainability," ING website, December 2019, https://
www.ing.com/Newsroom/News/Ralph-Hamers-talks-purpose-CX-and-sustainability.htm.

共有 200 多家銀行簽署將遵循責任銀行原則，因為他們體認到客戶和利益相關者的需求及要求正發生變化。簽署這原則的銀行承諾採取三個關鍵步驟，使它們能不斷提高對社會的影響和貢獻，即：

- 分析它們對人類和地球的影響
- 依據分析結果，在能產生最大影響的領域設定目標並執行
- 公開報告進度

簽署後 18 個月，簽署銀行必須對以下事項提出報告：
- 銀行作為所產生的影響
- 銀行如何實行這些原則
- 銀行所設定的目標
- 銀行所取得的進展

在 4 年內，簽署銀行必須符合原則中所有的要求。

然而，其中幾家銀行顯然做的是符合股東利益的事而不是利益相關者的利益。他們並不是負責任的銀行。其中一家銀行正擔任化石燃料公司籌資的主辦行，而不是鼓勵這些公司奉行環保原則。另一間銀行則為開採頁岩油的公司進行籌資。

銀行是否正在「漂綠 (Greenwashing)」？

自 1990 年代以來，ESG 一直是銀行業內引起廣泛爭論的議題。爭論的焦點在於如何讓銀行對 ESG 承擔更多責任。自 1988 年以來，地球上排放的溫室氣體中，排放最多前 100 家公司佔總排放量的 71%。如果能改變對這些公司的投資、信貸額度和整體融資方式，我們就能比想像中更快

地改變面臨氣候破壞的世界。然而，銀行對這些公司的投資仍在增加，而不是減少。

雖然銀行都簽署了聯合國「責任銀行原則」和「淨零銀行聯盟」(Net-Zero Banking Alliance) 等協議。聯合國責任銀行原則 (PRB) 與全球 200 多家銀行合作共同訂定廣泛的指導方針，就氣候、自然、性別平等和金融普惠等關鍵主題制定指南、範例和最佳實踐。淨零銀行聯盟集合了來自 27 個國家的 53 家銀行，資產總合超過 37 兆美元，承諾根據銀行氣候目標設定指南 (Guidelines for Climate Target Setting for Bank) 調整貸款和投資組合。

然而，這些銀行也大量參與石油、天然氣、煤炭、頁岩油開採和其他破壞性商業活動。有些銀行甚至擁有從事破壞地球活動的公司，並將其隱藏在資產負債表內。例如，摩根大通銀行 (JPMorgan Chase) 是對化石燃料融資最多的銀行，而且自 2016 年以來一直如此。自通過《巴黎協定》以來，已提供化石燃料產業近 3,170 億美元的資金，這比排名第二的花旗銀行高出 33%，花旗銀行在 2020 年提供 510 億美元予化石燃料產業。摩根大通銀行也是擴張化石燃料領域公司，如焦油砂和石油專案、北極石油和天然氣、海上石油和天然氣、煤炭開採、頁岩油開採和天然氣及液化天然氣的最大資助者之一。花旗是第二大化石燃料產業的融資銀行，也是中國以外對煤炭產業融資最多的銀行，與 2016 年相比，2020 年的煤炭業融資總額增加了一倍多。巴克萊銀行則是歐洲提供化石燃料融資最多的銀行，利潤總額為 31%，也是歐洲最大的焦油砂、頁岩油和天然氣及煤電的融資者。

》》理念明確

您定義您的理念了嗎？您的企業為什麼存在？聽起來是相當容易回答的問題。谷歌就是一個很好的例子。其理念是：「組織全世界的資訊並使其普遍可取得和運用」。在 2018 年之前還有一個更直接的非官方理念宣言：「不作惡」。

如果在網路搜尋「銀行的理念是什麼 (what's the purpose of banks) ？」，會得到相當通用的定義。這是其中一個：

> 「銀行是參與借貸的金融機構。銀行吸收客戶存款，並每年支付利息回報客戶。然後，銀行將存款中的大部分用於向其他客戶提供各種貸款。」

正如我們在本文開頭所說，理念與使命 (mission) 不同。銀行使命宣言通常關注一般利益相關者，特別是為股東創造長期價值。理念是銀行可以為社會所做出的貢獻。

在大多數現代經濟體中，銀行和信用合作社、社區銀行、儲蓄機構、建築協會等，都是住房金融 (housing finance) 的主要提供者。因此一些金融企業可以簡單地將理念定義為「使個人和家庭擁有自己的家」。聽起來能對社會做出很好的貢獻。

》》如何確保理念能滲透到業務中？

定義企業的理念並不容易，但不應該僅僅因為很困難就裹足不前。如果是一家新企業，則相對容易將理念滲透到公司文化，因為創辦人通常還健在並在企業中工作。理念會從很小的地方開始，所以每個人每天都會接觸到它。

如果已經是一個龐大而成熟的企業，那就困難了。創辦人幾乎已經過世或早已離開。在執行長和與客戶打交道的第一線員工之間，存在官僚組織的許多層級。這並不是不可能，但真的很難，因為意味著要改變公司的企業文化和價值觀。這需要領導團隊投入很長時間和大量的精力。但，是可以做到的。

更好的銀行業

撰文│湯尼・費雪，英國 DIGITAL20 集團數位長

「更好的銀行業」不像北極星可清楚辨認方向，也不是一個理念。讓銀行業更省錢、更快速和更簡便並不是理念。就連「道德貨幣」（moral money）或「倫理銀行」（ethical banking），我認為也不是如此。

　　這本書說的是關於「理念」，每位讀者和貢獻者對這個主題都有獨特的看法，因此每篇文章的背景脈絡相當重要。如果在同一個句子中使用「銀行業 banking」和「理念」（purpose），可能表示下列任何一種意思：

- 銀行有理念─*這是個考題。*
- 銀行的理念是─*有據可查和許多書籍存在的原因。*
- 有理念的銀行業─*每個人都有觀點。*
- 您的理念在銀行業實現─*非常個人化。*
- 銀行需要一致的理念─*銷售數位轉型的顧問。*

　　如果您正在閱讀此文，希望印證長久以來對理念的觀點從而得到慰藉，請直接跳過此文。如果想挑戰現有的信念，那麼也會失敗。如果熱衷於閱讀有關銀行業和金融系統中的幽靈如何限制我們的思維，而獲得一個新的視角

並採取不同的行動,那麼請繼續看下去。

在許多方面,組織的理念並不是問題所在。如果您是一家銀行,理念就是成為一家銀行,每一代的新人都為了更好的前景而留下自己的印記。問題是我們現在的理念是什麼?我們正在前進的旅途中,已經在第 16.9 號營地,很快就要出發繼續前進。應該為旅程做哪些準備?如何確立新營地的方向?

前幾代銀行的領導者顯然更容易做到這一點,因為他們繼承了股東至上的純粹原則。1833 年,隨著新的《銀行特許條例》(Bank Charter Act)從第 3.2 號營地出發,到了 2001 年,進入第 15.4 號營地,卻仍在設法提高股東回報。自 2008 年以來,理念已變得沒那麼明確了。

銀行業的模式,是基於我們對金錢共同信念的重要性及與經濟活動的關聯。銀行業同時被賦予支配權和控制權,銀行讓客戶獲得銀行服務,以及根據條款和風險提供信貸額度,來行使支配權。控制權則包括了稽核報告、治理、監管、合規和監督。找到合理的信貸和風險平衡點,並確保其符合監管要求,可讓您有信心繼續前進。然而,隨著對道德、氣候變化、ESG、2008 年金融危機、多元化、活躍的千禧世代、即將退休的嬰兒潮一代以及一場全球流行病之際,一場新的變化正在發生。

我們在銀行業和金融科技業被要求做前輩從沒做過的事情。它是全新的事物,所以必須像先驅者那樣行動,而不能像是城市規畫師。第 16.9 號營地就是我們今天所在的位置,目前對它的殘酷評估是對所提供的服務並不滿意,我們毫無準備,技能和優勢都值得商榷。現在,我們不確定要朝哪個方向才能到達第 17.0 營地;需要準備什麼,需要多長時間,以及需要什麼技能?

做為先驅者,我們需北極星(理念)的指引,和導航到下一個營地的工具,因為不知道它在哪裡。「我們需要什麼技能和政策?」、「需要多長時間?」以及「將走在什麼樣的道路上?」都是在出發前需回答的問題。但我們沒有餘裕事先進行規畫再依計畫執行,只能邊走邊做。

本文為讀者提供一個架構,幫助您確定北極星在哪裡及地圖的樣貌。使

您能做好準備和提出問題，以尋找與您所提供的服務、優勢相匹配的理念，並找到一個定位點。我們將解析以下內容：

- **原則**：在旅程中我們將如何行事。
- **價值觀**：旅程中我們想要一起同行的人。
- **理念**：到達北極星的地圖、方向、向量（vectors）和理由。

　　就像我接受的登山生存訓練一樣，起初是抗拒的，後來根據我在海拔7,000公尺以上的經驗，才覺得自己知道得更多。畢竟，這些都不是天生的，它質疑我們的專業和能力。

　　此架構解析人類想要原則、社會需要規則、企業希望管理風險。我們可以用理念來調和這些差異嗎？最後闡述董事長、執行長、高階領導者、顧問或影響者能做些什麼，做為文章結尾。

》》》 原則、規則和風險

　　原則和規則之間的關聯並不明確，因為在語言中創造了太多的詞彙和變化，進而造成了嚴重的混淆。我們經常會困惑究竟是什麼意思，因為在如何應用文字和語言方面非常不一致，通常都是為了給自己帶來好處，或證明我們信念是正確的。為了探究之間關聯，需要思考如何定義，並接受定義是不一致的事實。我們的驗證性偏誤（conformational bias）會與我們作對，因為想要相信我們已經知道的事情，而不是拓展思考。我們必須意識到，當訂定的規則與原則不一致時，將會是一個問題。

》 想像的是原則還是價值觀？

　　我們的原則是由價值觀來定義，我們的原則指導我們的倫理（群體信念）和道德（個人信念）。社會是一個動態的適應系統，我的道德觀影響群體的倫

理，群體的倫理會改變我的價值觀。這裡存在著複雜的依存關係，我們只是其中的觀察者。特定情境和經驗，在形塑您現在的信念及群體或社會的信念中，扮演著重要的角色。

價值觀
- 價值觀是行為的品質或標準。
- 價值觀有助於原則的形成。
- 價值觀就是品質。
- 價值觀不嚴格，也不是規範或固定，他們很容易適應。

原則
- 原則是支配個人行為的信念。
- 原則以個人價值觀為基礎。
- 原則往往被認為是提供控制的規則。
- 原則是嚴格且堅定不移的。

　　價值觀可能隨環境變化而改變，而原則在一段時間內是固定不變的，並且經常接受時間的考驗。當建立一個架構是在制定原則，我們不希望它們每天、每週、每月或每年都發生改變。希望這些原則有益於一個世代，但可以在生態適應（ecological fitness）和學習的基礎上，適應、修改和調整。從根本上說，原則根基於會改變的價值觀，因此它們之間常會互相衝突。這意味著我們制定了原則，卻常拒絕承認它們並非永遠經得起未來的考驗，而一項原則距離制定之日越遠，它與當今社會價值觀的共同點就越少。

》是否混淆了原則和規則？

就特徵而言，概念上的原則是抽象和普遍的，而規則是具體和特定的。原則適用於例外情況、應對例外狀況，規則需要另一個規則來完善。原則提供思維和決策的力量，規則則防止思考和判斷。原則需要知識和經驗才能產生結果，規則並不需要。原則應對處理風險、衝突和抽象，規則不可能產生衝突。不是這條規則就是需要一條新規則。

<table>
<tr><td>

規則

- 一體適用。
- 簡單，任何人都可以做到(指令)。
- 效率高但不一定有效用。
- 需要大量的規則。
- 在每種情況下都採用相同的的做法，看似一致，卻出現與組織價值觀不一致的情況。
- 注重合規，易於執行。
- 當信任度低時，是所有人的首選。
- 死板，為了避免改變。
- 約束並控制。
- 專注於流程和行動。
- 規則產生照章行事的辦事員。

</td><td>

原則

- 根據每個案例的優缺點，做出符合原則的決定。
- 難以製作；需要時間、技巧和思考。
- 有效能，雖然有時效率不高。
- 少數原則涵蓋了大多數的情況。
- 逐案決策看似不一致，但隨著時間推移，決策結果會與組織的價值觀保持一致。
- 專注於承諾。
- 當信任度／信心較高時，所有人都會接受。
- 可彈性中斷調整。
- 授權。
- 注重結果和文化，擁抱改變。
- 原則培養了管理能力和願意承擔的態度。

</td></tr>
</table>

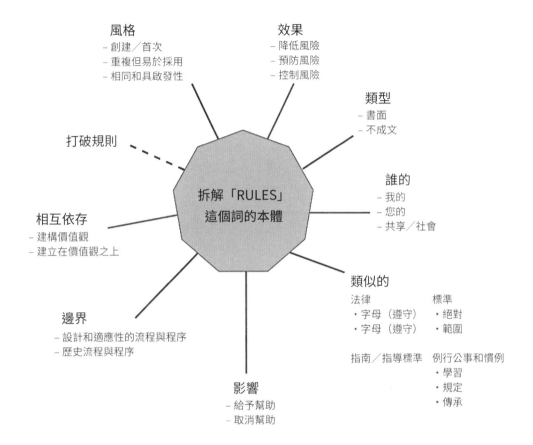

「規則」一詞需要更多的解釋，因為它有多種含義。「規則」這個詞的使用是模棱兩可，允許讀者運用上下文的脈絡，從而創造出與自己的環境更相關的內容。

一般而言：

- 規則有書面的，也有不成文的，或者兩者兼具。
- 規則是由我設立，您需要遵守。若它們是您精心設計的，您需要我服從。它們是共享的，我們相信規則能創造一個更美好的社會。

- 規則可以是法律，也可以是指南，可以是您需要達到的標準，也可以是獲得成功的固定公式。但是哪條法律？是不應該打破的那個還是跟隨其中蘊含精神的那個？做為指南會引導我從這裡到達哪裡？做為一個絕對的標準，還是在一個剛好的範圍？我的例行公事，是我學會的，還是您教我的，還是它們原本就有的？

- 規則同樣給您更多自由（安全，更少破壞），並剝奪您的自由（選擇）。規則讓我擁有更多的幫助，同時，也可能移除某些幫助。

- 規則定義了我的界限，但也是為自己劃定的，在學習的過程中不斷完善它們。還是我的規則來自歷史，只因為我們總是這樣做？

- 規則正在建立我對價值觀的看法，還是規則讓我擁有別人的價值觀？

- 規則就是用來打破的（個人偏好）。

- 規則允許我在做某些事情、擁有經驗和學習時，能創造一些東西。規則允許我重複但不要重蹈覆轍，或者讓我改進和適應。規則可以節省時間和精力。

- 規則允許我管理、預防和控制風險。

》但這些是誰的規則？

回到規則和原則之間的關係。在公司和社會政策中，可以將設定的規則和原則寫入下面的矩陣中。中軸線提出的問題是打破規則或遵守規則是否更好？捍衛原則或挑戰原則是否更佳？這有助於界定社會規範的邊界和何種情況需要法律。

對四個象限所強調的特性進行審視，會發現沒有一個象限是完全有利。做為希望進步的社會，我們必須不斷地跨越所有象限，不斷經歷所有領域的情境。公司和高階管理層們常認為，堅持原則和遵守規則（右上角）能創造出最佳的文化，即使不只是一種文化。但緊接著又要求組織能夠具有適應力、敏捷和創新，往往就造成緊張和衝突。

鑒於原則是以價值觀為基礎，領導團隊將在堅持這些原則方面發揮作用。儘管公司對流程、程序和規則的資料檔案會界定要遵守的內容，但最高階管理層的文化將決定是否應該遵守。

下一頁 2X2 的矩陣考慮了價值和原則的組合。價值觀要麼是我的，是以個人主義為代表；要麼做為一個集體社會，是大家的。關鍵是它的中心點說明這是一處過渡不穩定的區域，從一個穩定妥協走向另一個穩定妥協的路徑。穩定妥協是根據象限，並且當時是穩定的狀態，直到由於價值觀的改變而需要移動。高度不穩定的妥協會走向極端，無法保持這種位置，許多妥協能被

利用，或者只造福少數幾人，造成快速變化，不像中央過渡區，在那裡，變化可以更緩慢和更受控制。

這兩種表述（價值觀和原則）的根本問題，在於它們不能突顯之間關係的動態本質。舉例來說，集體價值觀有助於消除個人的偏見，集體價值觀為原則提供資訊並完善了原則。當原則變得極端和過於嚴格，隨著我們的集體價值觀變得過於「神聖」時，集體價值觀會選擇不再堅持這些原則。當個人主義導致社會崩潰解體時，我們會提高標準以創造更好的美德標準門檻，這能讓我們變得更加平和。

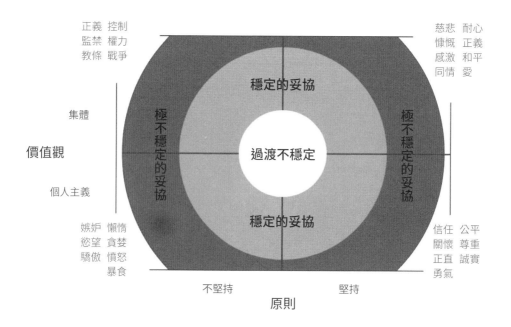

在「穩定的妥協」領域內移動的現象已被多次探索，但泰勒歷史循環（Tytler cycle of history）很貼切地解釋這一點，理念會隨著時間的推移而變化，瞭解理念當時的情境很重要，創造穩定性的價值觀會發生變化，但它很可能是循環的，因此我們看到類似的原則和價值觀，隨著時間的推移再次出現主導地位。

迄今為止，我提議採用基於規則（rules-based）的方法來描述「理念」，詳細地規定或描述一套規則，以及如何根據已知和約定的原則行事。但是，以原則為基礎（principles-based）的方法描述「理念」，可以設定行事的限制，讓控制、措施和程序能夠實現成果。要如何執行可由每個組織來決定，我們採用 20 世紀下半葉迅速發展起來的風險衡量方法創建風險架構，幫助我們將原則和規則結合起來。

不歸點
政府實現全面控制

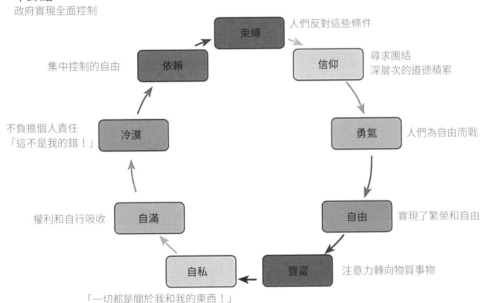

》風險架構有助於結合原則和規則

基於規則的方法詳細規定了如何行為和行動的規則、方法、程序、流程和任務，而基於原則的方法則擬訂架構邊界的原則，讓個人或組織自行決定解釋。有趣的是，這既適用於「理念」架構，也適用於監管架構。例如，盎格魯—撒克遜民族（Anglo-Saxon nations）傾向於以原則為基礎的監管，而拿破崙時期（Napoleonic）傾向於以規則為基礎的監管。

　　還有另一個因素：線性系統和非線性系統。在線性系統中，會就約束規則的原則達成一致。在非線性系統中，會就約束規則的原則達成一致，而且當我們從規則中學習時，我們會改進原則。

　　在一個複雜的適應系統中，隨著價值觀的變化而改變原則，因為規則會不斷被修改，處理對新價值觀的適應，並制定新的規則。做為高階管理者必須面對的兩難困境是──人類想要原則、社會要求規則；而資本主義希望我們管理風險。我們如何才能在「理念」上調和這些分歧？

　　首先認識到我們的基本價值觀和原則很可能已經改變，這意味著規則需要更新以適應新的價值觀，而不是舊的價值觀。然而，更新規則的過程取決於理解風險管理和風險架構的關聯。

　　下一頁的圖表，將基於規則的理念和原則的理念，置於兩個相反的極端。如前所述，從最初建立原則轉向創建和完善規則，卻很少回頭反思原則和理念，主要是因為我們認為原則應該保持長期穩定。規則應該即時完善和改進，原則是世代相傳。為了建立和完善這些規則，我們應用了風險模型和架構。風險架構可以識別風險，並幫助我們管理風險，制定規則可以確保獲得正確的資料和資訊，從中確定我們是否能夠控制風險。

　　做為人類，我們並不擅長預測無法想像的事情，因此，當我們執行規則時，情況會發生變化，聰明的頭腦會思考如何改變、打破或迴避規則，為此制定了更多的規則做例外管理。

　　然而，我們偶爾應該檢查規則是否符合我們的原則。而且應該回過頭來，檢查並完善我們的原則，並審查哪些規則在系統中保留著過去目標的舊幽靈，「幽靈」會產生惰性、激勵和路徑依賴（path dependency），從而阻止新原則的採用。

　　現在可能發現我們的規則和過程已用來定義文化，因為它們被視為公司的智慧財產權（IP），在資產負債表上以品牌價值來衡量。確實，規則有自己的生命，而且會創造出自己的原則。

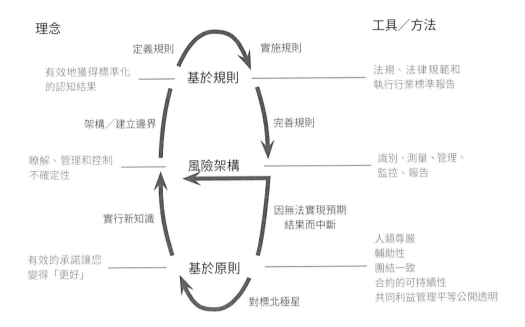

如果以「基於原則的理念」為出發點，我們將扎根於人類尊嚴和共同利益的理念。然後需要決定哪些領域應該錨定「我們的原則」，並確認北極星和前進方向。同意這些原則的理由，是我們集體同意承諾致力於改善狀況。將這些理念轉化為商業活動既困難又耗費時間，通常被認為在商業上不難衡量，可是董事會的時間不夠，尤其在董事會的議程中已經排滿管理規則和合規議題的情況下。然而談論文化似乎與這種想法無關，這些矛盾被另一個名為「峰值矛盾」（Peak Paradox）的架構解決。

將我們的原則表述為雄心、目標或指標，讓我們能使用風險架構理解、管理和控制不確定性。風險架構制定或限制準備承擔的風險，讓我們能夠制定規則，以達成預期的結果。我們實施這些規則，利用監管、法規和標準來建立控制機制。我們喜歡風險，因為它讓人感覺很真實，是一項真正的業務而且能產生價值。

　　風險架構使用工具來識別、衡量、管理、監控、警示風險及風險的變化和對規則的遵守情況。儘管一切都很順利，但利用風險架構建立了更多的規則，更好的架構和邊界，帶來了更好的結果。只不過，當人們未能創造出期望的結果時，我們不會回歸原則，檢查北極星的情況，並利用新知識完善精鍊和重新定義準備承擔的風險。相反的，我們通過改變計畫來證明差距的合理性。

》》新興的價值和原則

　　問題在於，當根本的架構發生變化時，我們的價值觀和原則將如何改變，這將如何轉變我們的理念？我們賴以開展的經濟和商業活動並不重視地球，使得現在面臨氣候危機，並且轉向「數位優先」的原因。我們越來越意識到架構正在改變，接下來會發生什麼？氣候、ESG 和及資料方面的北極星應該是什麼？新理念應該建立在哪些原則之上？這些原則如何與現有的規則和風險架構保持一致，現有的營運模式和路徑依賴是否會阻礙我們的進步？

　　新規範是由公司內的人而不是政府內的人所建立，因為公司擁有很大量的個人和資本。最好的公司正在制定適合自己的新規則（規範）。公司透過讓用戶使用他們的資料塑造規範。行為是可以引導的。公司實現了自動化，決策變得自動化，流程定義了規則，並改變了風險模型。是否會發現我們自己管理風險和消除不確定性的流程，會在模型中產生慣性和路徑依賴性，並讓我們無法察覺，進而擴大展開模型？

　　我們存在著理念上差異，因為由過時的「原則」驅動實體世界所建立的規則，無法適應於數位優先環境，以及 ESG、氣候和道德倫理等新原則的要求。西方的商業經濟現在由制定「他們的」規範的公司主導，而不參考任何廣泛認同的價值觀。大型科技公司獲得如此大的權力，以至於政府人員將他們視為「相當於民族國家」的展現，很能說明問題的所在。現在我們需要歷

史學家、人類學家、生物學家、心理學家、資料科學家和日常使用的普通用戶，能在擁有的規則、風險管理架構和應該遵循的原則之間進行循環，這也突顯出董事會裡一道具體的鴻溝。

》》**結論**

本文提出了一個架構，探討人類想要原則、社會需要規則、企業希望管理風險，以及需要隨著價值觀的變化而更新思維的概念。此架構將幫助您瞭解客戶的理念和您的產品和服務、組織理念、關鍵績效指標（KPI）和平衡記分卡（BSC）所驅動的團隊理念，以及您自己理念之間的衝突、緊張關係和妥協。任何想校準所有理念的想法現在都能打消。不同的理念之間沒辦法完美地結合，也不應該試圖達到這個目標。身為企業的領導團隊，您必須決定自己準備在什麼樣的問題上妥協。此架構將幫助您確保：

- ・理念和價值觀之間保持足夠的協調性，易於識別，並足以滿足所有利益相關者的需要。
- ・識別妥協和緊張關係，因為不同的理念都具有吸引力，可以與差異共存，但不要因為太多衝突而失去價值，或者因為妥協太多，致使所有嘗試都行不通。
- ・保持正能量和動態張力，以確保創意和創新。
- ・足夠的差異，使您能夠透過相關的品牌和行銷，來區分和設計獨特的產品和服務。

文章從一開始提出「更好的銀行業」不像北極星可清楚辨認方向，也不是一個理念。讓銀行業更省錢、更快速和更簡便並不是理念。就連「道德貨幣」或「倫理銀行」，我認為也不是如此。我希望您們現在也能清楚地解釋，為什麼這些理念不符合原則（價值觀）或現存的規則和風險架構。

　　價值和原則的轉變是顯而易見並且正在產生改變，那就是在風險模型之上採用影響架構（impact frameworks）的轉變。風險和風險定價是基礎，但它排除了許多外部因素：資料、氣候變化、淨零排放、對影響架構報告的需求和聯合國可持續性發展的目標，再加上資本市場對更好的 ESG 報告的要求。所有的要素正在形成一場完美風暴，迅速改變社會價值觀和我們對原則的解讀。因此，必須對「理念」進行審視。

　　總之，這篇文章提出一個架構，即人類想要原則、社會要求規則、企業希望管理風險，以及隨著價值觀的變化需要更新我們的思維。以下是啟動「理念」審視流程的一些要點：

- 我們是受原則還是規則驅動？
- 風險架構是否控制著我們的決策？抑或它是我們的理念和原則？
- 我們知道規則是否創造了我們的文化，以及它們是否（或如何）與我們的原則維持一致？

湯尼・費雪
Tony Fish

　　自 1990 年以來一直在打造數位企業。第一次是在 1995 年，從那時起，他創立、共同創辦、出售並上市了許多企業，但仍然熱衷於創造價值的新方法，因為這種方法能快速擴展仍處於早期階段的企業，可為許多人創造價值。他已經進行了超過 100 筆投資，並獲得了良好的投資回報。

　　目前費雪的工作重點是 2030 年的董事會，以此為時間點重新思考公司

治理模式、道德和人工智慧、資料政策，和在動盪市場局勢以證據為基礎（evidenced-based）的決策。

　　除了在許多資料、創新、創業、數位趨勢和早期成長的活動和會議發表演講外，他還撰寫出版了 3 本書。他是英國亨利商學院的企業家和創新（Henley Business School for entrepreneurship and innovation）客座研究員，以及布拉德福德管理學院（Bradford School of Management）的「常駐企業家」。此外，他還曾在倫敦商學院（LBS）教授人工智慧和倫理學，在倫敦經濟學院（LSE）教授創業課程，並在雪梨商學院（SBC）的創新領域任教。

為什麼理念很重要？

撰文｜維奧拉・盧埃林，美國 Ovamba Solutions Inc
總經理暨共同創辦人

當克里斯請我為他的書，寫一篇關於理念的文章時，我把握了這個機會。當我讀他的前一本書《Digital Human：The Fourth Revolution of Humanity Includes Everyone》時，覺得可以探討關於非洲人、新興市場、銀行、財富和全球化的想法。這改變了我對非洲商業的所有看法，作為一名發展金融科技與貿易科技（TradeTech）等新興市場公司的非洲女性領導者，也改變了我對理念與價值觀的看法。

理念是一個強大的動機。問「為什麼？」的勇氣與膽量，是所有人都有權利取得的一把鑰匙，它能開啟通往理念之門，理念能帶領您找到方向與機會。我追尋理念之旅始於這個問題：「為什麼大家該關心非洲的金融創新？」

我相信是因為在非洲金融創新解決方案是心理與文化巨大轉變的核心，也是走向全球化的必經之路。基本上，普惠金融便是通往機會與財富的門票。

在 Ovamba 的草創階段，我發現自己在更寬廣的領域中，盡最大能力把握各種機會，因為當時仍試圖找到一個能持續不變的理念。遇到的潛在投資人都有不同的看法，我們也試圖接受所有的意見，但要走的這條路或要追尋的理念，絕對不會與過去的人完全一致。理念就像是個人的北極星，不管轉

了多少彎，它都會帶您走向真正的北方。

身為一位創辦人與領導者，創業歷程迫使我面對並揭開阻擋非洲成長與創造財富的迷思與刻板印象。也發現我領導風格上的不足：尚未完全瞭解我理念的力量與根源。

》》 貧窮是一種榮耀

別誤會我的意思。貧窮是真實的問題，並且要認真以對，因為貧窮（在某些情況下）可能是一個獲得資本的非正當途徑。我曾在世界各地旅行，注意到全球公民都以一種輕鬆、舒適，甚至缺乏想法的方式，看待財富轉移的概念。在已開發國家（我好討厭這個詞！）財富有明顯的象徵，且會全部轉移給下個世代，這種作法被大加讚許，也是大多數理財的理念基礎。這是少數幾種確保下一代能儘可能遠離貧窮線的策略之一。

我所接觸的許多非政府組織（NGO）都專注於救濟或預防貧窮，而非創造與管理財富，其中的差異十分微妙。有趣的是，像銀行、小額信貸機構與其他傳統的金融機構，也不會是創造財富的泉源。

非政府組織在社會上擔任被信賴者的角色。他們在處理自己的任務上做得如此「出色」，因此很難挑戰他們以及他們所服務的對象。但同時又不能做得太好，否則就再也沒有人需要他們了。他們的理念是繼續為客戶與捐助者服務，如果貧窮消失了，那他們的理念是什麼？

一切要從馬斯洛需求金字塔（Maslow's pyramid）的底部開始說起。整個非洲，所有領域都面臨混亂，讓我以新的角度重新審視馬斯洛需求金字塔。自從我看見殖民主義的影響，以及殖民結束本該蓬勃發展的經濟自主，重新審視的動機就開始醞釀了。沒有完全的自由和自主，創造力就會受到阻礙，人們就像在束縛中一樣運作。

以干預手段解決不平等問題並非總是有效。當政策與大多數人的需求不

一致時，混亂中便難以定義與實踐個人及社群層面的理念。當工作成果包含有形的回報時，理念就會受到肯定。然而，將解決貧窮當作理念，似乎沒有達成的時候。想像一張照片，上面有一名婦女，身著五顏六色的破布，背上有個嬰兒，嬰兒臉上有蒼蠅。

過去 10 年，我在撒哈拉以南的非洲地區成立了一些企業。我尋找這樣的婦女和她的孩子，但其實很難找到他們，我找到的是像您我這樣的人，夢想著未來，這個未來卻被系統性的限制所綁住。

夢想就像氧氣，它們能為創新、貨幣化的智慧財產權和經濟進步提供動力。這應該是非洲公民在後殖民時代嶄新、務實需求金字塔的基礎。企業家的夢想是企業生態系統的心跳，能為所有人帶來財富。就非洲而言，12 億顆為理念而跳動的心臟，應該能創造銳不可擋的財富引擎。

如果瘦女人背上的嬰兒、持槍的男人、沾滿塵土的碗與腦滿腸肥的官員，才是讓全球同情的主要形象，當抵達全球化的大門前，我們的證件與入境許可就會先出問題。那些陳舊負面的故事已經與現在大相逕庭，這 12 億人找到了自己的聲音，以及經濟與數位的力量。我們有嶄新、多元、強大的樣貌，並正躁動著希望能被傾聽與尊重，希望您們能超越膚色與那些過往的病態形象，真正看到我們團結一致的強大理念。

》》非洲人只是想生存，我們必須幫他們

為什麼有人認為這樣的想法沒有問題？大家高估了生存，而且生存很昂貴。我經歷過，知道處於貧困的人們要花費多少精力與努力。世界銀行的報告、國際貨幣基金組織（IMF）的警告與無數的白皮書，不停地量化並討論這個主題。我們都目睹過，當整個社區被排除在基金會與經濟繁榮之外，會有什麼後果。青年、部落、婦女、LGBTQ+、老人、文化團體等等遭到邊緣化的嚴重程度，在賦予經濟權的路上必須進行破壞式的改變。我們的聲音被壓制、

錢包被封鎖、創新的資金不足、代表權被消失。

在寂靜的市場跨出第一步！

從 2013 至 2017 年，在 Ovamba 的早期測試階段，我們必須直視自己的偏見。在參與撒哈拉以南的非洲地區工作時，對當地文化的多樣性瞭解甚少。我們無法看透經濟風貌表層底下有些什麼，也完全不知道企業需要什麼才能長期發展。我們太拘泥於「微型、小型與中型企業」（MSMEs and SMEs）的定義，並且將我們的理念代入安全的、廣為西方所接受的觀點，就如同大多數新興市場上的新創企業所認為，他們的理念最好能遵守舊例。我們困住了自己，以為要向善意的投資人們募集非洲金融科技企業的資金，就必須遵守他們的規範。這些規範通常都帶有殖民觀點：「如果幫助非洲人生存下去，就是幫了他們大忙。」為此要求 30% 的回報，不能有門檻、不能設限。畢竟，我們可是冒了多大的風險！

小額融資機構（MFI：micro finance institutions）的數量不勝枚舉，有時他們的壽命就像果蠅一樣曇花一現，今天還在，明天就沒了。他們會因為不符規範和其他財務管理問題遭到監管機關停業。信任這些融資機構的企業，都在沒有存款保險的生態系統中運作，因此損失十分慘重，可能只撐三、四年就得重頭來過。

我們曾與其中一些小額融資機構合作，發現他們的創業存款帳戶餘額充足，但資金結構很脆弱，而且沒有創新的金融模式。我們便是從這裡訂定了現在的商業模式，藉由問一些好問題找到企業理念：

- 這些企業是如何運用金錢？
- 他們怎麼跟金融機構互動？
- 為什麼小額融資機構的運作模式會變成這樣？
- 促進普惠金融並刺激財富成長的數位革新方式在哪裡？
- 為什麼銀行服務沒辦法長期地增加財富？

這些問題並非只發生在非洲，在其他國家也會出現。這代表我們都是一樣平等的？顯然不是。

上述這些問題的答案相當無聊，而且世俗得可怕。企業希望能控制現金流，好讓企業成長、營利，並為企業主、他們的家人與利益相關者創造價值。為了讓這點成為現實，我們必須創造一個途徑，超越並打破生存主義企業（survivalist businesses）的限制。（譯註：生存主義企業會將資源投注於預防未來可能出現的危機。）

在公司測試階段的早期，我們結合數位解決方案與業務流程，解決生態系統中的實體問題，並讓超過 360 家企業打破過去狹隘與害怕失敗的思維。事實證明，強大的結合成功幫助企業超越原先的預期，並幫助銀行擴大了金融包容性。

世界銀行提到 3,310 億美元的信貸缺口與生存主義有著緊密的關聯。如果非洲企業與整個世界不放下低標準的生存主義思維，即使把這些錢送到非洲大陸也無法改變任何事。提高客戶的野心，並讓他們認為多得到一點是好的（抱歉了，葛登・蓋柯先生），這是一個值得榮耀的理念。（譯註：Gordon Gecko 是電影《華爾街》內的角色，著名的台詞為「貪婪是好的」Greed is good。）

期待得到更多，未必等於貪婪，而是健康的反生存主義。透過將機會減到最小來應對風險，或是拒絕全球的成長趨勢來回應顧客的需求，最終只會導致一無所獲：沒有好或壞的差別，而是什麼都沒有。許多非洲的金融機構做出改變與滿足客戶需求上，進展緩慢的原因之一，是他們認為只要什麼都不做，就能成功避免擁有不良貸款或呆帳。就像前面說的，他們真的什麼都沒做，甚至沒有適當地減輕風險回報。「不作為」永遠會導致理念的死亡。

數位創新是一艘郵輪，能帶領大家離開經濟平庸的安全港灣。如果船上有足夠的空間容納所有人，就再好不過了。

》》非洲很危險，充斥著貪污腐敗

「非洲很危險，充斥著貪污腐敗……」每當有人這麼說，眾人會拍手叫好並點頭稱是。但我們很容易忘記，在華盛頓特區、紐約、倫敦、巴黎、北京或任何您想到的地方，也同樣充斥著貪污腐敗。在一次晚宴上我很訝異聽到有人隨口說：「德國的稅收與會計法允許賄賂」，而在印度會教授「黑會計帳」（black accounting）與「白會計帳」（我本來想說，這與膚色和種族無關，但事實上確實有關，畢竟我們談論的是非洲，請自行推演一下）。

說回馬斯洛需求金字塔，其中有些與安全相關的議題。馬斯洛需求金字塔必須更新，將商業與網路安全納入討論。風險與不安全因素無所不在，我們絕對沒辦法在反貪腐戰爭中獲得永遠的勝利。美國政府在對抗腐敗、毒品及其他社會亂象上所發起的戰爭意興闌珊，和其他國家的政府可能贏得某些小規模的戰役，但真正的戰爭還在持續著，為解決這些問題而生的創新科技，往往還沒有法規可管。

關鍵在於透過使命、願景與價值觀達成這個理念。雖然我們打著透明化和可靠的旗幟，但要為認為在黑箱作業的迷霧中運作是常態的企業，設計程式與系統是很困難的。建立在傾聽與保留文化的獨創性，與那種為了在資本市場與投資者面前顯得聰明，而無視現實狀況與當地人民、企業及公司需求的獨創性是不同的。

自我檢討時常捫心自問：「我和團隊在創新時，只為了得到市場的高估值，還是真的在意客戶的成長與成功？」要回答這問題，我不得不承認有「救世主情結」。不是所有人都會一直坐在那裡等著「您」來拯救世界！

當市場和現實又快又狠地踹您一腳時，理念和實用性必須繼續保持平衡，並且能夠即時跟上改變，甚至被果決放棄。在這些市場，如果沒有明確的理念和一丁點道德觀念，一家科技新創公司在無意間會造成多大的損失？當您決定偷工減料，在一個大家都覺得已經貪污腐敗的生態系統裡，又增添了一項不道德的作法，還認為「這就是這裡做事的方式」時，是否助長了貪污腐敗的現象？這些為成功而產生的道德缺失，使得理念失去了真義。

中間地帶還是存在的，而且它是由人際關係推動。找到理念與價值觀和您相同，並願意一起走下去的客戶及合作夥伴。「給人們想要的東西」太容易了，我們的客戶想要貸款，因為他們只知道可以申請貸款，但我們不發放貸款。人們很難理解，我們找到的第一批投資人以及那些「四大」顧問公司希望我們放棄無息交易的想法，並採納他們的意見。

「好好當間銀行吧。」他們這樣說。

這完全顛覆與摧毀了創新的理念。這些人的理念是提供安全的建議，同時無視您沒有根據的理念與熱情。達成理念不是易事，有時還很危險，我們沒有採納早期的建議。我們的成功在於不認為顧問、客戶或監管機構總是最瞭解狀況的人。穩定增長是以數位安全和文化創新為基礎，這早已寫入了我們的 DNA。

》》 非洲太部落化了

我們都想有歸屬感，但也想成為傑出個體，這就是人性。帶著數位隱憂的全新數位時代，對每個人來說都是新的領域。想從聯結、驗證和歸屬感得到好處，同時卻躲在替身、防火牆和線上人格的背後。我們快樂地跳著數位舞步，直到發現安全受到威脅，或發現自己逛得太遠，進入不熟悉的數位領域，就像兒童、老人、獨居者或其他弱勢團體所遇到的問題一樣。

定義人口特性和群體，是每個行銷專業人士的職業使命。投資人想知道：「可以觸及的市場有多大？」科技長和資訊長想知道：「市場要怎麼解析成更大的可識別數據？」顧問想知道：「文化多樣性會不會打斷擴大規模的計畫？」他們想看到您提供答案或模型，讓他們相信並支持。當市場同質性高時，達成增長所花的錢總是比較少。

非洲有超過 2,000 種當地語言，以及幾乎跟這些語言數量一樣多的文化族群。您可以使用共通性來劃分族群，並在細微差異中找到足夠的力量將他們

牽引在一起，光這麼做，本身就是件浩大的工程。然而，對想藉由科技讓非洲大陸的多樣性都「能被擁抱」的我們這些人來說，事情卻不是這樣。

為成長中新興市場的企業找到其他成功路徑，能帶來很多機會與成就感。這些企業想要的都是同樣的東西：「可靠的資本與安全的成長。」這些都得從高品質的詢問環節開始，問了更好的問題，就會得到更好的答案，接著就是傾聽。您可能不喜歡所聽到的東西，但傾聽與創新是相輔相成的。

2015 年，在倫敦的公關顧問告訴我們，貿易科技（TradeTech）是不存在的。我們確實在發展，但由於我們的金融科技社群中沒人使用過這個詞彙，我們便愚蠢地放棄它。做為替代方案，開發了一個數位的伊斯蘭式貿易方法，通過創建包括種族和文化傳統的專屬風險模型和評估機制，進行貿易和創新。

我們想了解某個非洲文化群體，為什麼能在商業上比另一個群體有更好的表現，他們是怎麼做到，以及我們是否可以複製？或將這些特徵數位化來產生影響。有些人指責我們是種族描述（racial profiling），指的是由一個自認為站在支配地位的群體所使用的工具，他們會對另一個相貌及行為與他們不同的族群設下限制，同時為自己戴上至上主義者特權的帽子。

我們的理念是將自己和其他相似的人進行分類，以便能立即掌握並得到資料、文化基因組及演算法的運用，這可以協助我們有目的性地安排生活，發揮最大的潛力。舉例來說，我們的部落可能比您們的大，這對您來說卻是件好事。多點交易、少點協助、更多盈餘，世界就能得到更多財富。

》》非洲人不應該展現他們的聲望

對理念的完整性來說，自我（Ego）是最大的挑戰。在提出問題時，我的偏見會使我無法看清自己，並且因為過往貪污腐敗仍然魂牽夢縈，使我看不清自己對商業生態系統欣欣向榮的願景。擔心利益相關者只在熟悉的負面形象中評估公司的潛力，這讓我感到窒息。

　　我的自豪感到哪裡去了？難道我不應該為我們的文化、大陸、企業及業績感到驕傲？跟非洲其他的金融科技新創公司不同，我們接觸的每個人都在尋求相同的進步與成長軌跡。當外面的人希望您和他們所熟悉的一樣時，很難有差異化的解決方案脫穎而出。

　　改變我們與理念的關係，也會改變我們在客戶及利益相關者眼中是否還有用。是努力保護投資者在非洲做生意時，不受到艱難現實的影響，還是真的在利用我們的工具，幫助客戶依照他們的想法獲得成功？我們能同時做到這兩點？我們是否需要犧牲永續及穩定的成長，換取令人垂涎、閃亮華麗、以「曲棍球桿」（hockey stick）形狀成長的新創公司名聲？（譯註：曲棍球桿是指初期的銷售量很低，在某個時間點快速成長，其成長曲線類似曲棍球桿。）我們是否有必要將自我放在一邊，在為非洲服務的同時，角逐獨角獸的榮耀？只有矽谷形式的榮耀才是唯一真理？

　　對理念的自豪感，是人類的願望和心理上的需要，它不僅僅屬於任何單一群體。馬斯洛的需求金字塔表示：「我們需要自己的成就受到肯定。」要創造成功、並且與一般顧問和企業行事方式大相逕庭的商業模式，往往需要很堅定的信心，它的成功確實會帶來高度讚賞，其中最寶貴的是客戶的認可和投資人的信任。

》》》 非洲人沒有遠大的夢想，只是等待著跳躍式的成長

　　選擇根據自己的條件堅持理念，並自我們服務與保護的銀行及企業中學習。這代表著當期望落空時要優雅地（或是不優雅地）轉身。網路犯罪經常困擾著有效的數位解決方案和鑑識方式，也因此縮短了創新的發展曲線，進一步削弱創新的影響力而惡名昭彰。

　　最容易受到新型態數位威脅的公民，往往是那些沒有充分機會接觸數位世界，或不瞭解數位世界能為他們帶來什麼的人。利用科技改變尋求普惠金

融的企業家與公民的思維模式，就像改變整個家庭的 DNA 一樣。一旦企業主看到人工作業被淘汰，就再也無法回頭，數位轉型每年都以更快的循環發生，您擁有的數位工具越多，創造潛力就越快。

若沒有數位利益（digital stake），便會開始出現數位貧困（digital poverty）與數位落差（digital division）。您的社區如果有了數位利益，就更可能有意識地保護您的資產、生活及企業。我們都應該對自己的選擇感到滿意，過去可能需要幾週時間，回饋循環才能以銀行對帳單的形式出現。現在只需幾毫秒，就能方便地在智慧型手機上找到，隨時都可以做出下一個重大決定。

要做到跳躍式成長，需要先後退幾步，才能助跑跳過障礙物。有時候這會浪費體力，而且不一定是在數位世界中進步的最好方式。

數位權（Digital rights）就是人權。兒童越早與數位世界進行有意義的接觸，他們就能越早構思、強化，甚至迅速放棄原先想法並找到另一個想法。他們會在「成為領域的一環」（sector of one）的過程中找到理念，不必等到所有的想法成形且確定有效時，才有力氣踏出一步。人類有權利確認自己在世界上的位置，並有充分機會接觸數位經濟領域，如果沒有數位身分，這幾乎是不可能達成的。

如果沒有您的出生與存在的電子紀錄，您就會自動被排除在生態系統與包容性的益處之外。非洲因為不完善的普查而惡名昭彰，如果沒有明確的普惠數位（digital inclusion）之路，我們將無法為數十億的夢想創意者提供服務，他們希望將後殖民時代的非洲邊界，推到祖父時代的邊界之外。

全新的產業將從萌芽中的原創想法裡誕生，而非只是因為來自已開發國家，而被認為較好的二流模仿。事實上，處在已開發與未開發國家之間的正是數位落差。當西方世界享受著失敗和實驗的自由時，大家卻認為非洲只能仰賴和模仿西方世界的成功模式，獲得跳躍式成長。人生不是遊戲，創新與製造是第四次工業革命的支柱，我們應該從堅持理念，並在數位創新成果中

獲得成就感，如果不讓潛力從一開始就發揮出來，我們還能怎麼發揮它？

一步步從頭打造通往這些理念的階梯，從獲得資訊、數位教育，到提供民主機會而設計的生態系統，從網路安全威脅的預防、公開接受為了增加安全性而設計的商業道德條款，到自我表達的自由及可流動的財富。我們每個人在本質上都是不同的。

我剛踏上這段旅程時，認為金融科技的解決方案是一套非人化的演算法，主要設計來顛覆銀行並提供支付選擇，就像其他聰明的金融科技創新者所做的一樣。我認為模仿是條安全的捷徑，讓我們可以複製成果而不必關心服務的對象——尤其是那個揹著孩子的女人，科技讓我面對自我的理念，這比試圖在紐約交易所得到獨角獸地位並大放異彩，還重要得多。

我的理念是徹底改變非洲的商業經驗，讓世界其他地方不得不用新的態度來討論我們，最終跟隨我們的創新腳步。我的理念有可能激勵所有新興市場的企業，使我們能在點擊滑鼠或下載行動 app 時凝聚影響力。我希望透過集體理念的力量，能幫我們不被質疑也無須多做解釋就取得通往全球化的門票。非洲普惠金融的成功對全人類都有利，希望整個世界都能毫不懷疑地瞭解並接受這件事。

維奧拉 · 盧埃林
Viola A. Llewellyn

Ovamba Solutions, Inc. 的共同創辦人暨總經理。Ovamba 是家屢獲殊榮的非洲「貿易科技」公司，它創造了符合當地文化的科技應用，為貿易與商品領域中正規

與新型非洲中小企業提供服務。Ovamba 的解決方案建立創新的、符合伊斯蘭教義（Sharia-compliant）架構的電子商務、物流服務，推動普惠金融並促進成長。盧埃林負責監督 Ovamba 的技術開發、策略執行、投資者溝通與全球業務發展。2018 年 6 月，Ovamba 在世界經濟論壇（World Economic Forum）上獲選為全球科技先鋒（Global Technology Pioneer），獲得為期 2 年的大使資格，並在著名的達沃斯論壇（Davos Summit conference）上獲得一席之地。

盧埃林過去的職涯，曾為一家華盛頓特區的保險投資公司，建立 5 億美元人壽保險投資基金，當時她帶領的是投資者溝通和資產管理部門。她也曾任職於 Unisys、IBM、KPMG、BearingPoint 和 Rothschild&Co. 等大企業。

專訪湯姆 · 布隆菲爾德，英國 Monzo 銀行共同創辦人

我與湯姆 · 布隆菲爾德（Tom Blomfield）認識多年，並且看著 Monzo 在英國從零開始，成長為擁有數百萬客戶的數位優先挑戰者銀行。隨著銀行發展，身為連續創業家的湯姆逐漸從日常的商業營運中退居幕後，專心處理銀行的成長展望與理念。其實該銀行始終有個理念，推動銀行前進及它的願景是什麼？什麼是它的理念，為了找出答案，在湯姆離開銀行業追尋其他理想後，我與他對話。

▶ 對您而言，理念是什麼？

我猜，這就是所有企業背後的「為什麼」。如果您看過賽門 · 西奈克（Simon Sinek）的任何一部影片，他說的「為什麼」，就是連接人們跟公司的橋樑。儘管不相信一家企業會有「理念」，但所有公司都有外部性，是他們對周圍造成的影響，不論是環境、客戶、鄰居、或整個社會。外部性可以是將垃圾扔到圍籬外的小公司，也可以是非常大的企業——比如臉書，它是全球最大的連接者，連結眾多的用戶，地位足以撼動政府。我想所有人都能接受，這些企業都擁有外部性，不管您是否喜歡他們帶來的影響。

因此，關鍵是發現這些外部因素，並努力確保它們能帶來公眾利益。您的公司會對您周圍的世界、社會、客戶與員工帶來什麼影響？如果接受這些外部性的存在，那麼留下的外部因素最好是企業有意識的選擇，而不是不經意間產生的副作用。否則，您可能會在經營公司數年後，才發現對世界產生相當可怕的影響。

每間企業都會產生效益與副作用。因此，我認為公司最好要有理念，對它在世界上造成的影響有明確的目的，並確保這個影響，總體而言是正向的。如此一來，就有數不盡的好處隨之而來。

對我而言，這就是「理念」。

▶ 您是如何找到正確的理念？

理念絕對要和您的企業核心非常相關，根據不同公司，定義理念的難易度也會不同。Monzo 的理念是：「讓每個人都能用錢。」（Make Money Work for Everyone）也部分說明了 Monzo 的野心，「每個人」指的是世界上的每個人，您也可以視為狂妄自大的發言。對我來說，「讓每個人都能用錢」的真正意思，是必須納入那些被經濟系統排拒在外的人，包含無家可歸的街友、未持有護照來到這個國家的人——像是難民。因此，我們的理念有很大一部分為了普惠金融，理念的關鍵在於要與企業核心緊密連結，否則會像是事後才安插進去的。

▶ 世界上國際性大型企業集團有很多失去了靈魂，而且沒有真正的價值或理念。他們有辦法創造理念？

如果是小公司的話可能比較容易，但也有大型企業在這方面做得很好。聯合利華（Unilever）因推動漸進式的永續性發展計畫而聞名，所以對大型企業來說也能辦得到。

但谷歌就是個反例。他們多年來的非官方座右銘是「不作惡」（Don't be

evil），我一直覺得很奇怪，聽起來很像在說：「不要故意破壞世界。」雖然聊勝於無，卻不是一個積極的聲明。比起是否做道德或是不道德的事，聽起來更像是無關道德的聲明。相較於「不作惡」，我更希望他們講的是「讓世界變得比您所瞭解的更好一點點」之類的話。

▶ **您是怎麼在「理念及利益相關者」與「股東回報及投資報酬率」之間達成平衡？**

我認為這兩者不一定互相衝突，尤其是當您以數年或數十年做為衡量標準，而非只考慮每季的財報。傑克・威爾許（Jack Welch）在 2009 年的訪談內提到：「（最大化）股東價值是世界上最笨的想法。股東價值是一個結果，而非一種策略。」

在 2019 年，由頂尖企業執行長所組成的組織「商業圓桌會議」（Business Roundtable）發表一項聲明，表示企業的理念是：「將價值傳遞給消費者、投資員工與供應商公平並誠實地交易，幫助社區並保護環境。這些事項與為股東創造長期價值有著同等的重要性。」

意思是如果把所有的注意力放在盡可能地增加收益上，長期下來是不值得的。您必須不斷創新，使消費者滿意，並有計畫地管理您的公司對世界造成的影響。

▶ **但史帝夫・賈伯斯總說：從危機中找到轉機。**

如果您是賈伯斯的話，您當然可以自己創造規則。

▶ **您的理念是怎麼在 Monzo 實現的？**

我想我們確實成功實行，雖然並不能說得上是完美。我們還是無法提供某些人帳戶，在董事會和監管機構激烈的討論後，他們並不在我們的風險偏好（risk appetite）內，但還是做了許多好事，讓我舉幾個例子。

第一個是賭博成癮。我們在英國推出第一個賭博守門員，這是在 Monzo 行動 app 中的功能，能讓想停止賭博行為的人自我警示。只要按下開關，就能盡力防止任何與賭場、博弈公司或吃角子老虎機相關的交易。只要有類似交易，行動 app 就會拒絕付款。如果想重新啟用賭博網站上的支付功能，要先等 48 個小時，我們發現這段冷靜期非常重要。

推出這功能並不是社會企業責任部門的主意，不是公關部門或者我，或任何管理階層的想法，這個點子是弱勢客戶部門工作的 2 個人提出的。這個部門專門為各種弱勢的客戶服務，他們注意到幾個有賭博問題的客戶，賭博問題也確實影響這些人的生活，詢問了一些慈善機構後，提出了這個巧妙的想法。

開發這個軟體並不複雜，幾位自告奮勇的工程師只花幾天就完成設計，這項功能通過所有權限審核後就上線了。它極為成功，有數十萬名用戶開啟了守門員（總共有 400 或 500 萬名客戶），我們也發現這些用戶在賭博上的花費減少了 70% 到 80%。當然，還是有人會重啟付款功能，但在自覺賭博成癮問題的賭徒團體內減少這麼多的賭博花費，仍是相當驚人的成果。

其中一個客戶叫做丹尼・謝瑟姆（Danny Cheetham），他的賭博成癮導致相當嚴重的債務問題。他意識到這個問題，卻沒辦法戰勝賭癮，決定嘗試在 Monzo 賭博守門員的幫助下擺脫債務。雖然花了數年，但他終於在 2019 年還清債務，對他來說，這是改變人生的一刻，絕大部分是靠他的意志力與努力達成，但我們也很開心能夠幫上忙。這件事能發生，是因為在 Monzo 前線的一些人發現了這個機會，看到它與公司理念之間強烈的共鳴，並決定付諸行動。這就是理念與價值的重要性。理念並不是從上而下的命令，理念會賦予公司內每個人力量。

第二個例子是與街友慈善機構的合作。關於實名認證（KYC）系統與反洗錢的規範眾多又複雜，但這些規範也明確地表示：做為與金融業務的平衡，銀行有義務盡可能地向人民提供金融服務。基本上，銀行有普惠金融的義務，

但也必須考量風險。您可能無法請弱勢客戶提供一般的身分證明,比如剛出獄的人、住在收容所的街友,或是難民,但還是能以其他方式驗證身分並讓這些客戶開戶。您可以去找更生人的假釋官談談,或與街友收容所的經營人談談,取得他們的聲明函當作身分證明。

銀行這樣做的時候,總覺得他們的一隻手被扭在背後,銀行減輕風險的方式是被迫使用「基本銀行帳戶」的名義,提供這些人沒有透支服務,並有消費限制的帳戶。幾年前立法通過後,銀行便被要求提供這些帳戶,但在一般狀況下,更生人與街友必須到某個特定分行才能申請帳戶,而全國只會有一間分行為這些人提供開戶服務。銀行確實履行了他們的義務,但其實很抗拒。因為這些義務很難實行,而且成本很高。他們無法從這些帳戶上賺到多少錢,透支功能被關閉了,誘因也很小。

在 Monzo 上維護帳戶的成本很低,所以成本並不是很大的考量點,因此我們能提供這種帳戶。隨著現代科技發展,設置消費門檻更容易,也能確保用戶不會因為使用非接觸式支付在無意中透支,因此能為弱勢群體提供更多這種帳戶。

同樣地,這麼做沒有實際的利潤,但在「讓每個人都能用到錢」的使命下,這麼做對我們來說很重要。

▶ 您覺得理念對您很重要,因為您是在某個年紀創辦 Monzo,所以才認為理念很重要?還是您覺得無論在什麼年紀,都會對理念產生共鳴?

我不知道,但我希望理念能對所有年齡層的人都產生共鳴。對我們的員工來說,理念所代表的意義真實存在。求職者常會在面試時說他們是受我們的理念所吸引,他們在一篇文章或部落格貼文上讀到 Monzo 在普惠金融與防止賭博的實績,並想成為行善的一份子。不只是年輕人這麼認為,有 50 多歲、60 多歲的人加入我們,他們在銀行工作了一輩子,希望總算能為社會帶來正面影響。

▶ **環顧您現在所處的世界，您認為金融服務發揮作用了？**

還沒，我認為 Monzo 做出了長足的進步，也迫使現有的銀行迎頭趕上。我是真的為我們打造的一切為傲，但我們還有很多路要走。越來越多有金融背景的人也開始討論這些事了。

在離開英格蘭銀行後，馬克・卡尼（Mark Carney）花了很多時間探討投資決策對環境的衝擊。越來越多人開始瞭解這個領域，但前方還有漫漫長路。

▶ **根據您的經驗，未來我們最需要做出什麼關鍵改變，才能讓銀行業對社會與地球更好？**

我認為這個問題不僅存在於銀行或金融業。隨著新科技的發展加速，人們正在迅速地成立比競爭對手好上數倍的新公司，網際網路和數位技術的普及性與擴張性，使得這個市場變成了贏家通吃的市場，您可以從谷歌和臉書看出這點。

對廣大的消費者來說，這個現象帶來一個直接的好處：您有更好的電子郵件、搜尋引擎或地圖可以用，卻只有非常少數的人可以分到這些公司的經濟效益。每一間公司都能造就幾個億萬富翁及數千名百萬富翁（他們大多數是軟體開發員）。問題是其他沒有分配到科技股的人，最終陷入這種巨大的收入不平等中，我認為這問題將會越來越嚴重。我們應該更積極地向富人徵稅，並邁向更加平等的財富分配，尤其是居住、健康照護及教育方面。

▶ **理念驅動的企業會比沒有理念的企業更加成功？**

我相信絕對會的。消費者和員工所做的選擇，將明顯地傾向於理念驅動的公司與品牌，尤其是那些證明自己的確履行了這些理念的企業，很明顯地將會影響未來的 10 年或 20 年。

湯姆 ‧ 布隆菲爾德
Tom Blomfield

2015 年與其他 4 名創辦人成立了 Monzo 銀行。牛津大學法學碩士畢業後，布隆菲爾德先加入奧析策略顧問公司（OC&C），踏入顧問業的世界，隨後在矽谷開始新創產業的人生。在舊金山的創業加速器公司 Y Combinator，布隆菲爾德在金融科技的世界小試水溫，創辦了轉帳代繳公司 GoCardless。在美國的期間，他也在紐約的約會行動 app Grouper 工作一段時間。

結束美國的工作，他回到英國，與其他人共同創辦了 Monzo。布隆菲爾德從 2015 年 2 月起開始擔任 Monzo 的執行長，直到 2020 年離開。在 2019 年的新年榮譽榜（New Year Honours list）中，布隆菲爾德獲頒大英帝國勳章（Order of the British Empire），以表彰他在改善銀行業競爭與促進普惠金融的成就。布隆菲爾德現居倫敦，投資草創期的科技公司。

銀行忠誠客戶的回歸

撰文 | 克雷格 · 龐德，英國金融科技公司 Envel Corporation 董事長

1994 年某個週五夜晚，謝爾文先生得知母親於紐約去世的消息。當謝爾文準備從佛羅里達州飛往東岸的前一刻，他意識到所需的現金比能從自動提款機提取的金額還要更多。他衝去銀行，而他的妻子趕緊打電話通知銀行，謝爾文先生正趕往銀行領款。

「很遺憾聽到令堂去世的消息，但分行幾分鐘後即將關門，而且金庫已經上鎖了，您能聯繫您的丈夫，告訴他這件事嗎？」

謝爾文太太辦不到，因為當時並非每個人都有行動電話。儘管分行已經關門了，分行經理仍答應等謝爾文先生。當他抵達後，這位分行經理打開銀行大門，表達慰問，向他表明不能提取現金，請他坐下之後就消失了。幾分鐘後，她拿著一把鈔票回來，她將鈔票遞給謝爾文先生，謝爾文滿臉疑惑地看著她。

「我知道這不及您所需要的錢，但希望能幫助您度過難關。您可以在從紐約回來後再還給我。」

她從自己的帳戶提領這些錢。

》》謝爾文們去了哪裡？

直到這個故事在 2012 年為人所知，謝爾文先生仍是這家銀行的客戶。不難說 18 年前那段難忘的經驗，是讓他成為忠實客戶的唯一原因，他和妻子談起這段往事仍記憶猶新，並且在講述中醞釀著情感，證明他們對銀行的感覺：忠誠。

如今，這類窩心的客戶服務的故事，在銀行業界已屬罕見。分行和客戶關係人員減少，加上轉向線上業務模式等變化，削弱了銀行與客戶間的親密關係，以及隨之而來的同理心。而這種同理心正是推展客戶服務，使謝爾文夫婦銘記在心的根源。然而，缺乏令人溫馨的客戶服務的故事，只是許多問題其中之一的徵兆。

由於不了解客戶的需求、恐懼及願望，銀行業轉而開發更符合本身利益的產品，而非更照顧消費者利益的產品。整體影響之下，今天一般人從傳統銀行體系中得到的服務顯得零散、非個人化，而且服務品質往往不符合標準。因此，他們認為理財不僅困難且令人怯步，許多人往往屈服於銀行的要求。這是一種帶有金融味道的全球性流行病，消蝕了信任，使許多人不確定銀行的存在是為了服務他們，還是他們該為了銀行提供的服務改變自己。

直到近期，換一家銀行的成本仍然非常高昂，貴到令失望及不滿的客戶願意繼續忍受服務平庸的銀行。但是個人資料數位化後，客戶的開戶流程變得有效率，成本也顯著下降。加上有種信念迅速蔓延開來，也就是除了股東之外，客戶也應該對支持的企業行為有發言權。如果企業忽視這個趨勢，可能失去客戶，令他們更不安的是在逐漸由迅速更新資訊所塑造的超連結世界裡，如果顧客不滿意，他們有辦法讓這些企業屈服。

當密爾頓・傅利曼（Milton Friedman）說出「企業唯一的社會責任就是增加利潤」時，他沒有料想到，在這個世界消費者能對企業行使權力。但確實發生了，而且消費者越來越勇於施展自己的力量，今日的客戶會希望他們

的忠誠換來什麼回報？

在他們的需求清單上，最重要的是品牌提供一種對購買感覺愉悅的體驗。這方面企業必須做好的三件事：

1. 產品或服務必須全面解決目標市場中客戶最重要的痛點，並且須花費超過他們所願意在這類型解決方案上的時間、金錢與精力。

2. 他們的客服人員必須具有同理心與效率，讓客戶感覺像全公司只為他一人服務。

3. 必須向客戶展現，他們同時也協助提升社區與環境的品質。

針對最後一點，全球的消費者越來越意識到，過去的行事作為正持續加劇不平等與不公正的現象。他們正在疏離這些延續著舊時代問題的企業，並主動尋找並支持真正會導正社會和環境問題的企業。也就是說，他們希望能向有理念而不是只為營利的企業購買，並與其產生連結。

如果銀行希望擁有一批像謝爾文先生般忠實的客戶，並在此過程中創造永續發展的業務，就不能對客戶的需求冷漠待之，或為了利潤而推銷產品。相反地，必須成為未來更好的一部分，在這樣的未來，他們服務對象的理財狀況並不是事後檢討的結論，而應該是優先考慮的事項。客戶必須感到安全感和受重視，而且感覺銀行是公益的力量。若銀行想達到更崇高的目標，沒有比這更偉大了。

》》傳統銀行面對的挑戰

美國製造商戈爾公司（W.L.Gore and Associates）限制公司每棟大樓的員工人數在 150 人內，該公司發現，如果超過這個人數將會引發社交摩擦並破壞企業願景。這種限制人口數量，讓大家能在同一個屋簷下好好合作的方法，最早是由英國人類學家羅賓 · 鄧巴（Robin Dunbar）在 1990 年代提出。他

認為，我們所能維護的人際關係的最大數量約是 150 個人，這條線也被稱為鄧巴數（Dunbar's number）。

有據可查的社會凝聚力天花板假設，對努力達成特定理念的企業有重要影響。純粹的營利性企業有硬性、明確的數字做為北極星，但以理念作為核心的企業，在決策中卻要面臨更複雜、更細微的差異。比如說，如果您的企業理念是幫助人們變得健康，您便需要對「健康」下一個絕對明確的定義，好讓企業中的每個人，都能朝同一個方向努力，這就創造了一致性。一致性對客戶忠誠度以及仰賴忠誠度來推動持續性成長，是至關重要。鄧巴認為組織裡的人越多，越難創造這種類型的凝聚力。

按員工數排名，美國第十大銀行均約有 3 萬名員工，最大的銀行已超過 23 萬名員工。這正是傳統銀行難以真正成為理念驅動企業的原因之一，他們的規模太龐大，若要灌輸人人都接受及遵守的文化相當困難。大型銀行考慮從產品導向轉往顧客導向時，還面臨另一個更大的障礙：許多人實際上並不想改變。

傳統的銀行是階級制（hierarchical）體系，高層決策者花了許多年的時間爬上這個位子。這是一種有害的沉沒成本，打消他們嘗試不同做法的念頭。設身處地想想：假使您盡了一生的努力，按照所承襲的藍圖建造了一艘船，而且在船塢和海上皆獲得良好的聲譽，一旦被任命為船長後，會想顛覆這艘船嗎？

對變革的抵制受到其他幾個動態因素的強化：首先是銀行營運的孤立形式（silo）。專業的需求使銀行得進行分工，雖然這確實實現了專業化，但也加劇部門間的競爭，並降低合作的動力。而且所有積極的策略轉變都伴隨高度風險，每個部門的領導人，自然對完全接受變革保持懷疑態度，以免他們的單位在內部競爭時受到不公平的偏見。

第二個動態因素，與領導層獲取酬勞的機制有關。對較大型的現有業者來說，成為以客戶為中心的銀行，過程將漫長而艱辛，因為個人業績往往是以短期標準來衡量。這些標準由是股東以巧妙的方式決定，而它們的季度營

利目標也相當有企圖心。同樣地，敘薪結構亦缺乏激勵措施，促成和支持從產品導向轉往客戶導向的行動。

第三，科技無疑是年輕人的主場。許多銀行高階管理者經常低估人工智慧、機器學習和機器人流程自動化（RPA：robotic process automation），在客戶服務及產品體驗的能力。他們的誤判並非他們真的認為這麼做沒什麼好處，而是因為提出一個明智的見解難度非常高，尤其原有的日常責任也在消耗他們的精力。

最後一點，大多數傳統銀行還沒完全接受開放銀行的概念，也就是允許外部金融科技公司使用應用程式界面（API），依據業務開發行動 app 與服務。不幸的是，「我們一定要自己創造並擁有它」的想法仍很普遍。在現實中，這些銀行缺乏意志力大力推動創新，讓銀行能透過金融科技公司快速進入市場。如果銀行想開始為客戶提供應有的服務，就迫切需要這樣的創新。

如果我們希望未來銀行會真正關心客戶財務健康狀況，銀行就必須經歷實質性的文化變革，注入並強化足夠的動力克服，規模、孤島（silo）、沉沒成本和短期主義下產生的巨大惰性。這是艱鉅的挑戰，但也是黃金機會，讓與眾不同的銀行能擺脫過往的包袱。

》》 為公益而生的銀行

到 2021 年初，全球超過 200 家數位銀行營運，他們被稱為新銀行（neobanks）或挑戰者銀行。他們的鮮明特徵是完全透過線上平台與行動 app 來吸引並服務客戶，他們沒有實體分行。從品質的角度來看，他們希望能取悅客戶，這些銀行激增的背後原因是什麼？

許多這類型公司的起源，來自創辦人認知到一件簡單明確的事實：銀行提供不適當的金融服務，太多人因此蒙受不良的財務影響，給了這些受理念驅動的人創業的動力，他們之中有不少人，因傳統銀行業對變革的頑固態度

而感到沮喪。他們可以幫助改變可怕的現狀，但這些先驅者能創立企業，依靠的是科技和數位化不懈的進步。首先，他們能以較低的成本營運。

傳統銀行擁有龐大的總部與分行，而數位銀行擁有符合人性的行動 app 介面；傳統銀行有銷售團隊，數位銀行有品牌擁護者組成的線上社群傳播資訊；傳統銀行擁有人數眾多的客戶服務、行政、法規與風險部門，而數位銀行擁有高效冷靜的聊天機器人、機器人流程自動化與人工智慧的合規系統及詐欺偵測技術。

高效率使新銀行維持較低的管銷費用。這個結果為什麼會如此關鍵，並能改變遊戲規則？當然，這是新銀行能更容易存活下去的因素之一，高額的固定成本很容易使任何新企業在規模化的路上脫軌。更大的願景讓推動這些企業的企業家們感到興奮，低成本能讓他們為大企業因無利可圖而不願真心關心並照顧的人們，提供適當服務。同樣地，無論您從何處切入，這都是巨大的目標市場。

由於員工人數較少，新銀行在塑造文化上也更容易。相較於大型競爭對手，可說是最大的優勢。經營企業就是一連串不間斷的決策，以及從這樣的思維中產生的後續行動。每位員工的每項決定與行動，都讓企業更接近或遠離既定目標或理念。文化是一種力量，能夠凝聚員工，並提供行事的架構，讓他們更容易做出對的決定。

新銀行的文化是怎麼形成的？

- 面試過程更注重個人價值觀和行事風格，確保員工能適應公司文化。
- 採用扁平化的管理結構，無論是誰做的決定都可以接受檢討。
- 薪酬體制能獎勵創造卓越客戶體驗的員工。
- 主動消除偏見並培養軟技能（soft skill），如多傾聽少議論、主動協助、承擔錯誤等。

這種特別設計過的文化具有關鍵的優勢：它們非常適用於創意發想及解決

問題，這兩件事若在規模過大或沒有共同明確目標的團隊中執行，可能會遇到困難。新銀行的競爭優勢是：文化很敏捷，讓他們能迅速轉向，提供目標市場未有的服務，或解決不斷改變的需求，市場便會感到驚奇及隨之而來的喜悅。

如果謝爾文先生對 1994 年那位分行經理的服務感到印象深刻，那麼他一定會對理念驅動的新銀行所提供的服務大吃一驚。如果他今天收到母親過世的消息，他的數位銀行可能會：

- 即時提供建議，告訴他能夠負擔多少旅費。
- 推薦並支援後續花費的方案。
- 尋找合適的低價機票與住宿。
- 為他的旅程提供價格適中的旅行保險。
- 推薦便利的葬禮服務。
- 提供價格合理的過渡性貸款，以支付喪葬費用。
- 推薦律師協助處理遺產。
- 介紹房屋仲介和拍賣商。
- 安排家中物品的運送與存放服務。
- 介紹理財顧問，協助運用遺產進行投資。
- 為未來類似的意外花費，自動設立緊急基金。

這些可能性打開一扇通往未來的窗口，在這樣的未來裡，消費者可能相信銀行認為客戶的財務狀況與銀行的季度目標同等重要。唯有透過徹底改變大多數人對銀行業務的體驗，才能實現這個結果。

》》 革命性的客戶體驗

新銀行有時被稱為「挑戰者銀行」。這個稱號寄託了想推翻較大型現有業者的願望。相較於大型現有業者的規模、品牌影響力及更全面的服務內容，

新銀行通常沒有完整的銀行執照，只專精支付與交易。因此可能會與大型業者平行存在，解決傳統銀行系統未曾顧及的大量客戶痛點。雖然新銀行在系統中的作用仍不穩定，但對被財務問題困擾的廣大民眾而言，蓄勢待發的新銀行無疑是個好消息。

「有錢買不到快樂！」這句格言有一定程度的道理。如果說財務管理不善對情緒上的幸福感不會造成負面影響，那是不可能的。殘酷的現實是要讓自己陷入悲慘的財務狀況很容易，要脫身卻非常困難。不誇張，僅僅幾個錯誤決定就能使您終生陷於財務焦慮之中。聽起來可能是個大膽宣言：但是新銀行可以透過人工智慧，使數百萬人擺脫這種命運。它們的首要任務是改變人們對銀行業務的看法，以及管理財務的方式。

當糟糕的客戶體驗一直沒改善，造成的惡果便是客戶隨著時間推移，會逐漸遠離這些企業及他們所提供的生活方式。例如，當我們看到信用卡餘額上的大赤字，卻未引導將赤字導回正軌，我們會陷入擔憂，並處於認知緊張。我們並未處理這個問題，把頭埋在沙子裡，使糟糕的財務狀況延續下去。新銀行正深入研究行為科學領域，創造讓人們更積極關切財務狀況的客戶體驗。

首先，與客戶的第一次互動，便減少摩擦和挫敗感。為了扭轉客戶的第一印象，大多數的新銀行都能掌握資訊的技術，無痛驗明您的身分證、出生證明、地址、實際註冊位置等，確保技巧高深的詐騙集團沒有冒用您的身分。他們得到了一個嚴謹、自動化的「認識您的客戶」（KYC）流程，使新客戶在短短幾分鐘內就開通帳戶。順利的開場能讓客戶發現，銀行業務已經和過去習慣的苦差事大有不同。如果這種早期許下的承諾能貫徹到新銀行的各個角落，它將改變我們與銀行的關係。

因此，新銀行在線上平台與行動 app 的每層架構中，嵌入了對人類行為的細緻觀察，特別是在數位領域上的處事方式。這讓他們的設計能帶來直觀的用戶體驗，讓客戶付出最小的心力便能達成預期結果。為此，內建的回饋循環是最重要的，能讓新銀行即時瞭解客戶對軟體的喜好，以及銀行需要解

決的問題。這是持續演進的過程，而且能讓客戶留下特別的印象，他們感受到選擇的新銀行是活生生的，正不斷發展來滿足他們的需求。

要使超級個人化的客戶服務得以實現，這樣的反應力與敏捷性正是基礎。客戶會說：「是的，註冊方式很簡單；沒錯，我喜歡瀏覽您的行動 app，並且完全瞭解您所提供的服務；但是，您是否真心關心我的財務狀況？當我最需要的時候，銀行會洗耳恭聽？」

這時，有理念的新銀行文化便扮演重要角色。以 Envel 為例，在我們的業務中，所有人都與社區直接接觸——這是經過設計的，代表團隊成員明白，他們日常的決定與行動影響著真實人們的生活，也讓他們有了珍貴的洞察力，例如發現客戶需要與想要的東西，以及讓想法與解決問題能力更上層樓的資訊。

在 2021 年的前 4 個月裡，我們的行動 app 已經更新了 18 次，主要依據 Reddit、Discord、Simple 和 Envel 社群裡的回饋。最後的結果是：像這樣的數位銀行，在從未見過用戶本人的情況下，就已經向他們發出明確的訊息：「您的關切對我們很重要，我們重視您的建言，這兩者都會推動我們業務上的改變。」最終的結果是客戶能在銀行的使用體驗上擁有發言權。

藉由對客戶需求的熱忱與執著推動的無痛使用者體驗，是良好的工作基礎。但僅靠這些並不能使人們產生忠誠度。當新銀行的客戶發現我們不僅關心他們的財務狀況，提供的服務也確實協助改善他們的生活時，客戶忠誠度就會出現。再加上人工智慧、機器學習、自動化和區塊鏈科技，帶動變革的媒介將減少客戶端的資金管理負擔，這些科技也能幫助客戶做出更好的財務決策。

人類有一系列的偏見與性格特徵，使我們難以實現並保持財務健康。我們很難存到錢，因為花錢讓身體釋放多巴胺、血清素和腎上腺素等高度愉悅的化學混合物。由於認知上的缺陷，如損失趨避（loss aversion）、確認偏差（confirmation bias）、過度自信及浪潮效應（bandwagon effect）等，投資

對我們來說十分困難。丹尼爾・康納曼（Daniel Kahneman）的工作主要研究人類的心理如何迷惑我們的決策。他承認，即使獲得諾貝爾經濟學獎，仍被這些偏誤所迷惑，因為它們太捉摸不定了。

這個想法在現階段可能有爭議，但有鑒於我們在財務方面所犯的錯誤，特別是涉及手續費的一些錯誤決策，或許應該交給冷漠無感的軟體程式處理這些事務。大多數人還未準備好交出控制權，所以新銀行在創業時規模都較小。藉由將行為科學結合人工智慧與機器學習，我們能建立讓人們做出正確決定、遠離錯誤決策的系統。

預算編列自動化是個很好的例子。儘管預算是實現所有財務健康的基礎，但許多人難以做出預算規畫，更不用說依照規畫好好執行。想像一下，當月薪入帳時，銀行帳戶將自動把您的錢分配到數位信封袋中。好比說，從您用來毫無罪惡感，大花特花的支出中，先將您為了實現財富自由，所需的儲蓄劃分出來。這樣做最大的好處是什麼？人工智慧能分析您的收入、固定支出和過往的支出模式，計算分配到每個信封的金額。當然，您還是可以使用每個信封裡的錢，但系統會勸退您。藉由設計好的、可預測使用者行為的數位防衛（digital defences），就能阻止您花掉不該動用的儲蓄。

我們做出許多糟糕的財務決策都是衝動的結果。新銀行意識到，客戶最終的財務狀況取決於每天每個稍縱即逝的決定。因此他們把握每個機會，提供客戶即時的財務建議，無論是早上要買美式咖啡，還是試圖償還學貸。您可能會問，買一杯咖啡怎麼影響財務？如果您的銀行行動 app 告訴您：每天少喝一杯咖啡，一年下來可以節省 1,200 美元，您或許會找到執行這些節省的動力。同樣地，如果您的銀行能利用自動化技術，輕鬆申請各州或聯邦學貸補助，進而減少每月的還款額，以及還款帶來的壓力。

然而，改良過的決策過程，只是新銀行故事的其中一個章節。更全面的情況是：透過觀察您的數位活動，這些科技能預測您的需求。您剛剛買了一張去阿魯巴島（Aruba）的機票？永遠機警的人工智慧能理解您將展開旅程，

它能自動推薦負擔得起的住宿與旅行保險，甚至為您找到評價最好的包船海釣活動。

以下想法對新銀行未來的吸引力和永續性來說十分重要：銀行能與其他一系列的服務提供商整合，創造一個生態系，以滿足多樣化並不斷發展的客戶需求，也將使客戶的資金管理及生活更加便利。

有點諷刺的是傳統銀行也將成為該生態系的一部分。大多數新銀行對傳統銀行中的某些要素不感興趣，或是沒有能力自己建立。如果新銀行想向顧客提供一站式的銀行服務，必須利用現有業者的產品和基礎設施。這些合作激增，最終消費者就會受益。有兩個非常重要的因素：

首先，許多對銀行心生不滿的顧客最大的煩惱是大量的隱性費用，以及不理解所購買的商品。但為了客戶利益，新銀行的前端系統力求簡單，他們努力強化傳統銀行（只有那些擁抱開放銀行的業者）所提供複雜產品的「賣相」，將使客戶更容易理解所購買的東西。

第二，新銀行可能透過出色的資料收集及分析技術，對客戶群的財務健康及行為特徵有更深入的掌握。這麼做的結果是客戶的信用度不再僅依賴資產直截了當的量化標準。過往的衡量往往將大批人排除在他們需要的產品與服務之外，現在，客戶的行為與意向也將占有一席之地。本著相同的包容精神，許多新銀行的行動 app 加入了多語言功能，並利用了自然語言處理技術，確保在銀行業的變革中沒有拋下任何人。

新銀行在獲得真正的忠實客戶之前，還需提供一個關鍵因素：安全。現實狀況是數位領域的詐騙集團只會越來越高明、越來越多，除了一絲不苟的 KYC 流程，新銀行正使用複雜的、建立於人工智慧上的追蹤方式。比如說，它可以透過依據某個規則運行的引擎來檢視您的每筆交易，確保購買地點與您的設備訊號及日常活動行為一致。如此一來，銀行便能即時防止詐騙，而非在事後以一種回顧性、繁瑣的行政程序，並使受騙客戶失望的方式處理。

新銀行既有的敏捷性，也意味著他們能更完美地將區塊鏈技術整合到其

數位產品中。這使他們的用戶能以更安全、快速、透明且更節省成本的方式，獲得產品和服務、進行支付、交易金融資產或轉帳。如果存款是保存在這些數位分類帳內，而非單一機構中，那麼在非客戶過失如銀行破產及擠兌等風險，可以避免產生財物損失。

雖然一時之間難以接受，但這樣的未來，您可以對您的銀行產生忠誠度，就像對您最喜歡的線上賣家、智慧手機品牌與社群媒體平台一樣。當那天到來，我們會對您的忠誠表示感謝，但最引以為豪的是知道您不再認為管理錢是一種負擔，且不再為財務感到焦慮，您的生活也因此變得更好。這終歸是驅使大多數新銀行與挑戰者銀行前進的目標。

》》 必須對您的銀行有更多期待

面對糟糕的客戶服務和病態的個人財務狀況，許多人已經變得麻木不仁，接受別人對我們處境的指責，並持續顯現自我傷害般的冷漠。為了所有人好，我們需要徹底改變這種態度。

當您選擇了新銀行，您的真誠回饋將有助他們塑造產品與服務，以便滿足您的需求。這不僅改善您的財務狀況，也會改善所在社群的財務狀況。您應該期望新銀行能重視您關切的事務，並根據整個社群共同提出的意見採取行動。如果銀行並未這樣回應，那麼便是遺忘了我們的理念。我們不應該守株待兔地等待像謝爾文先生這樣忠誠的客戶主動出現，應該引導員工展現1994 年那位佛羅里達分行經理所表現出的同理心，並以誘人的想法做為動力：透過適當揉合文化及科技，可以顛覆並革新這個產業，改善其服務對象的生活。我們默默地相信，忠誠的銀行客戶即將回歸。

克雷格・龐德
Craig Bond

　　擁有銀行業超過 30 年的經驗，期間，他在非洲、亞洲和美洲皆成立新業務和改善績效不佳企業的工作實績。最近，他曾是非洲 2 間最大的零售銀行業銀行一巴克萊銀行（Barclays）和標準銀行（Standard Bank）的執行長。雖然龐德認為自己是零售銀行家，他與中國最大的銀行一中國工商銀行（ICBC）合作，為標準銀行在北京成功設立公司並經營銀行諮詢業務。

　　在此之前，龐德在零售銀行、信用卡和支付領域有相當長的職涯生活。他曾經手過大型銀行分行網路及 VISA、萬事達卡（Mastercard）與美國運通（American Express）的業務。他曾是萬事達卡全球營運委員會的成員及南亞、中東和非洲董事會的主席，也曾是沃爾沃斯（Woolworths）金融服務與福特（Ford）金融服務的董事長。2018 年，龐德從傳統銀行家，轉型為金融科技企業家，成為哈佛大學創立、麻省理工學院種子基金資助的金融科技公司 Envel 的其中一名創辦人，並擔任執行長。

　　Envel 利用人工智慧、行為科學及最新科技，將人們的預算、儲蓄和投資自動化，進而改善他們的生活。龐德擁有金山大學（Wits University）的商業學士學位、法學研究生學位，以及稅務學位的高級文憑（H Dip.），並完成哈佛商學院的高階管理人員課程與牛津大學的金融科技課程。朱利安・柏納德・謝爾文（Julius Bernard Shelvin）曾在他的銀行獲得特殊的客戶服務。

銀行業與巴布 · 狄倫
（以理念驅動的金融業背後的「為什麼」）

撰文｜格雷格 · 巴克斯特，美國惠普（HP）公司數位與轉型長

　　巴布 · 狄倫與銀行業。說到金融業的數位革命時，這不會是人們第一個想到的詞彙。因為科技持續以令人眼花撩亂的速度顛覆金融業的格局，在半個多世紀前，狄倫說過一句名言，正可以優美詮釋「銀行業必須承擔的巨大責任」。

　　「……想生活於法律之外，您就得誠實點……」

　　它的相關性在哪裡？簡單來說，數位化發展太迅速，當科技變革開始更廣泛地對社會造成正面與負面影響時，我們若不是進入未知領域，就是在前往未知領域的路上。這代表著建立並發起數位革命的人——也就是我們——現在必須做出艱難的決定，因為監管法規可能落後於市場導向的行動及助長這些行動的複雜演算法。從某方面來說，我們已經生活在法律之外。那麼，我們該如何行動？

　　在開始前先就一些基本面達成共識。首先：一場數位革命正在發生。人工智慧、預測分析、自動化、3D 列印和 5G 網路等數位科技正徹底改變科學、

工業、教育、衛生、能源和個人機會。其次：數位革命在大多數情況下可歸納為兩條路徑。它不是順著自身的市場導向邏輯發展，要不然由「架構師」有意識、有目標性地引導它。第三：如果一項科技可以產生更高效率或直接達成目標，並有助讓世界變得更美好，那麼能多走一步便是好事一椿。

說到這裡，讓我們回頭看看狄倫的歌詞，因為它本質上在講做正確的事情，即使沒人看著或強迫您做。同樣地，我們的責任是在數位革命中做正確的事，即使沒人看著或強迫我們。

》》可能性與選擇

在政府、社會、公司與個人各個層面，選擇盡最大的善心做善事。

把球踢給政府機關，讓法律和規範引領我們利用科技往造福社會的路前進，那真是太好了。但政府更有可能成為社會互助領域的整合者而不是領導者，因為政府光是設置並管理 21 世紀基本科技的規範，監管機構、立法機構和司法機構已經耗盡所有力氣，根本沒有資源及餘裕來預測新科技的長期影響，隨之而來一系列無止盡的變遷及對社會整體更廣泛的影響。

說到這裡，再回到數位革命的兩條路徑。一條是僅僅提高效率和利潤就完成了；另一條是在完成革命性變革的同時，讓世界變得更美好，也就是一條理念驅動的道路。

需要觸發哪些因素，我們才能成功？要怎麼吸引那些不守法、不守信的公司在「公民沙盒」（civic sandbox）中，與民選官員和社區領袖相處融洽發揮良好作用，並能提供股東要求的利潤？其中一個答案是：他們不會，他們只會繼續在現有的範圍內更有效地創造利潤。

其他公司做得更多，因為他們只想做正確的事，可能由具備前瞻性的人領導及管理，這些人瞭解這樣的行動對自己、朋友、家人所生活的社會是多麼有價值。他們可能明白，科技正在飛躍演進，並持續讓「做正確的事」以

從前無法想像的方式獲利。它本質上降低了行善的成本，讓行善變成更容易被採納的決定，這是真正的雙贏。

從本質上來看，這些公司不需別人指示或要求，即便在法律管不到的地方，也會選擇設定一個道德指南針，這形同於銀行業的誠信。他們會訂定黃金標準來進行商業活動，藉由理念和永續績效的共同信念，而非靠交易與季度業績，來吸引並留住有利可圖的客戶、忠誠有才華的員工及堅定的投資者。

其他公司會做得更多，因為他們會被自己無法掌控的力量所牽引。這些公司既不抗拒、也不鼓勵，相反地，他們瞭解市場的風向並重新調整，既要跟上同業的腳步，也要跟上消費者、員工和投資者態度的變化。

那些拒絕使用科技謀求更大公益的公司將在數位達爾文主義中遭到淘汰。意義上來說，理念驅動型金融將贏得勝利，因為這是正確的事情，也因為是企業自我保護的必要行動。

》》無窮無盡的岔路

隨著科技的發展，每次新的進展都為公司決策提供另一條岔路。想像您是數位長，在每項新科技革新引起注意時，您不僅想知道這項科技是否可行，而是應該如何看待這個革新的可能性，以及它能怎麼幫助我們達成理念。

上次工業革命中，人們認為科技進步較為簡單，主要透過提高生產力來達成。但數位化和數據代表著每一項進步都是多面向，我們正在創造的，是擁有人工智慧而無法獨立思考的科技能力，因此不能讚揚一項科技卻不考慮其後果，抓住了發展的機會，卻不願意承擔伴隨而來的責任。在當前所處的科技基礎上，只要我們有想像力和野心，什麼都能達成。既然現在已有了選擇，我們將會如何做決定？

我們假想的數位長可能依據臨時狀況做出選擇。技術 X 的優勢是利潤，技術 Y 的優勢是長期的市場佔有率，技術 Z 的優勢是對社區有利。這些選項會被

放進一個完全以交易為基礎的沙盒（transaction-minded sandbox）裡，這或許帶來好的結果，尤其是科技讓我們有「不傷腦筋」（no brainer）的選項：在行善時，也能幾乎不費力地完成社會公益，但它也可能不帶任何好處與壞處。

然而還有另一條路。這條路仰賴明確的理念、戰略選擇與對未來的精心「設計」。在這條路上，將「架構」出未來成為怎樣的公司及其背後的原因，希望員工為實現這個目標做出什麼貢獻，以及希望公司能帶來什麼影響，不僅是為了股東，更是為了社會。這條路是運用選擇的可能性，創造一個更美好的未來。這條路正坐落在社會願景、公司再造和消費者議題的交匯處。

更美好的未來始於對它的想像，然後創造更好的公司，並讓消費者做出有理念性的選擇。對每個社會願景、公司商業模式再造和消費者議題來說，明確的理念就像北極星一樣充當指引。雖然三者中的任何一個，都能推動理念驅動的變革，但只有在三者的共同催化下，才能真正實現大規模變革。

》》綜觀全局：打造一個更美好的未來

從分析的角度來看，大趨勢像是環境變遷，這些變化機械式地向前推進：它們可預期、持久、無處不在，並且影響深遠。若從近處看，他們更像是風暴系統，因為任何事件的發展都有隨機性。天氣預報行動 app 可能會警告您有一場暴風雨即將到來，但無法告訴您，它會如何行動及對您造成什麼影響。您可能收到警報，並採取一些預防措施，但風暴系統往往以其獨特的方式發揮作用。意味著儘管在每場暴風雨中倖存，調整策略是必要的。關鍵是理解、影響和準備更大的結構性變化。這些改變終將決定應對氣候變遷的社會，或是因應大趨勢的公司是否能永續繁榮。

因此我們必須著眼大局。是的，我們必須準備應對每天到來的風暴，也需意識到這些風暴只是更大趨勢的一部分。就像解決環境問題一樣，我們的行動必須經過整合、深思熟慮並維持一致，而不是隨波逐流、見機行事。畢

竟在這場數位革命中，我們既不是客觀的觀察者，也不是束手無策的受害者，我們是它的架構師（architect）。必須捫心自問：「在這樣的未來，我們想要成為什麼樣的人？」然後再問：「今日的決定與行動要如何帶領我們走向那樣的未來？」就像以前的革命一樣，這是我們正在塑造的結構性變化，而不是正在應付的週期性活動。這將是我們對社會的重新想像與構築。

首先，要創造一個令人信服、一致的願景及它所涵納的價值觀，這也是建立新未來的基礎第一步。願景能以更深的涵意直指人心，並找到真正的北極星指引人們做出困難的決策與戰略的權衡。在變革動盪之中，我們正從這種更深層次的理念汲取所需的毅力、勇氣與承諾，於個人、企業和社區皆是如此，對提供服務的人是如此，對購買服務的人也是。若任由這些新科技、工具或能力發展，市場力量將沒有原則、道德或良知來指導它們的應用與成果。這個責任無可避免地落在個人、企業與社會身上。

有鑑於我們談論這場數位革命已有一段時間（至少是過去的 20 年），可以花點時間看看記分卡。我們已經打造了變革性的科技，並推廣給幾乎所有人，應用在幾乎所有東西上。但成果到底如何？我們想像一個經由設計與理念而變得更美好的世界，可以理解、預測和影響成果更智慧的世界。一個更平坦的世界，在這個世界中，觀念的層次戰勝階級，發現與獲取知識的途徑是民主化的，將包容與永續制度化，人們從重複的程序中被解放，重新重視創造力、複雜性、連結與意識，並解決這個時代從人際疏離、公平性到全球暖化等重大問題。

這些野心勃勃的目標與實際的表現之間，還有些令人不適且無法接受的差距。是的，我們有能力、我們開始應用、我們有想像力，但需要將這些基礎轉化為具有理念性的成果。雖然不算失敗，革命也確實尚未完成。當後人回顧歷史時詢問：「對交付給這世代的革命，您們做了什麼？」而人們的評判依據便是這些成果。

現在還有時間導正它。目前所掌握既有的數位能力，使我們有機會開始

一場理念驅動的數位轉型，不僅是針對組織，而是針對一切的轉型。您可以這樣想像：首先綜觀全局，勾勒出由理念的北極星所引導的數位世界，某些公司和個人可能產生認同，接著一場運動就開始了。如果夠多人響應，它就會產生巨大的震波效應。

這會開始吸引理念驅動的思想先鋒。他們會又推又拉，透過努力打破慣性。試想一下電動車的發展之路，環保人士擁護它們、富有的買家支持早期車款，他們一起推動越來越多的實用產品，技術不斷改進、成本不斷下降，隨著技術成熟，也開始產生連動效應。現在，甚至連通用汽車公司（General Motors）都宣布不再使用內燃機的目標日期。另外，為了追求更潔淨的空氣，並為公民創造更永續的未來，中國政府最近承諾在 2035 年時，所有的新車將是「環境友善」（eco-friendly）車款。消費者的拉力、科技的進步、競爭壓力與政府的政策，都促成一場撼動地表、理念驅動的產業轉型。

但這樣的轉型並非如發條裝置般環環牽動，因此普通公司與一般消費者擁有力量驅動真正理念驅動的變革。所謂的「普通公司」，是雖然世界上有像蘋果與 SpaceX 這樣想像力源源不絕的公司，但大部分的企業在從事如銀行、投資、保險和其他常規活動時，也能在自己的領域內帶起由理念驅動的連動效應，並產生巨大的社會影響，因為他們每天都以多種方式觸及許多人的日常生活。

最後，您要嘛領導、要嘛被推著走、要嘛被推開。無論選擇是什麼，終究必須做出選擇，就像不投票實際上是對現狀的投票一樣，不選擇建構未來也是如此。我們要嘛定義並設計一個更好的未來，要嘛在變化的風暴中擲骰子。沉默也是一種選擇，而沉默帶來無數的風險。

》》打造一家更美好的公司

我們已經確定願景與目標，現在的問題是如何達成，企業就算不是唯一，也會是其中之一的關鍵角色。數位化創造改善現在生活的機會：它使體驗、

旅程與洞見更加個人化、有效用及有效率。然而它也創造了「做更好的事」的機會：數位化協助我們重新建立平台、再次激發活力，重新想像公司能為所有利益相關者創造價值。

理念驅動的公司將抓住這個機會，也會有企業面對群體壓力而選擇從眾，也有一些企業拚命捍衛過去的商業模式，結果悲劇又諷刺地失去與世界的關聯性及合法性。有些公司不再創造客戶、員工和政府所要求的廣泛價值，也總有些人徒勞地試圖挽救他們。

為了充分利用理念驅動公司的力量，企業需要提出攸關生存的問題，並給出明確的答案。為什麼值得存在？要怎麼使用自己的「力量」行善？由於很少有公司能真正重塑自己，我們很可能看到以漸進式的改進展現。至少，在理念的指引下，漸進式的步伐仍往正確方向邁進。

以最古老的舊式基礎設施，即電話客服中心為例。他們是邁向數位化的新前線。某些數位科技能為客戶提供更好的洞見與控制，其中許多技術可以大大減少客戶的來電量，並提供更好的體驗，如自動發送狀態更新的簡訊、追蹤工具和虛擬助理。然而，理念不應只停留在提高效率，提升效率為客服人員爭取到額外的時間，讓他們能專注處理更複雜、敏感或需要背景知識的諮詢，特別是需要發揮人性與認知能力的問題。

電話客服中心有一項科技，能讓客服人員即時監控、改善他們的同理心、與客戶的關係。這項技術的目的不是用老大哥式，強迫客服人員展現同理心，而是提醒他們：您們可以展現同理心，在電話中可以做自己，並在解決複雜問題的過程，建立人與人的關係。有了理念後，數位化不僅提高客服中心的經濟效益，還可以賦予員工改善客戶體驗的能力。從本質上對客服中心進行重新定位，並讓獲得新能力的客服人員，重新專注在客戶的支持與提高滿意度，而不僅是電話的接聽數量。在這個孤立並忽視許多人的世界，一個富有同情心、耐心與關心的聲音是多麼重要。

讓我們更進一步：將理念擴大到企業層面，可以改變一間企業及它的影

響力。以保險業為例，這個行業是當客戶面對逆境來襲時，能提供賠償來履行對客戶的承諾。而更高的理念是為客戶創造更加自信和完整的未來，為他們預測、預防和規避風險、提高復原程度。理賠是一個起點，而不是保險存在的目的。

在這個所有人事物都越來越能以機器連接的世界，有唾手可得的新科技，上述的一切都可能成真。這確實代表著企業要將理念置於首位：為個人，而非為「集體風險」服務，企業將運用新科技、建立新的夥伴關係提升客戶的健康水準，接受某些傳統保險下降的事實，同時尋找新的共享價值，並衡量理念性的成果。

每家公司都有權利選擇要不要行善，但選擇多做一點的公司會發現，客戶會自動找上他們，並隨著時間推演給予回報，而投資界也是如此。世界最大的資產管理公司貝萊德（BlackRock）的執行長，拉里・芬克（Larry Fink）明確認識到理念與長期利潤之間的關聯，正如他在 2020 年致所有執行長的信中所提到：

> 「理念不僅是單純的標語或行銷活動，它是公司存在的根本原因……利潤與理念絕對不是衝突的概念，實際上，兩者是密不可分的。」

而且，這不是說說而已，資產經理準備利用它們「超級大國」的地位影響其他公司。另一家最大的資產管理公司，道富公司（State Street）已經通知他們投資的公司，當不公開種族、民族多樣性及永續發展成績的公司受到提名及加薪推薦時，他們將投票反對。沒人願意持有「社會擱淺」（socially stranded）的資產，尤其當他們能為企業做好事的同時，也為社會做好事的時候。

理念驅動的變化也越來越常反映在消費者的態度上。根據愛德曼公關公司（Edelman）在 2020 年底進行的最新全球信任度調查報告（Global Trust Barometer）表示，在接受調查的 33,000 多人中，信任度有所下降，其中政

府和媒體受到的衝擊最大。相反地，企業，特別是「我的雇主」這個類別，正成為調查中最值得信任的範疇。

事實上在此次調查中，企業被認為是唯一有能力又有道德的實體。企業被期望能填補政府留下的空白，而執行長被視為解決關鍵議題的領導者。同時，消費者及員工表示，他們希望在談判中占有一席之地，且超過 60% 的人認為能迫使企業變革，這個現象正在發生。

消費者和員工對企業的期望更高，並打算推動看到的世界朝著他們希望的理想變化。隨著改進的空間越來越大，特別在金融服務領域，誰會在什麼時候衝出重圍，成為和新認知消費者的理想和目標一致的合作夥伴，便是後續重要的課題。

在抓住這個機會時，必須強調在理念的拼圖中，代表「公司」的兩片拼圖。首先是公司的行動，其次是員工的行動。這兩片拼圖不一定是代表同一件事。正如下個章節所說明的，員工和公司的領導人都有兩種身分，他們努力重新塑造公司的同時，在更廣大的社會中，也是一名消費者。

成功的公司需要認同理念的員工幫助他們轉型。那些不喜歡公司，或者

企業信任指數

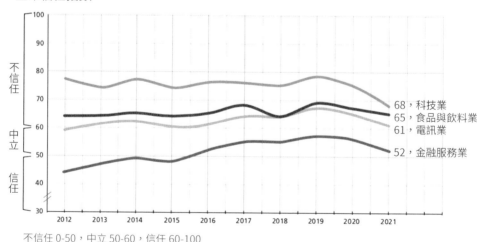

不信任 0-50，中立 50-60，信任 60-100

認為公司「沒有理念」的員工將會離開。是的，員工希望有更好的薪酬、生活和工作平衡及一系列的獎勵措施。但是問問自己，在報酬、福利和工作安排等所有條件都相同的情況下，您願意在開採石油和天然氣的公司工作，還是在製造太陽能和風力科技的公司工作？

　　展望未來，如果要重塑、重振、重新想像一個更美好的世界，需要由更具包容性和代表性的社會來規劃，並建立在更永續的基礎上。「包容性架構（inclusive architecture）」是否具有潛力與前瞻性，以及未來是否能更具包容性與永續性，將取決於公司是否有能力吸引、延攬並保留一批更具代表性及包容性的設計師、建造者、領導者及所有人。為達成此目的，我們要更加注重吸引更多元的群體，加入以跨學科 STEM：Science（科學），Technology（技術），Engineering（工程），Mathematics（數學）為基礎的教育、職業與領導。

　　關注人是非常重要的，如果想知道一家更美好的公司的模樣，進而知道一個更美好未來的模樣，要注意的是：答案可能會因受訪者和他們所在世界的經歷有很大不同。如果僅由那些看著後照鏡的人來回答大部分問題，就算提出正確的問題還是行不通的。

　　雖然企業可以說是最關鍵的角色，但如前所述，政府仍然發揮關鍵作用。在理念驅動型企業的領導下，政府將有動力做他們最擅長的事情：提供通用的框架、設立獎勵措施與保障，來鼓勵企業行動並保護產業，及制訂一套更全面的目標和政策，並同時考慮個人、社會、企業、全球和環境利益。雖然政府可能不會站在革命的最前線，但能提供保護、背景知識與共通的服務，使理念驅動的收益制度化，並協助擴大它們的規模。

》》 數字的力量：建立一個更好的消費者自我

　　當人們奮起時，新的領導者會出現，無論是國家或企業。這是將理念列入議程的方式之一。同時，消費者的群眾運動也讓企業意識到市場的轉變，

以及企業自身改變的需要。群眾運動也可能獲得民選官員的支持,最終修訂為法律。反過來又迫使更多企業加入,甚至連那些一開始表示抵制的公司。

像所有變革一樣,對未來有巨大的影響始於基礎的動員,這代表著消費者和投資者積極參與,及有理念性的自覺、選擇和認同產品及服務。做為消費者、投資者和員工,我們可以要求並推動轉型,獎勵與我們的理念與價值觀一致的企業,並打擊不符合的企業。在數位世界中,發現、獲得與獎勵「更好的」不只是一個機會,也是一種責任,而且還有一個前所未有現象:在數位世界中,只要輕輕點一下滑鼠就能做出選擇。

消費者在分配資源的方式與選擇上變得越來越挑剔。這種達爾文式的天擇,對有理念的公司來說更有利,因為它們更善於吸引和保留忠誠的員工與客戶。由於客戶現在能透過點擊滑鼠,發現、取得並更常進行轉換,也正在加速這種天擇的進化循環。

讓公司繼續認為「讓消費者更容易行善」是必要的,而政府讓繼續「做壞事」越來越困難,消費者需要接納數位議題,並讓它產生作用。科技、創新與革新已經改變許多行業,為消費者提供合法與實用的選項。理念驅動的公司積極支持人權、多樣性、永續發展與各種跨領域的議題。消費者需要做出有意識及深思熟慮後的決定,來放大他們的聲音,鼓勵並獎賞和個人理念一致的行為。做為消費者、員工或投資者,每個人都有機會和責任要求得到更好的成果。透過點擊滑鼠,消費者能逐步建立一個更有理念的世界。

》》下一步

那麼該怎麼做?要如何利用數位的力量,讓一場理念驅動的變革發生,做最多的善事?首先,您必須從那顆北極星開始。指引我們努力與投資方向的指北針在哪裡?必須想像社會應該是什麼樣子?如何運用政府、公司和個人的努力,來產生更多的公益,管理未來的風險,最終幫助人們和社會發展,

保護他們最關心的東西。為此可以闡明並制度化令人信服、前後一致的理念。

第二，將理念轉化成戰略要點、整體目標及關鍵里程碑。每個成員都需發揮單獨或集體的作用，政府需要制定反映在政策中的多面向目標，並提供保障、獎勵與投資，以領導業界加速發展。公司需明確定義和展現他們的理念，接受他們對所有利益相關者的責任，並將其制度化。個人在做決策時，需加入有意識及深思熟慮的想法，認可且獎勵放大他們想法的公司，並離開辦不到的公司。「理念只存在簡報中」的日子已經過去了，企業需要展現強而有力的觀點，並依據展現的行動與成果來判斷，而不只單看他們所宣稱的意圖。

第三，研究如何利用您的超能力。每間企業都有特殊的能力或機運，可以讓目標的影響力倍增，遠遠超出自身所能企及的範圍。對保險業來說，超能力可能是保護客戶的預測性風險管理；對資產管理公司來說，可能是投資與理念的相結合；對銀行來說，可能是強調包容性的貸款政策。科技提供我們完全嶄新的方式，去理解、發現和融入公司、客戶與社群。做為企業領導者與消費者，我們的問題是：如何利用這個機會？

第四，永遠為行善的目標進行設計。請記住，某些事能利用科技達成，但不代表您非得這樣做不可。您可以在制定目標和保障的過程中，積極促進並鼓勵多樣化而努力。建立強大而嚴謹的道德框架和以理念為基礎的原則，然後將其應用制度化。

最終，這些應用於政府、社會、公司和消費者層面的步驟，將按照各自的時間表與邏輯運作。如果它們同時交疊在一起，也可能出現不穩定的因子。在一個連結、發現與選擇無所不在的新興世界中，可能使理念驅動的公司快速地從「做得不錯」變成「成就大事」，而對沒有理念的公司從「做得不錯」走向「銷聲匿跡」。

我們的未來將由今天的願望和行動決定。我們的選擇是隨波逐流或展現意圖，正如歷史所表明的，如果您不堅持某些事情，終將失去一切。只要將

未來的共同願景結合公司轉型與消費者意識和行動的提升，便能促成雪球效應，這是令人興奮的想法。它能夠且應會促成一場成就善良，或甚至偉大地撼動地表的轉變。

格雷格 · 巴克斯特
Greg Baxter

他的任務是建立一個由顛覆性科技而驅動，更永續、繁榮、包容的世界。

他是一位成功的領導者、戰略家及科技專家，並熱衷於重塑及改造公司，確保他們在快速數位化的世界中不被拋下並持續成長。他的職涯中曾領導世界最大的幾家金融服務與科技公司，進行科技發展與轉型，並以金融服務業資深戰略顧問的身分為全球的客戶服務。

巴克斯特同時活躍於金融科技、科技與網路安全公司的董事會及顧問公司，並曾在皇家國際事務研究所（Chatham House）擔任獨立董事。他被公認為是數位改革、戰略與商業模式轉型方面的領先思想家與演說家，曾在華盛頓美國大學、哥倫比亞大學、紐約大學和牛津大學擔任客座講師。

巴克斯特是澳洲與英國的雙國籍公民，擁有蒙納許大學的理學士學位及墨爾本大學的企業管理碩士學位，他和他的妻子住在紐約，熱愛鐵人三項、在週末爬山及追逐他的 2 個孩子。

專訪阿德里安 · 戈爾，南非探索集團創辦人兼執行長

在尋找理念驅動型銀行的過程中，科林 · 艾爾斯（Colin Iles）將我介紹給探索集團（Discovery Group）的創辦人兼執行長，阿德里安 · 戈爾。艾爾斯是這類方法的狂熱信徒，也是我住在南非的好朋友，而探索集團顯然是一家理念驅動型的金融公司。以下是它的故事。

▶ **您什麼時候得出結論，企業建立強大理念，將是更好的商業模式，而不僅僅是追逐利潤？**

其實我很幸運。建立一個有理念組織的想法，確實從探索集團成立之初就一直伴隨著我，它是從 1990 年代初期發生在南非的事件所形成。納爾遜 · 曼德拉（Nelson Mandela）剛剛掌權，明顯有一股強烈的動力，要發展平等主義的醫療體系，這可能與奧巴馬醫療法案的理念相似。

在那些日子裡，幾乎沒有足夠的醫生和醫療專業人員診治嚴重的疾病，像愛滋病和糖尿病這樣的疾病非常普遍，正確地說，您不可能啟動一個系統，排除那些不幸患有既存疾病的人。我們全都無法結束一個時期對另一個時期的歧視。

這些因素造成一種情況，即我們無法直接對人們進行精算風險評級，因此必須研究如何創建一個永續的健康保險模型，並考慮到這些潛在因素。我們的結論是必須找到一種方法，讓人們更健康，讓他們保持在風險共擔（risk pool）團體中，以及減少對醫療服務的需求。

探索集團從一開始就以理念為導向，以價值觀為動力。但這個理念建立在一個深信不疑的信念之上，這是我們設計出可行商業模式的唯一途徑，重要在於理解這不是一個絨毛填充玩具的想法，它來自這個國家的現實情況。

每當我回首往事，仍然對我們想出並決定營運的簡單想法感到驚訝。實際上，我認為我們開發了一種相當漂亮的保險模型，對那些認為保險一點也不怎麼樣的普通人來說，這聽起來像是一種矛盾修辭（oxymoron），但我真的認為它是。透過專注於幫助人們延長壽命，我們能創造一個良性循環，因而提高盈利能力。

我們的目標及投資者的目標，與客戶的目標完全一致。根本不存在不和諧的情況。換句話說，如果您能讓人們更健康，這對他們有很大的好處，同時對我們也大有好處。大約 5 年後，我們才真正更深入地關注這一體認。就在那時，我們開始思考是否可以利用部分利潤，來激勵人們嘗試變得更健康，這就是創建「活力模式」（Vitality model）的原因。如果我們從利潤池（profit pool）中拿出錢來，透過補貼會員資格鼓勵人們加入健身房，或在診所支付預防性檢查，隨著時間的推移，確實會產生更多的利潤。

▶ **您能解釋探索集團的理念是如何深植？例如，我曾與其他高階管理人員談過，他們說您幾乎每次會議開始時都會重述公司的理念。**

幾乎我所做的每一次演講都以重申我們的理念開始。在 1990 年代和 2000 年代初期，我認為理念還不是重點的時候，對所有的分析師和投資者演講開始時，會簡單介紹一下我們的理念。在那個年代，它完全像一條離開水的魚。分析師們都在關注經濟附加價值（EVA：economic value added）和資本回報

率。對許多人來說，空洞的開場白是令人討厭的，但我們一直專注於理念和價值觀，在 12,000 名員工中，大多數人都知道這些價值觀，但所有人都肯定知道我們的理念。

▶ 理念對公司內部的決策方式究竟有多重要？

我認為理念為組織創造了與其他企業不同的形象。人們不會將我們視為交易型公司，這有助於我們僱用最聰明的人，如果把重點放在投資回報率和股價上，那會惹惱我們的員工，會認為這是將他們辛勤的工作貨幣化了。*最聰明的人會明白我們不是在追逐金錢。我們在追求理念。*

▶ 您在相當年輕的時候就開始探索之旅。理念是根植於您的 DNA 中的東西嗎？您是如何開始這樣思考？

我不知道，這是個很好的問題。當我開始創立探索，並從南非蘭特商業銀行（Rand Merchant Bank）籌集資金，整個故事都是關於做一些意義深遠的事情，而不僅僅為了賺錢。我也一直想產生影響，而不只為了獲利，很幸運有機會與一個和我一樣關注影響力的創始團隊密切合作，當然，這個國家的局勢對我影響很大，在醫療保健領域也很有幫助。這些都使我們能以更理想化的心態，來看待業務所能實現的理念。

▶ 它始終保持不變，還是隨著您的成長而適應新的環境？

我們什麼都沒有改變，從一開始就有讓人們更健康的理念和一套核心價值觀。在 27 年的時間裡，對這些價值觀進行了 3 次審查，只做了細微的改變，最大的改變是增加了一個新的價值觀——專注成為社會公益的力量。它的耐久性令人難以置信。諷刺的是，越是重複您的理念，您就越堅持它，我們的員工和其他利益相關者就越認為它是真實的。

▶ **既然您已經涉足銀行業，您的理念是否同樣適用？典型的銀行並非圍繞著理念建立。**

我不想長篇大論地回答這個問題，但我們與哈佛的麥克爾・波特（Michael Porter）做了一些研究，他向我們介紹共享價值的概念。我們開始考慮模型的可重複性，開始捫心自問，是否可以應用這種降低死亡率曲線的模型來創造盈餘，為其他領域的激勵措施提供資金。當然，人壽保險顯然是下一步，但後來看到南非的交通事故率有多高，並想知道是否能提高駕駛標準來減少事故數量。

以銀行業為例，我們感覺可以嘗試幫助人們更好管理他們的資金。探索銀行的整個理念是使用「活力結構」（Vitality structure）為客戶提供一個架構，幫助他們更好管理資金。共享價值模式（shared-value model）與原始「活力模式」的本質是類似的數學式，我們不是在彎轉死亡率曲線（mortality curve），而是在彎轉信貸違約曲線（credit default curve），只需要稍微調整一下措辭，從身體更健康到財務更健康。（譯註：Vitality 是探索集團推出的獎勵方案，鼓勵客戶從健康、金錢和駕駛三方面，調整為更好行為模式及生活風格，以獲得更健康的生活。）

當我們覺得該模型可以適用時，才會進入這些領域。

▶ **您花很長時間才做出這個決定。那是為什麼？**

嗯，這很有趣。2007 年，我們與南非第一國民銀行（FNB：First National Bank）合作推出探索信用卡。信用卡的整體構想是提供獎勵和激勵措施，這些措施會對客戶獲得的銀行福利產生積極影響。銀行的想法並不新鮮，但對我們來說，冒險進軍這個領域是重大的決定，必須 100% 確信我們的模式能夠奏效，並且投資者會支持該計畫。還要注意，我們並非試圖直接與銀行競爭，也沒有提供低成本帳戶等服務；恰恰相反，我們希望人們能夠很好地管理自己的資金。

▶ **您提出一個有趣的觀點。在一次演講中說，大多數銀行在利率和獎勵方面競爭，但您在行為方面競爭。**

是的。我們的想法是如果我們可以改變您的行為，您的存款利率會因而上升，貸款利率則下降。意思是如果您表現良好，您可以用 prime 的利率或是 prime-2 碼的利率借貸。我們現在與一系列供應商合作，讓客戶獲得幾近荒謬的折扣。

更好地管理您的健康、金錢和駕駛，確實為客戶帶來回報。因此，銀行整個套裝服務都基於完全相同的基礎。我們有個非常自律的模型，相同的貨幣（虛擬貨幣亦然），相互疊加的驅動狀態，讓您能在生態系統內產生倍增的效應。

▶ **您如何管理貸款架構？我們看到很多金融科技公司使用人工智慧依據各種不同數據，如社群網路到平均手機電池壽命等來推動貸款業務。**

是的，我們正在探索這些問題，但所做的事情有個根本的差異。許多這類模型是套用現有的模型，會對風險進行錯誤定價。而我們的做法恰恰相反，正在使這個流程民主化。我們向您展示您的利率如何根據您的行為而改變，所以動機是不同的。我們正在向人們展現如何改變他們的處境。

▶ **難道您不會冒著因鼓勵每個人減少債務，而減少自己利潤的風險？**

並非如此。首先，「活力資金」（Vitality money）有五個類型（利潤流），無擔保債務只是其中之一，如果債務攀升至某個水準以上，將受到相當大的懲罰。我認為我們不適合對人們應該擁有多少債務做出價值判斷，但在某些情況下，小額債務對某些人來說可能非常重要。

銀行評分模型是有效的，但它們通常基於某些時間點，而我們根據您自己的行為提供連續的測量，獲得更準確的資料，因而為人們提供了妥善管理資金的方式，但那些管理不善的人則受到更大的懲罰。

我不相信借貸會產生損益誘因。它更像在客戶之間動態的重新分配信貸風險和利潤的依據。

▶ **最近您說，在疫情流行期間，開辦銀行對您有好處。那是什麼意思？**

在新冠疫情期間建立新業務，可能對我們有所幫助，因為競爭對手會較少關注我們。在疫情流行之前，競爭對手更擔心我們。所以在這方面，我認為這更容易。話雖如此，在疫情期間銷售信貸並不是理想的時機，必須非常審慎。如果市場出現泡沫化，我們會發放更多貸款。這是一種權衡。

我認為開始行動是件好事。我們把系統做好了，競爭對手對我們的擔憂也減少了。它幫助我們建立了自己，希望能在更好的時代快速成長。

▶ **探索銀行會吸引什麼樣的客戶？目標客群是高收入者嗎？**

我想我們的客戶細分並不如其他銀行準確。我們跨入了大眾富裕的領域，但仍遠遠不夠。這不是私人銀行巿場，我認為潛在的客群是已經是健康客戶的 4～5 百萬人。

▶ **加入銀行的人們通常是現有的保險客戶？**

是的，一點沒錯。其實在某種程度上是有益的。探索會員的價值主張是如此強烈，我希望它能變得更強大。我們希望在整個產品系列中提供良性的激勵結構。

▶ **理念驅動模式和較小的投資池對您有幫助嗎？**

我想是的。以理念為導向，擁有清晰的商業模式，以及理念一致但相對較少的主要投資者，這些都非常有益。我不記得籌集資金有什麼困難。我們有一個強大的故事，這似乎是機構投資者喜愛的。理念驅動、共享價值模式是關鍵差異所在，我還認為基於我們的商業模式和理念，有在南非實現全球

化的能力，就像是平安（Ping An）和約翰漢考克（John Hancock）等公司。理念和伴隨而來的故事意味著我們可以在全球範圍內擴張，而其他更多的交易型公司會發現很難做到。我不認為許多發展中國家的公司能像探索集團取得的成果，能影響世界一流國家中領先企業的商業模式。

我們的合作夥伴現在看到了理念的潛在好處，尤其是在新冠疫情後的世界中。

▶ **您認為金融機構，在未來 10 年將如何變化好承擔更多的社會責任？**

不可避免來自社會的壓力將迫使銀行專注於做更多好事。展望未來，共享價值模式將成為強大的差異化因素。我希望看到更多的組織更加努力與客戶更直接地協調和分享價值創造。我還認為，如果金融機構繼續過度投資於污染的公司（dirty companies），不公平地對待客戶的話，將面臨壓力。

如果現在觀察與我打交道的合作夥伴，會被他們從單純的交易轉向有理念行事的速度所震撼。他們現在正試圖影響人們。

▶ **很多我的美國朋友仍然說我在談論「kumbaya」銀行業務。**

（譯注：Kumbaya 是美國 20 年代非裔基督徒的宗教歌曲，50 年代成為露營歌曲在營火旁歡唱，因此中文歌名翻譯為「歡聚一堂」。現今則常被美國政客用來表達對某種一團和氣的場面的嘲諷。）

我能理解，但改變即將到來。密爾頓 ‧ 傅利曼（Milton Friedman）和股東至上資本主義所帶來的問題正被檢視。在紀念他的刊物出版 50 週年的一場演講中，有人提出問題：「如果您相信利益相關者資本主義，您相信的是那個利益相關者？」我們不是神，您如何在客戶、員工或股東之間做出選擇？

我們堅信，如果您圍繞著理念而努力，會得到一個更協調的模式服務不同的利益，不需要考慮相互或合作模式。您可以創建龐大的組織，毫不掩飾

地專注於利潤，但它們是由健康積極的社會利益驅動的。

我們已經看到北美的合作夥伴提供令人信服的資料顯示，持續創造成倍的更高價值，轉售價值有時會新增 50% 以上。換句話說，共享價值模式所帶來的利潤更高。

因此，這些統計資料向我們表明，有理念的、共同的價值觀，在亞洲和北美具有驚人的競爭力。

▶ **您如何看待科技的作用？**

它是所有事物的根基。衡量、監控、分享、激勵和教育的能力，都是科技實現的。如果客戶必須繼續填寫表格，這對他們來說是行不通的。科技讓我們能更密切地瞭解人們的生活。

生態系統之間的界線也日益模糊。以中國平安金融集團為例，它開始提供醫生諮詢和健康建議──只能透過科技來實現，並且正以飛快的速度加速完成。例如我們正在成為 Zoom 銀行家，服務通路已是 100% 數位化。（譯註：Zoom 為遠端會視訊議平台）

▶ **在一些影響層面較大的事件如新冠疫情，您觀察到那些行為改變？**

首先，它消除了許多人為障礙。以線上醫療為例，在新冠肺炎疫情之前，我們一直無法讓需要開立處方籤的病患與醫生藉由 Zoom 的視訊會議完成問診。在新冠疫情開始大流行後大約 4 天之內，障礙就被消除了。因此，科技在未來至關重要，我們看到像是新冠疫情此類的突發事件，對創新的需求增加了。

▶ **您曾說過，因為您們的理念，ESG 不會成為探索集團的限制，這很有趣。這麼說是什麼意思？**

大多數公司似乎都把 ESG 做為新增的議題。幸運的是，我們的許多計畫

都已直接符合 ESG 的要求。例如，我們討論發行「活力社會債券」（Vitality social bonds）的想法，其中回報是透過政府醫療保健工作的改進來償付，相關資料相當有說服力。

我們正在大量投入資源的另一個領域是「活力點子」（Vitality idea），鼓勵人們進行綠色行為，少吃肉和擺脫家裡的污電力（dirty power）都是正在探索的領域。這些都基於相同的架構，教育觀念並透過激勵來改變行為。如果我們可以延伸這個概念，那麼推動「健康」氣候的想法，將是顯而易見的一步。

▶ **如果我的理解正確，似乎一個想法若與理念不一致，您就不會推動它。**

沒錯，就是這樣。我們會研究與我們的理念和共享價值模式一致的任何想法，但不會碰觸任何超出這個基本限制的想法。

▶ **如果我見到您們的董事會和投資委員會的成員，他們會是同樣的觀點嗎？**

當然會。我不知道他們是否有像我一樣的熱情，但在審查業務時肯定會應用相同的準則或篩檢標準。

▶ **您根據實現公司理念相關的標準，衡量您的直接下屬和給付報酬？**

這是個好問題。我們不會直接激勵員工，但他們會從利潤中獲得報酬，這與客戶的「活力狀態」有關。我知道其他公司也嘗試將理念和報酬連結起來，如果拿其他偉大的共享價值公司為例，比如雀巢，他們會創建一個與業務無直接關連的單位來幫助供應鏈。

不同的是我們不需要這樣做，因為增加利潤與實現我們的理念密不可分。

▶ **所以模型是主軸？**

絕對是的。我們建立客戶行為、「活力狀態」和死亡率之間的相關性。

如果模型失效，就會開始瓦解，利潤就會下降。因此，每個指標都與該模型相關聯。

▶ 您必須激勵員工成為有理念的組織？

這可能是個有爭議的觀點。如果您有一家真正以理念為導向的公司，我不確定您是否需要付錢來實現理念。如果您看看我們公司的敘述，正如您所說：「人們著迷於活力狀態水準。」所有的軼事和對話都集中在改善這些領域，與他們的薪酬理念沒有直接關聯。

我不太相信報酬的效用。我不認為最優秀的人是為平衡計分卡的指標而工作。他們找到了更崇高的理念，我知道這聽起來很天真，但我真的相信，從未見過引入平衡計分卡帶來令人難以置信的驅動力。

▶ 安東尼 · 湯姆森（Metro 和 Atom Bank 的聯合創辦人） 指出，理念是第一位，然後理念定義了您的價值觀，它定義了您的文化，這是吸引人們加入公司的原因，而您不需要激勵它。

我完全同意。有時，我們遲遲沒有確定報酬，這並沒有影響什麼。報酬固然很重要，但當人們放棄與家人在一起的時間努力工作時，這取決於理念和價值觀。事實上，您的問題很明確，問我們是否可以將薪酬與「您讓人們更健康嗎？」連結起來。如果您能做到這一點，這只是強調了理念的重要性。

不得不說，我不希望在這裡的工作人員僅是為了獎金。最優秀的員工做事是為了實現理念，獎金在很多方面都有點學術性。

▶ 很明顯，理念是基礎。為什麼您認為您的同行很難複製有理念的模式？

您要麼有理念，要麼沒有。理念是罕見的。如果您一開始沒有理念，就很難找到理念。幸運的是，我們在成立和起始後都有堅定的理念。您不能簡單地把一個理念強加給一家公司，然後期望它會做得很好，因為它不是真實

的，也不在他們的基因中。

　　如果一家交易型公司想要發展理念，這是大事，一件非常重要的事情。為了發展理念，他們必須改變產品和商業模式。我希望這聽起來不傲慢，它不應該這樣做，因為這恰恰和他們現在做的事完全相反。而我們非常幸運能夠在早期建立一個理念。

▶ **保羅 · 波爾曼（Paul Polman）就是一個很好的例子，他推動聯合利華（Unilever）的理念轉型，那麼公司有可能找到理念？**

　　是的，當波爾曼進入聯合利華時，他有著深刻的信念。這與進入公司，學習理念如何使您有利可圖，然後嘗試實踐一個理念有所不同。我認為這可能有害。我不認為您可以將理念作為發展利潤的策略。諷刺的是，這就是悖論（paradox），那不是理念。如果您想制定一個有理念的戰略，您需要找到一位擁有深刻信念、令人難以置信的力量，並被證明有能力實現它的領導者。

▶ **您認為典型的股權、投資者或董事會模型，有助於融資和支持更有理念的公司嗎？**

　　當然在南非，我認為董事會和投資界都非常關注轉型的必要性，以至於他們沒有時間多考慮理念。再次重申，我們很幸運，從一開始在轉型和理念之間沒有不協調，因為這就是我們的理念。

▶ **最後一個問題。您在 26 歲時創辦這家公司。您的動力是什麼？還想實現什麼？**

　　聽起來很無聊，但我想達到同樣的理念。我仍然覺得我們的模式處於萌芽狀態。我們在南非經營得很好，但如果以全球標準來看，仍然是一家中小型企業。我希望看到這種模式，能夠透過合作夥伴實現全球化，並真正產生影響。

　　我們的既定目標是到 2025 年讓 1 億人更健康、更積極地鍛煉身體。這就是我的動力，可以這麼說，我沒有動機賺更多的錢。在新冠疫情後的數位世界中，隨著人們對健康和復原力的日益關注，我們的模式越來越處於最佳狀態。

阿德里安 · 戈爾
Adrian Gore

　　南非創業家，探索集團的創辦人兼執行長。他於 1992 年在南非創立探索集團，理念只有一個：「讓人們更健康，改善他們的生活。」此後，探索集團已發展成為一家多元化的跨國金融服務集團，被公認為是將健康行為改變與健康、人壽和短期保險綜合的全球領導者。在戈爾的領導下，探索集團和「活力共享」價值保險模式已遍佈 28 個國家，服務全球超過 2,000 萬會員。

共創更美好的世界

撰文｜羅蘭范德 ・ 沃斯特，荷蘭合作銀行（Rabobank）創新主管

　　當我想到創新時，經常想起過去 50 年來，最具創新性的車型之一：雪鐵龍（Citroën）SM。法國汽車製造商於 1970 年代推出雪鐵龍 SM，這款車擁有優美的流線，開發利用了從更便宜的前車款 DS 中所汲取的經驗。值得注意的是雪鐵龍 SM 採用了瑪莎拉蒂 V6 的引擎，使它成為一款與眾不同的車輛，而且速度極快（就當時而言）。然而，任何一位駕駛很快會發現瑪莎拉蒂的引擎，有時對車輛的其他部分來說過於強大。如果駕駛過於用力踩下油門，汽車會開始發出響聲，在義大利六缸引擎的作用下，排氣管出現問題，車身也會吱吱作響。車輛引擎的原始動力有時會使它優雅的外觀黯然失色。更重要的是為了解決這個問題，您需要彼此相互不瞭解的機械師之間的合作：「法國汽車製造商和義大利引擎愛好者。」

　　這感受就像在一家大公司進行創新時的感覺。有些人希望在雄心壯志和創業思維的熱情驅動下，全速進行創新，組織的其他成員很高興有他們加入，卻受到現有優雅「車體」的限制。一家大公司的創新者是一名駕駛知道該把油門踩到什麼程度，才能確保這種組合帶來令人印象深刻的結果。

　　荷蘭合作銀行的創新，意味著投入新的創新能力，同時最大限度地利用現

有的「車體」──我們的合作根基。荷蘭合作銀行進行公益相關事務,並不是行銷技巧,而是源於我們的合作歷史。(譯註:荷蘭合作銀行集團由荷蘭 174 家獨立的地方合作成員行、荷蘭合作銀行中央機構以及其子公司構成。) 我們是由 19 世紀農民所成立,為糧食和農業(糧食暨農業 food and agriculture)提供資金。做為一家領先的農業銀行(糧食暨農業 bank),我們始終保持「共創更美好的世界」(Growing A Better World Together)的使命。

讓我從這個使命的最後一個字開始:「共同」(Together),是合作精神的精髓。它並沒有完全脫離經濟現實,為追求合作精神而行善,不是一項慈善行為。形成合作關係是為了應對風險,比過去任何時候都更加重要,不僅適用於銀行業,整個世界都面臨著更大的不確定性。

有不同的方法降低風險。第一種也是最明顯的方法,是讓其他參與方來承擔風險。收購案的增加已是確定趨勢,在世界各地,我們看到實力較強的一方收購其他受到疫情重創的企業。隨著實力較強的企業收購實力較弱的企業,可以預計在越來越多的產業,也會看到同樣的情況。

第二種方法是透過多樣化來分散風險。例如,在糧食暨農業產業,我們看到農民正在尋求向更多買家出售產品,來降低他們的風險及對規模太小市場的依賴。

第三種方法是合作。這成為了荷蘭合作銀行的基因。您能看到這反應在我們的合作精神上:「共同解決您無法單獨解決的問題,從而消除風險。」

荷蘭合作銀行是一個世紀之前由農民組成的,聯手確保獲得更好的市場流動性。儘管這樣,所有創新的指導原則是:我們共同聯手尋找使解決方案最大化的方法。基於這種認識,使得共同獲得的成果比單獨完成取得的成果更多。它反映了我們的世界觀真正地改變,而不是把生活和商業視為零和遊戲(zero-sum game),只有當對方輸的時候,您才能贏。反之,荷蘭合作銀行相信正和(positive sum):「盡可能找到每個人都受益的解決方案。」

我們使命的第一部分,提到一個更美好的世界。問題是,一個更美好的

世界會是什麼樣子？我想提及兩種能體現的領域：在糧食暨農業產業，我們是世界上最大的參與者之一，同時積極參與荷蘭社會議題。目標是利用我們的合作思維，促成這些領域的轉型。換言之，超越提供金融產品，基本想法是鼓勵各方之間建立強有力的夥伴關係，讓世界變得更美好。

》》糧食暨農業產業轉型：永續地養活世界

荷蘭合作銀行的糧食暨農業目標是永續地養活世界，這也是我們使命的一部分。到 2050 年，地球上將達到 100 億人口左右，要能養活他們，同時減少對地球資源的負面影響。這需要巨大的轉變，合作銀行大部分的創新都是為了完成這個使命。銀行在幫助世界的同時，必須尋找新的、可持續的收入模式。

利用我們現有的關係，將銀行的合作思維和糧食暨農業使命結合在一起。荷蘭合作銀行使用新科技和可取得的資料來實現這一目標，同時結合組織並幫助它們共同改善。

一個例子是「信用連接」（Credit Connect）。借助「信用連接」，我們利用所掌握的選項，產生新的替代信用評級，以實現糧食暨農業使命。幾十年來，荷蘭合作銀行一直以熟練運用信用評級而聞名。這是長期以來，銀行去中心化的組織結構所形成的。過去，行員熟識村裡的每一個人，所以他們知道特定的農民或企業是否值得信賴。而今，行員過去在村子裡收集的舊式資料，已經被數位資訊所取代。

為了養活世界，我們必須支持小農的生產力。第一步是獲得資金，這很困難，因為涉及的成本很高，因此我們正在研究如何利用新科技，以準確、便宜和可擴展的方法做這件事。我們認為這是一種評估小農信用額度的方式，並讓他們與生態系統中的各方接觸，例如當地銀行、主要食品公司和合作企業。

第二個例子是創建一個碳銀行（carbon bank）。我們該如何防治土地退化（land degradation），同時減少二氧化碳的水準？藉由提供小農經濟激勵，

讓他們轉向農林混作（agroforestry）。我們幫助他們植樹，並設法利用衛星資料，以具有成本效益的方式計算將可從大氣中去除多少二氧化碳。這些資訊被轉化為高品質的碳信用（carbon credit），銀行將其出售給希望減少二氧化碳影響的大客戶。透過這種方式提高農民的生產力，同時減輕地球的負擔。我們的確引用「碳」做為一種貨幣，這是「永續地養活世界」的好例子，該計畫符合更廣泛的荷蘭合作銀行碳銀行計畫，荷蘭合作銀行做為中介機構，為減少碳排放的計畫匹配供給和需求。

第三個例子是可追溯性（traceability）。這是綠色和平組織和許多商界人士所說的「糧食系統已經崩壞了」，例如達能集團前執行長范易謀（EmmanuelFaber）和聯合利華集團（Unilever）前執行長，保羅‧波曼（Paul Polman）都這樣說。在整個政治光譜內，人們都認為糧食系統效率低下，給地球帶來了不必要的負擔。主要原因是它根本不是一個系統，不是整體的系統，而是各個部分相互配合。

在科技發展和持續增加的資料可用性支持下，各個部分可以連接在一起。可追溯性是荷蘭合作銀行致力於發揮連接作用的領域之一，利用資料有助於糧食暨農業供應鏈的轉型。做為一家領先的糧食暨農業銀行，荷蘭合作銀行在糧食暨農業供應鏈上，有很多合作夥伴向我們融資，讓我們成為客戶值得信賴的一方。荷蘭合作銀行藉由供應鏈的合作夥伴，在促進和鼓勵整個供應鏈的可追溯性方面享有獨特的優勢，透過將可追溯性資料、金融解決方案和其他服務，例如提供研究成果、相關知識和我們的碳銀行，將它們連接起來完成這個目標。

可追溯性平台的數位基礎設施，把建立和監控從原產地到最終消費者資料流的基礎，變成對產品規格及生產過程、品質和可持續性的洞見。荷蘭合作銀行提供的金融和新服務提案，從這些平台中截取資料，同時增加共享資料點的需求。此外，他們將資料及洞見連接起來，規劃行動方案刺激價值鏈中的糧食暨農業轉型，例如透過（財務上）獎勵永續行為，激勵社會和環境

永續性的改善。我們認為（金融）解決方案是可追溯性平台的加速器。

》》荷蘭的社會參與

由於深深紮根於荷蘭，我們在本地銀行的網路非常龐大。直到最近，本地銀行還擁有獨立的地位，做為彼此合作的主體。然而，在數位轉型的過程中，我們逐漸關閉分行，但讓本地社區保持活力。銀行不再是街道上的 1 棟建築物，我們正在荷蘭合作銀行的大傘下，建設和發展合作社區。荷蘭合作銀行正利用創新，使得新方法能保護和強化當地的根基。

我們利用數位科技來加強與會員聯繫，他們的數量正在大幅增長。例如會員可以使用我們的行動 app，為自己的俱樂部或協會投票，以獲得資金，它可以利用這些資金繼續或擴大其行善的工作。

由於知識、網路和資金的貢獻，俱樂部和協會將資源用於社區，取得令人印象深刻的成果。例如為殘疾人士規劃培訓計畫，讓他們的俱樂部更可持續，在餐廳提供健康食品，提供重新融入社會的課程和關於招募會員或數位化的研討會。透過這些管道，銀行利用網路和知識幫助俱樂部相互學習。

另一個例子是多年來荷蘭房市一直過熱，首購族能負擔得起的房屋越來越少，同時該行業面臨著巨大的可持續性挑戰。合作銀行與我們的房地產開發公司合作，開發創新的新計畫，提供首購族租房機會，日後以優惠條件購屋。我們正透過集體的力量實現這個目標，因為合作銀行擁有建築公司，做為荷蘭最大的建築公司之一，可以為社會上最弱勢的族群創造利益。

總之，銀行能從中獲得什麼？我們如何看待銀行業的未來？我們相信，隨著全球風險的增加，擅長評估風險的公司能證明自己的價值，這說的是銀行。我們將這種能力與源自根基的一系列社會價值相結合：「共創一個更美好的世界。」

羅蘭范德・沃斯特
Roland van der Vorst

荷蘭合作銀行批發和農村（W&R Wholesale and Rural）部門的創新主管，也是台夫特理工大學（Delft University of Technology）的兼職教授。他的職涯從市場行銷開始，後來擔任荷蘭 BBDO 環球網路公司的董事長。之後，他在創新和品牌方面創建了自己的公司，於阿姆斯特丹和德里均設有分公司。在新加坡從事創業輔導工作後，他又回到荷蘭，成為智庫和創新公司 FreedomLab 的常務董事，並接受台夫特理工大學兼職教授的工作。

沃斯特寫了 5 本從好奇心到創新等不同主題的書，他是荷蘭《金融時報》每週科技與創新的專欄作家，已婚並育有 3 名男孩。

來自南半球的觀點：
一間由理念驅動的澳洲銀行

撰文｜科林‧米萊斯，澳洲教師互助銀行（Teachers Mutual Bank Ltd）、
　　　社會責任銀行業務（Socially Responsible Banking）負責人

　　1966 年，當 4 位教師在雪梨的網球俱樂部聚會時，他們沒想到用幾百美元創立的儲蓄社（saving club），最終成為世界上最具道德感的公司，並且是現在風靡的理念驅動概念的發起人之一。他們有明確的理念：「人」，營利或銷售產品並不是一開始真正的起點，而是隨著時間演進逐步發展。如今，這個理念沒有改變，但發揚它的方式卻大不相同。

》》》變革

　　1960 年代，澳洲正逢社會動盪時期。在爭取婦女平等、原住民權利與免費教育的同時，還發生大規模反對徵兵的抗議活動。教師們很難獲得銀行貸款，如果您是非正式教師、臨時教師或者女性，更是連門都沒有。教師們因此建立了一個基於互助合作原則的教師銀行，每個成員都有平等權益的股份，並將利潤回饋給成員。50 年後，該信用合作社現在被稱為教師互助銀行，秉持著一樣的原則持續至今。

　　這家銀行可能很復古，它不跟隨潮流，沒有人真正關心這家銀行的來歷，

當然也包括潛在客戶或新進員工。創辦人的故事並不有名，或許會有一些在信用合作社分行有免費啤酒的愉快記憶，或是用 250 澳幣買下雪梨房子的例子——雪梨如今是世界上房地產最昂貴的城市之一。

然而，如果「理念」是現在的新典範與閃亮的當紅潮流，這家小型信用合作社已經在這條路上悄悄地行駛半個多世紀。多年來，它的基礎沒什麼變化，該公司依然遵循 8 種關鍵理念的商業模式：

1. **與其他銀行有根本性的區別**：「為了理念而營利」寫在組織章程中，規範商業模式與企業價值觀。

2. **社員即老闆**：每位社員都有平等的投票權與公司股份。

3. **社員即股東**：無需向任一方妥協。

4. **基本工作會員資格**：對教育、緊急服務與健康部門發行限制性債券（restricted bond），我們很清楚地知道服務對象。

5. **人民的銀行**：採用古老的合作模式，利用客戶的存款向社員提供信用貸款。我們立足於社區，服務貼近實體的經濟。

6. **利潤不是主要的商業動機**：利潤會回饋給社員、社區及用來經營銀行，而非透過股利分配給機構股東或投資者。

7. **互助架構**：所有的事務無論是治理、政策、行文準則、程序和企業道德，都圍繞著「互助」建構。

8. **理念即文化**：理念深植於我們的思維、行為、價值觀與員工心中。

》》 現代世界

澳洲今日由四大銀行主導 10 兆澳幣的金融環境中，我們只是眾多銀行中的一家小銀行。正如一家監管機構所稱，四大銀行享有「寡頭壟斷的市場結構，他們擁有約 80% 的市佔率。」[1]

根據 1959 年的銀行法，我們和「可接受存款的金融機構」（Authorised

deposit-taking institution，ADI）受到相同監管方式。同樣，根據 2001 年的公司法，我們持有澳洲金融服務的執照，與上市公司受到的監管方式亦同，在澳洲金融監理署（Australian Prudential Regulation Authority，APRA）的密切監督之下，在資本、流動性、風險管理和治理方面都有嚴格規定。我們受到澳洲證券管理委員會（Australian Securities and Investments Commission，ASIC）根據 2009 年《國家消費者信貸保護法》監管，同時根據 2006 年《反洗錢與反恐怖主義融資法》，受澳洲金融情報中心（Australian Transaction Reports and Analysis Centre，AUSTRAC）管轄。

》》》澳洲金融業的概況

金融服務業是國家經濟的最大貢獻者，為國內生產毛額（GDP）注入約 1,400 億澳幣，雇用了 45 萬名員工。銀行業是一門大生意，共有 147 家可接受存款的金融機構，其資產達 5.3 兆澳元，其中 99% 來自銀行，且四大銀行佔了 76%[2]。

可接受存款的金融機構主導著經濟，在澳洲證券交易所（ASX）上市的前五家公司，四大銀行名列其中。可接受存款的金融機構占了 S&P/ASX20 指數中的 44%。他們的資產加總占澳洲 GDP 近 220%[3]。所有互助銀行與信用合作社加起來，僅占可接受存款的金融機構的 2%，而教師互助銀行的資產為 90 億澳元，僅占 0.15%。在互助銀行的同行中，我們排名第五，如果在澳洲證

1   「住宅抵押貸款價格查詢」，澳洲競爭與消費者委員會，2018 年 11 月，https://www.accc.gov.au/system/files/ACCC%20Residential%20 mortgage%20price%20inquiry%20-%20Final%20report%20November%202018_1.pdf。

2   「可接受存款之金融機構月度資料統計」，澳洲金融監理署，2021 年 8 月，https://www.apra.gov.au/monthly-authorised-deposit-taking- institution-statistics。

3   「澳洲銀行產業的特徵」，銀行、退休金和金融服務行業不當行為皇家委員會，2018 年。

券交易所上市，將輕鬆在 ASX300 指數中擁有一席之地。

》》在人群中

147 家可接受存款的金融機構，我們是其中之一。如今，教師們可以從任何金融機構獲得房貸，例如 Mozo 比價網（https://mozo.com.au）提供了「Mozo 資料庫中 80 多名借款人的 500 多筆房貸」。隨著時間演進，競爭、科技與消費者的選擇，開始侵蝕我們為人們服務的理念。人們希望我們提供和亞馬遜或蘋果公司一樣水準的服務，而不只是一罐免費啤酒和一紙抵押貸款表格。如今，當所有企業都以客戶為中心時，像我們這樣獨樹一格的銀行有什麼不同？

此外，互助銀行還面臨著科技、監管、金融科技公司與新銀行的競爭，承受低利率[4]、資產報酬率（ROA）與淨利差下降的壓力[5]。只有強者才能生存，相較於大型銀行資產成長了 3.3%，前十大互助銀行的資產增長了 9.9%。

1980 年代有 700 家信用合作社，不久的將來可能會少於 10 家，他們擁有多達 450 萬名客戶，並在新冠疫情及森林大火等自然災害的外部壓力下倖存。

》》重新佈線：將理念重新擬定為競爭優勢

無論以理念為導向的互助銀行存在著怎樣的內在優勢，能將自然優勢轉

4　「2020 年互助產業回顧：維持有彈性、值得信賴的互助產業」，KPMG，2020 年 11 月，https://assets.kpmg/content/dam/kpmg/au/pdf/2020/mutuals-industry-review-2020-report.pdf。

5　「副主席約翰・朗斯代爾（John Lonsdale）：客戶銀行業協會（COBA）2021 年執行長與董事論壇演講」，澳洲金融監理署，2021 年 5 月 4 日，https://www.apra.gov.au/news-and-publications/deputy-chair-john-lonsdale-speech-to-customer-owned-banking-association-0。

化為競爭優勢，是我們近來成功非常關鍵的因素。這是教師互助銀行過去 10 年的故事——我們自 2012 年 4 月正式成為一家銀行。

從正式成為銀行的那天，重新調整了理念，之所以改名為教師互助銀行，而不保留教師信用合作社，其中緣故當然是名稱。信用合作社一詞來自 1970 年代，用以形容加入工會，現在已經不合時宜了。在轉型為銀行之際，教師信用合作社有六大價值觀，我甚至無法全部記得，但這套常見的聲明，仍然在某些公司的日常生活中使用。最終只選擇保留三個：永續性（Sustainability）、倡導（Advocacy）與熱情（Passion），依此創造了重點關注架構。

教師信用合作社已經達成不錯的進展，它在 2006 年發表第一份永續發展報告。在今天看來，以一家中型企業來說，已經付出相當不錯的努力。這份 50 頁的報告比 48 頁的年度報告還長，而且是按照全球永續性報告協會（Global Reporting Initiative，GRI）與金融部門補充報告的規定所編寫，對注重 ESG 報告的人獨具意義。另外，在 2009 年，教師信用合作社曾努力想進入主要商業責任框架，也就是企業責任指數（CRI： Corporate Responsibility Index），卻未成功獲選。儘管可能不適合，但採用大型公司經營的規則是必要的，因為從過去到現在都沒有針對信用合作社所制定的規則。

企業責任指數

企業責任指數在 2006 年制定，是聯邦政府透過財政部資助的國家責任商業慣例專案的一部分，目的是讓聖詹姆斯道德中心（St James Ethics Centre）能讓澳洲企業辨識並採用更負責任的商業慣例。CRI 最初是由威爾斯親王在 40 年前創立的英國慈善機構 Business in the Community 所開發，該機構旨在倡導負責任的商業行為。

我們很早學會了今天金融業仍不理解的東西：並不存在完全「正確」的

ESG 指標。尋找完美的 ESG 資料,就像尋找聖杯一樣毫無意義。

》》來自倫敦的肯定

隨著新的價值觀和成立新銀行後,我們策劃一項全面的商業計畫,努力列入 CRI 名單。當銀行在 2012 年以 79% 的成績贏得銅牌,獲獎名單刊登在英國《金融時報》全版篇幅。這份神聖的粉紅色新聞剪報傳到雪梨後,明確地表明我們遠大的抱負可以實現了。在海外獲得「成功」的認可,也非常符合澳洲的文化特徵,這一切都讓人眼前為之一亮。

》》理念是種時尚,但尚未流行

我們本來可以就此打住。一個好的成果,牆上多了塊牌匾,然後回到「正常營業」,卻從此開展了 10 年行動。CRI 不是巔峰,而是一個起點:55 個獎項與績效的起點。到了 2013 年,已經獲得 91% 的成績和金牌。自那時起,我們設定了核心業務目標:成為一家世界領先的道德公司,不斷打磨自己的理念,在銀行業與澳洲之外尋找創新的方法和科技。這些學習對象如溫哥華市儲蓄信用合作社(Vancity)和 Triodos 銀行等世界級領導者,及全球銀行價值聯盟(Global Alliance of Banking on Values)中的不同機構。

「能快跑就別慢走」一直是我們的工作節奏,努力成為世界領先的道德公司並全力維持。自 2012 年以來,每年都在提高目標與野心,堅持「還有半杯水要填滿(glass-half-empty)」的工作態度。這需要深思熟慮的努力、穩健的商業計畫與戰略意圖,老生常談的說法是踏上「永續發展的旅程」。一場為期 10 年的衝刺賽,而不是馬拉松。一旦踏上成為世界領先的道德公司的跑步機,就很難再走下坡路了。

》》 親兄弟—理念是新的數位轉型？

推動這個改變的是：「董事會的授權、生死關頭、令人信服的願景、堅定的領導者、敬業的中階管理者，和系統與組織架構的改變。」正如克里斯‧史金納的著作《數位真轉型》（Doing Digital 2020）第 336 頁中所述，數位轉型需要的正是同樣的變化。也就是說，這不僅是一個專案計畫。

》》 進步與它的動力

銀行在過去 10 年完成大量的工作，這些都能在我們的網站或報告中找到，但其背後的某些屬性則更值得關注。

- **世界級道德標準**：這是一顆真正的北極星。做為業餘興趣，我加入由美國道德領域研究所（US Ethisphere Institute）所架設的網站「世界上最有道德的公司」（World's Most Ethical Companies），看看我們是否能留在名單上。就像 CRI 的經驗一樣，我們一開始失敗，但接著就成功了，每年都獲評為「全球最有道德的公司」之一。2020 年共有 135 家公司上榜，其中只有 5 家是銀行。這是非常艱鉅的檢驗，而且年復一年變得難上加難，有 200 個問題需要回答，300 多份文件提交，以評斷整家銀行的商業道德行為。要成為世界領先，表示您必須比其他公司更好；這是一項競技運動，標準不是達成什麼，而是贏過他人。
- **領導者做出數百項決策**：由執行長領導的企業社會責任執行委員會已經召開了 70 多次會議，審議 650 多個議程，並奠定 5 個主要的道德商業戰略。用管理學的術語，所謂的「敏捷式管理」，就是我們在大多數情況下經常頻繁、甚至快速完成大量工作。多年來，未曾有任何同仁為了在公司推動這些議題，而尋求主管簽字同意。「北極星」引導推動重要且基本正確的決策，並排除了可能出現的問題：無法延續的

一次性計畫、過度偏重于某一議題及死胡同。穩定性建立在高階主管的沒有流失，需要有 100% 承諾並協調實現公司文化的執行長、董事長與董事會。

高階管理團隊的領導方式在日常工作中非常重要。事實上，很少有執行長或董事會真正親身實踐永續發展的業務。他們認為以營利為目標削減成本的方案才是最重要、最需關切的專案。此外，永續性的想法通常在「中階管理層的永凍土」（permafrost）中消亡。幸運的是，我們避免了這種冰冷消失發生，因為公司的野心與文化，也可能因為像我們這樣的銀行規模較小，往往吸引更具強烈道德感的人，而不是葛登・蓋柯（Gordon Gecko）這樣的人。（譯註：Gordon Gecko 是電影《華爾街》內的角色，著名的台詞為「貪婪是好的」（Greed is good））

- **數據、呈報和驗證：** 想像一下，82 個目標與關鍵績效指標（KPI），一份 200 多項、接近 10,000 字的行動方針、50 多個外部標準與獎項、第三方獨立單位用以驗證資料、系統與流程，所需數百頁、跨越數百項指標的資料，績效資料涵蓋多個議題、部門與國家。針對道德投資，我們評估了資產負債表上的每項資產，這可是一張很長的電子表格。如果永續發展的資料應該要涵蓋多樣資訊，那我們所擁有的資料集可以與財務資料相提並論。對金融界來說，ESG 資料常是令人費解的外語，它好像很神秘或很複雜，但假如持續使用、執行過程變得流暢，就不會很困難。資料只是構築證據、資訊、分析和情報的基礎，ESG 運用在商業上也不例外：數據為王。

- **率先針對化石燃料產業採取行動：** 當然，做為一家零售銀行或信用合作社，我們從未提供貸款給發電站或礦業，甚至在 2015 年《巴黎氣候協議》簽訂之前，就已將氣候與化石燃料列入優先事項，當時這個議題還很小。我們對化石燃料的探勘、開採與生產制定了零容忍政策

（zero exclusion policies），並納入財務信貸風險政策及整體永續發展政策與定位。2021 年，我們成為第一家簽署《2030 年氣候聯盟》的銀行，並承諾提供 200 億澳元。此氣候聯盟的目的是在 2030 年之前，依照《巴黎氣候協議》的規範要求採取行動，改善澳洲的減碳與氣候變化。很遺憾我們無法賣出碳權，及獲得後續產生的利益[6]。

- 道德投資（ethical investment）的先驅：我們很早加入 ESG 的列車，成為首家獲得澳洲責任投資協會（Responsible Investment Association Australasia，RIAA）認證的 10 億澳元批發性融資（wholesale sector funding）銀行，決定全部投入，而不是只做一次性的綠色債券。這是艱鉅又具創新性的決定，花費超過 1 年的時間討論規範，因為現金的流動性太大，不符合股權產品的標準，因此不算是 ESG 的範疇。於是我們轉向零售業務，並且 98% 的產品都獲得認證，這使我們的認證產品由 0 增長到 83 億澳元[7]。ESG 是銀行的絕佳選擇，83 億澳元可不是小數目。澳洲聯邦銀行（Commonwealth Bank of Australia，CBA）的資產負債額是我們的 104 倍，而其擁有的 ESG 資產僅為 170 億澳元。

- 外部世界觀：為戰略提供永續發展分析的資料，並非來自互助銀行內部或其他傳統銀行。相反地，它們來自於非政府組織、智庫、研究機構、諮詢顧問公司、企業社會責任（CSR）或 ESG 方面的參與者、其他企業部門、全球的合作企業，以及像 Triodos 與 Vancity 等銀行。澳洲銀行（Bank Australia）是值得注意的特例，它是一個強大的道德互助組織，有很多與我們相同的理念驅動戰略。不管好壞，這都反映

6　近年來，化石燃料股票的表現不佳。請參閱碳追蹤（Carbon Tracker）對股價損失的回顧，詳見 https://carbontracker.org/investors-shy-away-from-fossil- stocks-as-share-offerings-lose-billions/。

7　澳洲聯邦銀行的餘額為 1 兆 130 億澳幣，詳見聯邦銀行「業績報告和投資人探討資料」：https://www.commbank.com.au/content/dam/commbank- assets/investors/docs/results/fy21/cba-fy21-results-presentation.pdf。

我身為一個完全產業局外人所受的訓練與文化觀點；在綠色和平組織工作，肯定會讓您以不同的方式看待世界。

- **精簡公關**：我們已將 99% 的精力與資源用於行動、交付成果及業務計畫上，摒棄了公關、媒體轟炸、廣告與行銷活動，不僅因為它們費用高昂，如果銀行內沒有團隊負責舉辦「思惟領導力」（Thought Leadership）活動、召集、主持高峰會，或在同產業活動中交際。在 ESG 領域中，我們是三線明星，我們躋身於充滿企業獎項的世界，年度銀行產業獎項在五星級飯店舉辦，95% 的獎項頒給了最大型的銀行們，能參與的信用合作社寥寥無幾，無法融入。在 ESG、企業社會責任（CSR）與綠能類別，我們連續 7 年入圍，四度獲獎，兩度擊敗西太平洋銀行（Westpac），所作的與其說是為了公關，不如說是為了證明我們的觀點。與我們的行為呼應就是缺少「企業發言」，從不寄發資料給電視節目，我們直接面對面討論所作的事情。

》》預測未來

我們所作的選擇，其中有些已經得到成果：ESG 規模龐大、數據為王、非量化結果被重視、漂綠議題浮上檯面、氣候與化石燃料的撤資處處開花、非政府組織很明智且具有影響力（瑞典環保少女格蕾塔），幾乎每個人都是永續發展的領導者 [8]！

8　舉例來說，在 2011 年，西太平洋銀行的公關部門表示，該銀行被列為「世界上永續發展的第一大銀行」；接著，在 2017 年，公關部門表示：「西太平洋銀行集團，執行長賴恩‧哈澤爾（Brian Hartzer）說：『西太平洋銀行在永續發展方面持續被認可為全球領導者，證明了西太平洋銀行在這些議題上有著強大的企業文化。』」；2018 年，CBA 的公關部門表示，該公司已經連續三年獲評為「全球 100 指數中澳洲最具永續發展的公司」；2020 年，澳盛銀行（ANZ）公關部門稱該公司「在永續發展方面位於世界領先地位」，而同年，澳洲國民銀行（NAB）表示該公司「於道瓊永續指數（DJSI）上處於全球領先地位」。

》》》理念是我們銀行看不見的機器

像我們這樣的互助機構便是永續商業的縮影，代表著利益相關者資本主義，而非股東資本主義。我們的企業理念很明確，公司與所有權結構也是如此。我們是為了服務會員，而非增加資本價值、提供利潤給股東或資產管理者。我們不是季度收益、股價或回饋的奴隸，也不以複雜的薪酬結構支付獎金。沒有乏味的投資者路演（roadshow）、沒有簡報上死板的數字、也沒有說明「永續發展」行為的象徵性幻燈片（我曾經做過這些事情）。消費者在「比較網站」上，根本看不到這些幕後資訊，他們為什麼需要看到？即使我們努力述說，內容可能也相當乏味，或是像最近一位共同基金的執行長所說的，成為「相互間的胡言亂語」。

1990 年代，當我在綠色和平組織工作時，記得一位老婦人曾說：「在戰爭期間，我們總是在修補跟湊合使用，不斷回收與再利用，從來不製造廢物。」這是今日理念驅動爆炸性成長之下，互助機構看待趨勢的方式。我們早在 50 年前就這麼做了！問題是沒有人注意到。

》》》不同的世界：為什麼現在很重要

直到 2019 年，大多時間整個金融界都在幕後執行這個做法。然後，我們看到這六大趨勢在澳洲越來越明顯，就像在世界各地一樣，啟動了我們今日目睹的 ESG 爆炸式增長。

我們已經提前知道很多即將發生的事，由於外部趨勢已被分析和評估過，而且多年來這些分析已構成戰略觀點的一部分，能夠預見或至少想像，未來道德金融將成為主流。不需在意他人，這是我們的觀點，無論時尚或潮流如何發展。

我們企業戰略的第四個版本名為「道德銀行」（ethical banking），並在

皇家委員會披露前幾個月獲得核准（下文將對此討論）。即使沒有事先預測，我們的理念之旅也已經朝正確目標前進。

》》讓 ESG 與理念成為主流的六大趨勢

1. **銀行業不當行為**：皇家委員會針對銀行業、退休金與金融服務業不當行為的調查，使得銀行業與道德規範成為數月來媒體與政治界的頭條新聞。期間舉行 68 天的公開聽證會，有 130 位證人，超過 10,000 多份公眾意見書和 76 項建議[9]。委員會得出結論，認為貪婪和將利益置於客戶之上產生了不當利益。如今「道德銀行」已被大家普遍理解，而且皇家委員會「最深刻和恆久的成就是驗證社會經營許可」（social License to Operate）的理念[10]。

2. **ESG 突破數兆美元的大好時代**：25 年來，死忠的道德投資者每年都流行著一個笑話：「道德投資終將在今年成為主流。」如今終於實現了。2020 年的產業報告[11] 指出責任投資市場持續成長，相關的資產管理規模（AUM）在 2019 年增長 17%，達到 1 兆 1,490 億澳元，占專業管理資產總額（TAUM）的 37%。

3. **互助機構**：這是您的世界。通常枯燥的 KPMG 年度互助產業（mutuals industry）報告，在 2019 年時改變策略[12]。面對 ESG 及永續發展，獲

9　　詳細內容請參考克里斯・史金納「Banks charged dead people fees for a decade」（銀行向離世者收費將近 10 年），金融家（Finanser）（博客），2018 年 4 月 30 日，https://thefinanser.com/2018/04/banks-charged-dead-people-fees-decade.html/。

10　　凱倫・梅莉（Karen Maley），「皇家委員會委員海恩的不朽傳奇」，澳洲金融評論報，2021 年 3 月 24 日，https://www.afr.com/companies/financial-services/commissioner-hayne-s-lasting-legacy-20210324-p57dj7。

11　　「2021 年澳洲責任投資基準報告」，澳洲責任投資協會，2021 年 9 月，https://responsibleinvestment.org/resources/benchmark-report/。

12　　「2019 年互助產業（Mutuals industry）評估」，KPMG，2019 年 11 月，https://home.kpmg/au/en/home/insights/2019/11/mutuals-industry-review-2019.html。

得這樣的結論：「這些主題代表著戰略需要，它們會繼續存在，若不回應它們，會讓競爭對手有成長機會，並在開發新客戶與會員價值的競爭中勝出……，若想在這些主題上成功，互助機構要能經營『由理念驅動的組織』這個強大品牌。」我們的北極星不是政府的綠能補助，這是好事。

4. **消費者道德意識抬頭**：即使還沒實際大規模地展現在市場上，儘管很可惜，但也已形成強勁動力。產業報告「從價值到財富 2020 年」（From Values to Riches 2020）指出：「2020 年負責任與道德投資的動能已經加速了，消費者重新燃起需要採取行動的緊迫感。」並表示：「86%的澳洲人希望退休金及其他投資，能以負責任與合乎道德的方式投資，87% 的澳洲人對銀行帳戶裡的錢，也持同樣想法。」[13]

5. **氣候崩潰**：澳洲在 2020 年悲劇性的森林大火中終於覺醒[14]。當時超過 2,400 萬公頃（24 萬平方公里）的土地被燒毀，許多澳洲人受到火災直接或間接的影響。令人悲傷的是有 33 人在火災中身亡，而覆蓋澳洲東部地區的大面積煙霧可能造成更多死亡。超過 3,000 棟房屋被毀，根據統計，火災對全國財政的影響超過 100 億澳元，近 30 億隻動物死亡或流離失所，許多瀕危物種和其他生態聚落也受到廣泛的損害。每個州和地區都受到一定程度火災的影響，數以千計的澳洲人被困住，包含當地人與觀光客。在 2021 年蘇格蘭格拉斯哥所舉行的聯合國氣候變遷大會，也就是 COP26，強調了氣候議題的重要性，特別是對整個金融業而言。格蕾塔・桑伯格（Greta Thunberg）稱該大會為「偉

---

13 「從價值到財富 2020 年」，https://responsibleinvestment.org/wp-content/uploads/2020/03/From-Values-to-Riches-2020-full- report.pdf. 澳洲責任投資協會，2020 年。

14 「2020 年 10 月報告」，國家自然災害管理皇家委員會，2020 年 10 月，https://naturaldisaster.royalcommission.gov.au/。

大的北半球漂綠慶典」[15]，而貝萊德集團（Blackrock）的執行長拉里 •
芬克（Larry Fink）也說，將會有 1,000 家獨角獸企業專注於參與氣候
科技[16]。

6. **企業員工反映社會現況：**公司的員工是真實的人，他們有價值觀、有關
心的事物，並將這些帶進辦公室。澳州資誠顧問公司（PwC Australia）
為艾特萊森軟體公司（Atlassian）做的員工報告結論是：「我們發現，
絕大多數的員工開始要求公司有更多的責任與參與感，隨著年輕一代
進入勞動市場，這樣的要求只會越來越增加。」[17]另外他們也提到：「我
們相信，在企業影響世界時所扮演的角色、職責與能力上，人們看待
企業的觀點出現了轉折。人們越來越希望企業除了為股東創造利潤，
也能推動社會產生有意義的變化。[18]」在教師互助銀行，企業社會責任
一直是員工參與度的首要指標，比重達到 96%。

〉〉〉 金融業終於發現理念

為了因應這些大趨勢，澳洲的金融服務業史無前例地聯合 80 個組織

15　露易絲 • 波伊爾（Louise Boyle），「『偉大的北半球漂綠慶典』：格蕾塔 • 桑伯格在格拉斯
哥，25,000 名青年抗議活動中抨擊第 26 屆聯合國氣候變化大會（Cop26）」，獨立報，2021 年
11 月 5 日，https://www.independent.co.uk/climate-change/news/greta-thunberg-protest-
cop26-glasgow-b1952448. Html。

16　凱瑟琳 • 克利福德（Catherine Clifford），「貝萊德集團執行長拉里 • 芬克說，下個 1,000 億
元的新創公司會在氣候科技領域。」，全國廣播公司商業頻道（CNBC），2021 年 10 月 25 日，
https://www.cnbc.com/2021/10/25/blackrock-ceo- larry-fink-next-1000-unicorns-will-be-in-
climate-tech.html。

17　潔西卡 • 海曼（Jessica Hyman），「人民已表態：他們希望為關心他們的企業工作。」艾特
萊森（博客），2020 年 3 月 9 日，https://www.atlassian.com/blog/announcements/return-
on- action-research-report。

18　「行動的回報：企業的新社會合約，2020 年 3 月美國研究報告」，艾特萊森，https://www.
atlassian.com/dam/jcr:8345e632-0fe0-4144-ad60-6ecbf9bc300c/ return-on-action-us.pdf。

與 140 位參與者，發表《澳洲永續金融規畫書》（Australian Sustainable Finance Roadmap）**19**。澳洲有數百份 ESG 的報告，但這份規畫書是全球具影響力的永續金融系列報告的一部分，例如歐盟永續金融分類標準（EU Taxonomy）和英格蘭銀行在氣候議題上的工作，是由馬克・卡尼（Mark Carney）負責。四項主要建議中，其中一項便符合了對互助銀行的基本描述：「將永續的概念融入領導層，讓金融機構的高層負起永續發展的責任。若永續能融入公司目標、戰略、風險管理、薪酬結構與組織文化，上述方法將達到最大的效益。」我稱之為「50 年磨一劍一夕成名」的故事。

》》》 嶄新的開始

儘管我們認為已經走了很遠，但才剛開始走到理念與道德旅程的起點，而人行道上已經擠滿了金融公司。「能快跑就別慢走」的戰略讓我們有了現今成果，但現在我們需要懸浮式噴射引擎。理念驅動的戰略只能與成功的數位優先戰略相結合，才會奏效，對於服務更多會員、競爭和發展至關重要，但這也意味著我們做為理念驅動公司所產生的影響更大。

第五個戰略計畫是在 2020 年底新冠疫情期間寫的。您很難預測道德與永續發展是否會繼續存在，或者對更緊迫的問題妥協。事實上它帶著更強大的能量回來了，我們發現必須做得更多、更快，而杯子仍有一半是空的。第五項計畫寫道：

> 「我們的目標是成為『澳洲領先的社會責任銀行』，使銀行更有競爭力與相對優勢。」

19　「澳洲永續金融規畫書」，澳洲永續商業組織，2020 年 11 月，https://www.sustainablefinance.org.au/roadmap-1。

「過去的 CSR 計畫（2018 年 2 月『從 CSR 轉變成道德銀行』）是在皇家委員會成立前撰寫的。從那時起，銀行業和道德企業的世界已經永遠地改變，外部環境也改變了。「到目前為止，我們都運作得很好，但垂手可得的日子快結束了。」

「維持一切照舊的模式（BAU）並想跟上時代演進本身就是艱鉅的任務。我們主要的挑戰是在社會責任成為主流時，建立領先地位。隨著道德標準正在迅速提升，機會無所不在，教師互助銀行將會採取行動持續發展與茁壯。」

「正如拳擊手麥克・泰森所言：『每個人都有計畫，直到他們臉上挨了一拳。』」

》》夢想永無止境

在新冠疫情後我們所做的一件事，是成為世界第一家簽署 2030 年氣候聯盟的銀行，並承諾投入 200 億澳元。我很想回去感謝那些網球俱樂部裡的老師們，並對他們說：「不僅是協助用 250 美元購買一個家，而是為世界上所有家庭提供 200 億澳幣。」

理念驅動型銀行的下一個 10 年與過去 10 年不太一樣。成為「世界上最有道德的企業」已經不夠了，銀行將成為 B 型共益企業（B Corp）。認證的 B 型共益企業是「在社會與環境表現、公眾透明度與法律責任達到最高標準，以平衡利潤和理念的企業。」然而，這不是我們的巔峰，而只是一個起點，到了 2030 年，教師互助銀行可望成為一家 500 億元的理念驅動型銀行，或許不能達到這個目標，但我希望我們能做到。

科林・米萊斯
Corin Millais

　　國際公認的永續發展專家、早期的道德企業倡導者，也曾活躍在綠色和平組織中。他在 40 多個國家，擁有超過 25 年的領導經驗，並擁有跨足政治、企業和非政府組織等多領域的獨特背景。他曾是西田集團（Westfield）和 Mirvac 房產公司的企業社會責任負責人、澳洲新創企業 Climate Care 的總經理、氣候研究所的執行長、歐洲風能協會的執行長，以及歐洲可再生能源委員會創辦人及董事。他曾帶領國際綠色和平組織中氣候、可再生能源及臭氧層的倡導運動，並且是在烏干達與聖露西亞開始從事保育工作的先驅。

　　米萊斯出版了超過一百多份著作。在過去 10 年裡，他主導澳洲教師互助銀行的道德商業戰略，讓該銀行轉變為世界上最具社會責任感的銀行之一。他是少數因為和平示威而被逮捕的人之一。

　　註：以上純屬個人觀點，不代表銀行立場。

專訪馬克 · 勞沃斯，
比利時 ARGENTA 執行長

The Banking Sense 創辦人里克 · 科克爾伯格（Rik Coeckelbergs）和克里斯 · 史金納 與 Argenta 的執行長馬克 · 勞爾斯（Marc Lauwers）對話，談論「銀行業的理念與永續性的重要性」，特別是 Argenta 的商業模式。勞爾斯長期從事財務領域的工作，並將理念置於銀行的核心地位。（譯註：The Banking Scene 是一個活躍於荷蘭、比利時及盧森堡的銀行社群和網路組織。）

▶ 如果從產業的觀點審視銀行業的理念，您如何看待理念？

對我而言，知道自己所堅持的立場是有意義的，這適用於任何公司。如果史蒂夫 · 賈伯斯在創立蘋果公司時沒有明確的理念，那就不會是現在的蘋果公司。許多研究中顯示，有明確理念的企業會在客戶滿意度、客戶參與度、生產力和成長等方面帶來更好的表現。這是特別值得注意的事情。

然而，我不確定您是否應該行銷您的公司理念及如何行銷。我認為當務之急是對公司的文化有清晰的願景。也就是說您的理念、使命、願景和文化價值必須保持一致性，必須每天與它共同生活。我不認為您應該把這些公諸於眾。

　　我們對永續發展抱持著相似的態度。永續發展對 Argenta 而言有著清晰的願景，但這是我們賴以生存的方式，而非試圖將它變成行銷噱頭的東西。

　　我們看待理念的觀點類似。實際上，我們剛剛完成釐清理念的活動，今年（2021 年 4 月）是公司成立 65 週年，做為送給自己的生日禮物，重新審視核心價值觀和使命的正確性。我們問自己，它們是否仍然正確？這些價值觀真的是我們的動力嗎？如何將我們對使命、願景和價值觀融合成一個與員工有關的故事，並使它與未來保持相關性？

　　剛剛完成的檢視活動，負責團隊採訪全公司約 50 名利益相關者，包括董事會成員、管理委員會成員、分行經理、員工和客戶。當我看到回饋時相當激動：他們很少看到一家公司的所有利益相關者在描述如何看待公司，及應該如何行事時，如此一致。

　　當然，如果這是結論，那麼就很容易找到共同點。我們與管理委員會和董事會只進行兩次會議驗證理念。在 65 週年那天，向全體員工公佈這個結果。

理念

　　在無法預測的世界裡，Argenta 進行其他銀行沒做過的事情——以一種完全負責任的方式照顧客戶和員工。

　　我們的理念圍繞著核心價值觀而發展：親近和簡單（proximity and simplicity），同時具備責任感。從本質上講，它是企業對客戶和員工的責任感。核心價值觀依然如我們所說的 DOPE—親近（dichtbij）、創業（onderneed）、務實（pragmatisch）、簡單（eenvoudig）。這是我們與員工多年來一起努力的事情，也被轉化為我們所謂的「理想行為」。

　　例如在領導團隊及員工之間的年度回饋和評估作業，這些價值觀也作為指導。我們最近衡量了員工在公司日常運作中如何體驗這些價值觀，結果相

當積極樂觀。更有趣的是所有部門的評估都是一致的。因此我們重視理念；我們相信它可以作為決策的指南，推動公司向前發展，展現公司的立場。

　　當然我們也會在對外的行為中，運用這一指導原則。但我不會把公司的理念放在大廣告牌上向全世界宣傳。我認為更重要的是仰賴它生活，而非用它製造大的行銷噱頭。

▶ 您認為銀行應該達成什麼理念？

　　這是個值得討論的話題。如今有些銀行向全世界大聲疾呼，不想再成為銀行了。他們希望成為人們可以找到各式各樣服務的平台。這些服務並不一定局限於銀行業或保險業。

　　我很難代表整個產業說話。不過我認為公司渴望依賴銀行的核心內容，是貼近我們自成立之初的設想，即是成為一家非常簡單的銀行，擁有簡單的產品和易於理解的服務，從而向零售客戶提供價值，在保險業務上也秉承同樣的理念。

　　歸根究底，銀行的職責就是陪伴客戶度過人生的各個階段，並確保客戶保持財務健康。對每位客戶來說，可能是完全不同的東西。在我看來，這就是銀行業的本質：確保客戶能夠保持財務健康。

　　但這是我的願景。而今我看到很多銀行已不再認同這種觀點，他們只將我所描述的角色視為未來的一小部分。他們想成為生活夥伴，為客戶提供想要的每種服務。好吧，那對他們來說很好。也許這可能是最終勝出的願景。即使平台能提供許多服務，最終這個平台總有一部分會提供核心的財務、銀行和保險服務，我認為我們做得很棒。

▶ 銀行過去常因本地屬性而找到自己的理念。現在，在數位世界裡，我們都生活在同一個小村莊裡──網際網路。這對您的理念有什麼影響？

　　我之前談到核心價值，我們的價值主張與所謂的「親近性」仍密切相關。

但親近不止局限於本地。英語中「near」這個詞有很多層次。這不一定代表著「地理位置接近」。在 Argenta，我們思考許多實體和數位親近性對客戶的影響。

當然，我們並不會忽視數位對客戶行為的影響。縱觀歷史和最近的危機，我們都經歷過擁有實體分行，及在分行中安排人員與客戶保持聯絡，仍然是影響客戶忠誠度極其重要的區別因素。因此我們需要確保將服務轉換為數位行動 app 時，客戶所體驗的親近感，仍然存在於所設計的功能中。

不管有多少人工智慧、網際網路和數位工具，仍然沒有人比分行經理更瞭解客戶。在我看來，對大多數主要致力於數位化的銀行而言，最大的挑戰是如何讓分行經理「進入」客戶口袋的手機中？我認為要做好這件事，依然是不可能的，而 Argenta 沒有雄心嘗試實現這個目標。

我們已經看到數位化的採用率呈現指數成長。去年（2020 年）同期增長了 20%，現在有 56 萬客戶定期使用行動 app，但主要用於簡單的日常交易。當我們處理包含諮詢服務時，我們會參考分行的意見，當客戶必須做出關鍵決定時，發現即使是非常年輕的人仍不介意花時間去分行。

我們在荷蘭也有業務，在那裡透過經紀公司做抵押貸款。荷蘭的數位科技非常先進。可以自己申請抵押貸款。但僅以數位方式執行的抵押貸款比例不超過 5% 至 6%，而且發展非常緩慢。另一方面，我們正經歷各種混合模式，在這些模式中，客戶自己在網際網路上完成部分旅程，隨後希望與經紀人或其他人聯繫詢問問題，也願意花錢得到這些問題的答案。因此對於關鍵的人生決策，人為要素仍然是非常重要的因素。

親近的關鍵在於我們如何將語言保持在客戶能理解的水準？對我來說，親近和簡單是我們價值主張的重要支柱，不認為這一點會很快改變。

我是個預算有限的窮銀行家，所以更希望觀察其他人塑造數位市場的經驗。我們一直關注正在發生的事情，並尋找比別人更成功的合作夥伴開發方法，同時縮減許多銀行與客戶的實體距離從中獲益。

我們每年都會量測淨推薦值（net promoter score）。去年我們再次在淨推薦值上獲得 40 分，這對純零售銀行來說，幾乎聞所未聞。所以我仍堅信目前的方法是正確的，並非沒有意識到科技及其發展可能繼續影響銀行的業務。由於我們並不是最大或最富有的參與者，我認為需要明智地去做，並且適時地改變。對我來說，現在還不是時候。

▶ **您剛剛分享銀行及 Argenta 的目標之一，就是財務幸福感（financial well-being）。在疫情危機期間，如何評估自己為實現理念所做的努力？**

從財務和商業的角度來看，我們做得非常好，超額完成財務目標，今年業績也創紀錄。同樣，親近和簡單是關鍵詞。

透過行動 app 和網路銀行提供 7 天 24 小時全天候服務，我們的分行在新冠疫情期間一直保持開放。當然只能通過預約，儘管如此，他們還是能保持開放。即使分行因隔離需要暫時關閉，員工仍可透過電話或電子郵件與客戶維持聯繫。

因此，我們為客戶帶來內心的平靜。例如在危機開始之初，金融市場動盪中，投資客戶不確定該怎麼做。做為回應，我們發佈大量市場前景及演變趨勢的最新資訊，成功避免了恐慌。大家都清楚，2020 年是充滿挑戰的一年。

它迫使我們以不同的方式思考、組織和工作。我的員工做得非常好。我們是比利時第一批完全轉為遠端工作的公司之一，以前從未如此做過，但疫情讓我們在 14 天內調整所有的系統和流程。

時至今日，仍有超過 1,000 人每天在家工作。現在，我們擁有全新、漂亮、空曠的總部，一直維持著營運（於 2020 年 8 月開放完全翻新的總部）。正如我所說，我們的業績並未受到影響。

▶ **為人類和社會創造更美好的未來，Argenta 採取什麼行動或建立什麼基礎？**

對此我有個哲學的答案，和一個現實的答案。我認為永續發展成功的公

司不僅僅要做生意，而且應該為廣大利益相關者的世界增添一些東西。我們的永續發展政策建立於責任和關懷之上。我們不會在屋頂上大喊，Argenta 是一個家族企業，以負責任的方式對待客戶的資金。我們的基因中具有永續性，選擇簡單和透明，代表客戶容易瞭解您的產品，方便他們充分評估怎麼做改善財務狀況，這就是永續財務諮詢的基礎。我們從不向員工發放獎金，這確保做的所有選擇均能符合客戶的長期利益。此外，做為金融機構，您可以改變為客戶管理的現金流。

我們有自己的投資組合，並向客戶銷售資產管理基金。很久以前就選擇應用一些永續發展的標準，同時確保內部投資組合與客戶基金遵循相同的標準。您會大感意外的是，許多擁有永續基金的銀行，繼續在自己的投資組合中大量投資於產生碳排放的企業。我們幾年前早就不再這麼做了。

最重要的是我們沒有贊助活動的預算。每年我們與員工組織一些活動，為慈善募款，稱為「溫暖的 Argenta」。我們從銀行預算中拿出資金，股東們將額外的資金投入其中，年底詢問員工他們參與了哪些專案，然後選擇其中一些專案分配資金。這也是永續性的一個要素。

過去的 3 年裡，我們有志將碳足跡減少一半，之所以能做到這些，當然新冠疫情有所幫助，因為開車的里程數減少了，而且較少出現在大樓裡，可以將暖氣溫度調低一點。我認為在 3 年內減少 50% 是相當不錯的努力。

▶ 您認為歐洲的銀行數量太多了？

我查了歐洲銀行業聯合會的資料。2019 年底，在歐元區 28 個國家，信貸機構共有 6,088 家。自 2009 年以來減少了 2,437 家，減少了 29%。預計這個趨勢將繼續下去。

最重要的因素是大家都曉得：「不斷增加的監管壓力、持續的低利率及對資訊系統和數位化的大量投資需求。」在未來幾年裡，這些因素似乎不會減少。監管壓力是巨大的，而且還在不斷增加。最新的例子是永續和資產管

理的規則，以及自 2021 年 3 月底開始強加給我們大量報告的義務。每個人都爭先恐後地趕在最後期限前完成。

我們正在進行一項新的歐洲中央銀行氣候風險評估，必須對 13 個與氣候相關不同的風險議題進行評估，並據此制訂行動計畫。我們總是能趕在最後截止日期前完成，而且總有更多事情要做。

低利率環境影響轉型利潤（transformation margin）和保險投資組合回報，我們藉由尋求非利息收入和承擔更多風險獲得彌補。歐洲中央銀行（ECB）一份有趣的圖表顯示，在過去幾年裡，歐洲小型銀行的貸款組合，平均增長高於全體銀行業的水準。僅有部分歸功於商業的成功，他們純粹冒著更大的風險，來彌補減少的利息收入。

最重要的是在資訊系統和數位化方面進行所有必要的投資，這不是您希望要不要減少銀行數量，不如說未來幾年有多少銀行會消失。這是合乎邏輯。

▶ **國際銀行聯合會（International Banking Federation）總經理，海德薇·努延斯（Hedwige Nuyens）表示：「儲蓄和社區銀行在未來會被淘汰嗎？不會，但數量會減少，他們需要更加強調自己的理念。在後端，他們將與同業合作，創造規模經濟。在前端，他們將為願意付費的客戶提供量身定製的服務。」您對這有什麼看法？**

我完全同意她的觀點，我是歐洲儲蓄銀行聯合會（ESBG）的董事會成員。歐洲儲蓄銀行的種類多到令人難以置信。在西班牙，有些最知名銀行與大型全能銀行（universal banks）競爭。在德國，我們的成員從非常小的地方銀行到超大的州立銀行（Landesbanken），這些銀行的共同點是要有雄心壯志支持當地經濟，並與客戶保持密切聯繫。

從這個意義來說，Argenta 有點非典型，因為我們沒有任何企業銀行服務。大多數儲蓄銀行確實有一些支持當地經濟的商業活動。我認為這點仍是十分重要的因素，我同意今後儲蓄銀行仍將存在，但其形式和規模可能與現在有別。

許多金融機構尋找共享平台和投資的方法而非整合。在德國一個有趣的實驗，7 家斯巴達銀行（Sparda Banks）和 Sopra 軟體公司決定，建立一個共有的資訊平台，Sopra 將擁有多數股權，而斯巴達銀行佔少數。這是共享投資的方式，對他們的平台進行極需的創新，但並不全靠自己完成。我認為這是很好的例子，在未來可能會看到更多這樣的情況。

▶ 隨著越來越多的人感覺到監管者的壓力下，銀行是否應該更加速推動綠色社會的發展？您怎麼看這件事情？

我完全同意您的看法。實際上我們已經超越只是支持 ESG 的範圍，也許沒有涵蓋永續性的所有面向，因為廣義的 ESG 標準不是強制性的。例如，如果您承擔氣候風險，很明顯，歐洲中央銀行氣候風險評估及銀行需要起草的氣候風險行動計畫，將影響未來的商業模式。銀行可以做為加快應對氣候風險的槓桿。

我們已經為國家銀行收集個人抵押貸款的能源性能證書（energy performance certificate）。您可以想像，在某個時間點，為企業甚至小型企業提供服務的銀行，將收集該企業想要獲得融資的投資對氣候產生影響的資料。這是否意味著，在未來某個時間點，如果一家公司不能證明其投資不會損害環境，那麼銀行就不能發放貸款？

當然這將產生巨大的影響，在處理氣候風險施加公平競爭的環境。我們離這個目標還很遠，但開始與監管機構討論我們的氣候行動計畫時，將發現他們願意在多大程度上突破極限。我認為商界沒有多少人意識到未來可能出現的情況。

▶ 這種風險會給無法證明自己符合適當標準的企業帶來問題？

正如我所說，如果發生這種情況，也不會持續很多年。它可能產生非常積極的影響。越多人開始意識到他們對環境的影響，越意識到必須嘗試去衡

量它，社會就越關心我們對氣候的影響。但如果在這條路上走得太快，我們可能會遭遇排斥的風險，我認為今天大多數企業家或企業並沒能力衡量他們對氣候的影響。

當我們想將碳足跡減半時，遇到了如何正確量測碳足跡的問題。最後，請勤業眾信（Deloitte）為我們衡量它。在許多議題上，仍然需要對某些活動的碳足跡做合理的預測，如果您想將氣候影響做為貸款的排除標準，在到達這一點前還有很長的路要走。

最後：我相信，我們將逐步從「導入」走向「要求」的界限。

▶ 將銀行服務運用在公益和永續發展的理念都很出色，但它如何引起共鳴？它如何與公司的營利能力保持平衡？

我覺得這個問題很有意思。我認為，在那些將永續性視為日常營運需做事情的公司中，這個問題被問得更多。

Argenta 認為永續發展是我們基因的一部分。而且認為永續的創業精神保證了未來的展望。因此為企業和社會獲得短期收益和雙贏局面，是項巨大的責任。我不認為這是取捨。當您將永續工作視為最低標準時，它就成為商業模式的內在組成部分。

當公司提高標準後，如果為了利潤而降低標準，哪怕是短暫的，也會變得不可靠。我談到了員工以一致的方式來實踐價值觀。如果因為利潤而放棄想法，即使在有限的時間內，也會損害公司的文化。像 Triodos 對永續發展有著激進願景的公司來說更是如此。即便是在 Argenta，在我與董事會的所有討論中，從來沒有「或……或者」的問題，總是討論「和……和」。利潤和永續性並不相互排斥。

▶ 過去的幾年裡，Argenta 降低碳足跡的主要動力是什麼？

我們已經翻新大樓，團隊分佈在整個城市的許多舊建築中，重新設計公

司總部，以最永續的方式完成。它不是圓形建築，但是它有許多半圓形的外觀。我們往地底下鑽了幾百公尺利用地熱能源，並安裝太陽能板。如果員工租賃混合動力汽車或電動汽車，我們將提供額外的獎勵，並禁止租用柴油汽車。

我們已經與分行經理討論該如何平衡能源，引入了更多的在家工作以減少日常通勤。然而主要的成功還來自於建築物的翻新。

▶ 您如何將永續性應用在員工中，還有其他因素嗎？

我們有一個名為 Gezonde Groei 的專案，意思是「健康成長」。它涉及與員工所有福祉相關的要素。我們每年評估員工的參與度，包括他們是否為 Argenta 大使、對工作環境的感受、管理團隊的素質如何等等，設定目標並公佈結果。今年，員工參與度高達 87%，在某些方面得分較低的部門正在接受輔導。我們有個涵蓋各方面幸福感的行動計畫。

我們投資以健康生活為中心的計畫，投資建設辦公大樓，並推出「Argenta 護照」，這本護照幫助指導員工職業生涯。這些因素共同為員工創造永續發展的環境。我認為所有因素加在一起，幫助我們獲得非常高的成績，從某種意義上說，我認為要做得更好變得非常困難。

馬克．勞爾斯
Marc Lauwers

Argenta Bank-en Verzekeringsgroep、Argenta Spaarbank 和 Argenta Assuranties 執行委員會的執行長兼主席。

Argenta 是家傳統的比利時零售銀行保險公司（retail bancassurance company），業務遍及比利時、荷蘭和盧森堡。在荷蘭，透過數位和獨立的通路做行銷，重點是儲蓄和房貸。在盧森堡，Argenta 管理投資基金。在比利時，Argenta 是該國的第六大銀行。該公司成立於 1956 年，當時擁有 2.5 萬歐元資本。在 65 年後，銀行管理的資產規模已經增長到 520 億歐元，權益報酬率（return on equity）為 7.6%，成本收入比率為 59%。即使在今天，創始家族范龍佩（Van Rompuy）仍持有多數股份。

勞爾斯以在金融業擁有豐富且令人印象深刻的職業生涯而感到自豪。超過 25 年的時間裡，他在 Bacob、Artesia、Dexia 和 Belfius 擔任過各種職務。2006 年，他成為 Belfius 董事會成員，並擔任該董事會副總裁至 2013 年，負責零售和商業銀行業務。

在加入 Argenta 之前，勞爾斯是 KBL 歐洲私人銀行家（KBL epb）的執行委員會成員，及集團營運長和集團副執行長。他還曾於 Brown Shipley 和 Merck Fink 等其他金融公司積累豐富的經驗。

理念驅動的金融業，
如何在數位時代蓬勃發展

撰文｜傑西・格里菲斯，英國金融創新實驗室（The Finance Innovation Lab）執行長

在金融業，許多對數位樂觀看待的人們認為數據和數位革命將改變金融體系，讓它更加永續、負責和承擔。我不是他們其中的一員，原因很簡單。對體系的破壞——例如金融系統中的數據和數位革命所造成的破壞——永遠不會朝著一個方向發展：結果取決於權力動能（power dynamics）。請認真看待引導數位和數據轉型的過程中，在創造為人類和地球服務的新金融體系的機會裡，權力代表著什麼？

或許我們都同意的出發點，是數位和數據革命正顛覆金融體系。2009 年，英國近 60% 的支付使用現金。根據英國金融（UK Finance）[1] 的數據，到 2020 年，這個比例已降至 19%。自疫情爆發後，更進一步下降。儘管沒有實體分行，中國螞蟻集團仍然成為全球最大的金融服務公司。朝向銀行業務和支付的數位轉型，是變革最明顯的標誌，但很多人認為大數據、人工智慧和區塊鏈科技的使用越來越多，以及開放金融允許資料可移轉，將帶來更深刻的變化。

1　《2020 年英國支付市場報告》，英國金融，2021 年 6 月，https://www.ukfinance.org.uk/
system/files/UK-Payment-Markets-Report-2020-SUMMARY.pdf。

我希望我們也能同意需要破壞性的變革，因為現行制度是問題的根源，從不平等、社會及種族不公正，到氣候變遷和破壞自然。下列一些統計數據說明這點。全球六十大銀行在 2015 年和 2020 年簽署的巴黎氣候協議期間，投入 3.8 兆美元於化石燃料產業；英國最底層的一半人口擁有的財富不到總財富的 10%，而最頂層的 10% 人口卻擁有 45% 財富[2]；在英國多達 1,200 萬人無法獲得信貸，政府估計有一半人口陷入財務困境，而有色人種更難獲得信貸、保險和銀行等基本的金融服務。

問題是這種破壞對建立一個由理念驅動的金融體系意味著什麼？這些機構專注良好的長期社會和環境影響，而不是短期利潤？對不同形式的金融機構需求，在理念驅動下，能將金融體系從製造這些問題的根源，轉變為幫助解決問題的核心。

什麼是理念驅動型的金融機構？英國金融創新實驗室的報告，列出關於理念驅動型銀行的關鍵特徵，並指出四個理念驅動的關鍵因素[3]。首先，也是最重要「社會和環境使命」——金融機構須有財務回報以外的驅動力。比如，Triodos 銀行的使命：「幫助建立一個保護和促進所有人的生活品質和尊嚴的社會。」然而僅靠一項使命宣言是不夠的，因為可能被新的所有者或領導者改變，或者可能不會納入戰略和營運之中。

理念驅動的其他關鍵因素——治理、所有權、領導力和文化——有助於使命納入組織中，讓它真正以理念為導向。治理有助於確保使命被認真對待，例如將治理納入組織法律架構的一部分。所有權之所以重要，因為互助或合作形式的所有權，或某些股東所有權模式，可以保護機構不因所有權變更而

2　「英國的總財富：2016 年 4 月至 2018 年 3 月」，英國國家統計局，https://www.ons.gov.uk/peoplepopulationandcommunity/personalandhouseholdfinances/ incomeandwealth/bulletins/totalwealthingreatbritain/april2016tomarch2018。

3　Marloes Nicholls，「理念驅動的銀行業：英國有什麼希望？」金融創新實驗室，2020 年 12 月 9 日，https://financeinnovationlab.org/purpose-driven-banking-what-hope-for- the-uk/。

轉移或淡化使命。顯見領導力和文化將使命納入機構的戰略和營運中，極為重要。

　　數位和數據革命正在催生以理念驅動的新金融模式，對解決重大問題有益。例如，金融創新實驗室有個獎學金專案提供大量鼓舞人心的例子。我們的獎學金專案培養了包括 CoGo 在內的金融科技先驅，現在 CoGo 正與西敏寺銀行（Natwest）合作，幫助客戶追踪支出的碳足跡。Tumelo 與法通投資（Legal&General）合作，讓人們在養老金問題上保持透明度，並賦予股東發言權。在新冠疫情之後，NestEgg 為被主流銀行拒絕貸款的人提供轉介服務，協助找到可取得貸款的機構。不幸的是，這些好例子並不普遍。到目前為止，數位和數據革命並未改善社會和環境的財務影響。事實上，它們常讓情況變得更糟。

　　我們對金融科技崛起整體影響的研究發現，它往往更有利於較富裕的客戶，同時會進一步邊緣化其他人，而他們並不具備有效參與數位社會所需要的基本網際網路技能。隨著大數據的使用，讓整個金融體系獲得更大的權力，這也有可能威脅金融體系的民主和彈性。這些好處集中在少數大型科技公司，數位化還對氣候產生重大影響，包括區塊鏈所消耗的大量能源，光是比特幣就能躋身全球電量消費的前三十大之列，耗電量超過荷蘭 [4]。

　　透過權力動能的視角觀察制度，能解釋為何變革尚未推動體系朝更好的方向發展。

　　單看體系可能被破壞的方式，只能讓我們瞭解一部分情況：我們需要考慮體系中現有的權力動能，及它們將如何影響破壞所造成的結果和破壞本質。我們需要看到全貌。

　　這就要求我們拒絕經常被重複但根本是錯誤的格言──「科技是中立的」，重要的是它的用途。相反地，我們應該理解，引入新科技的體系並非

4　「比較」，劍橋大學比特幣電量指數，https://cbeci.org/cbeci/ comparisons。

中立。有贏家也有輸家。科技正在創造強大的人和機構以及弱小的人和機構，新科技將受到權力動能的影響。

一個更好的出發點是假設那些擁有更多權力的人能夠利用新科技，同時也讓新科技有利於自己的利益，即使新科技在某方面有促進更民主的替代方案。

首先讓我們理解，數位和數據革命造成的許多破壞，可以為積極變革創造機會。最普遍的希望也許是數位和數據革命可以降低金融成本，為消費者提供更好的產品，更重要的是改善金融服務不足的人群和國家的服務，從而幫助解決金融排斥（financial exclusion）問題，希望寄託在金融科技公司能夠更具創新性，以更低的成本提供服務，並有助於解決將許多人排除在金融服務外的資訊不對稱問題。

到今天為止，似乎還沒證據支持金融中介成本將會降低的觀點，因為隨著時間推移，成本幾乎不變，現在斷言隨著變革的步伐加快，發生變化還為時過早。一個更具野心的期待是透過提高透明度、信任度和可追溯性，並改善對價值評估的機會，可能從根本改變體系，是指超越財務價值進入「永續價值」（sustainable value），包括社會和環境的財務影響。

正如所有改變帶來機會的說法一樣，無論好壞，關鍵在如何利用這些機會。例如 ESG 評級的問題，部分是缺乏數據，但也由於它們的自願性、缺乏資訊驗證、有限範圍（通常不會一直延伸到最終產品），當然還有對衡量標準和使用標準的重視程度有所差異 [5]，反過來又取決於使用者的動機和利益。

還有許多破壞更具負面影響。也許最常提到的擔憂，是數據規模和使用的增加，對隱私構成重大威脅。例如英國資訊專員公署（UK Information

---

5　Eugenia Macchiavello 和 Michele Siri，《永續金融和金融科技：科技是否有助於實現環境目標？「『綠色金融科技』的初步評估」》，歐洲銀行學會 2020 年工作論文系列，第 71 號（2020 年 8 月 13 日），https://doi. org/10.2139/ssrn.3672989。

Commissioner's Office）在 2020 年發表的一項調查顯示，最大的信用評級諮詢機構在消費者不知情的情況下，出售人們的數據用於行銷[6]。

　　除了上述區塊鏈的能源影響，其他意想不到的問題可能是增加使用人工智慧和數據顆粒度（granular data）所引起，進一步排除了風險最高的群體，或者使系統日益複雜，讓消費者暴露於被利用和欺詐。2020 年，劍橋大學替代金融中心（Cambridge Centre for Alternative Finance）對市場參與者進行一項大型調查發現，大規模採用人工智慧，預計加劇市場偏見和決策歧視[7]。新科技和新方法的快速增長，也將增加監管機構未預料到的系統風險，因此須對法律進行重大修改，以應對潛在的法律風險。

　　看到數位和數據革命造成的破壞，既有風險也有機會，讓我們透過思考權力動能審視這些問題。定義和分析權力的方法有很多種，其中之一是著名的主題：「本質上眾說紛紜的概念」（essentially contested），所以我想提供具有四個層面的框架，希望能闡明現有的權力動能如何影響數位和數據革命。

　　第一個層面是市場力量。一項研究顯示，實力雄厚的現有銀行在多大程度上允許新的金融科技參與者在市場上取得成功，取決於他們是否提供互補服務——這種服務可以幫助現有銀行成長，或被認為是直接競爭對手。想阻止新競爭對手崛起的現有銀行，有大量市場策略可供選擇，包括讓他們難以使用支付服務等必要的基礎設施，捆綁一系列服務讓新進者無法提供的產品，或乾脆選擇或收購競爭對手。

6　「直接行銷數據經紀行業的數據保護合規情況調查」，資訊專員辦公室，2020 年 10 月，https://ico.org.uk/media/action-weve- taken/2618470/investigation-into-data-protection-compliance-in-the-direct-marketing-data-broking-sector.pdf。

7　「轉變模式：金融服務業全球人工智慧調查」，劍橋大學替代金融中心，2020 年 1 月，https://www.jbs.cam.ac.uk/wp-content/ uploads/2020/08/2020-ccaf-ai-in-financial-services-survey.pdf。

如果我們更深入思考，發現「平台」企業的網路效應——從客戶收集的數據中獲得價值——為大型企業提供強大的市場優勢，進而增強他們的實力。網路效應代表著收集數據的有用性，會與其擁有的用戶數量比例成長。中國就是類似的案例。螞蟻、百度和騰訊等大型科技公司已成為金融業的主要參與者，因為它們能更有效地與數位和社群媒體客戶建立關係。

第二個層面是政治權力。金融體系與其他任何體系幾乎不一樣，它由大量監管構成。監管對體系的發展以及誰受益和誰受損都有巨大影響。對監管和金融科技的討論通常從科技角度出發，說明主要的問題在於監管機構跟不上變化的步伐，而它會影響體系。

例如，一項對美國抵押貸款市場的研究發現，儘管融資成本更低、產品更好，但傳統銀行正將市場拱手讓給金融科技的競爭對手，因為後者受到較輕的監管。鑒於法規旨在讓銀行更穩定減少對政府擔保的需求，可以看出金融科技公司正受益於隱性的政府擔保。換言之，如果監管傾向於鼓勵新進者，或監管不如對現有企業般的完善，那麼也可能積聚重大的系統性風險。

對監管和權力更深入的研究顯示，強大的政治勢力能施加強大的政治影響，影響監管朝向有利他們的方向發展。一項針對美國監管機構與其監管之投資銀行關係的學術研究發現：「在金融業產生不均的影響力，並造成經濟扭曲。」這對高盛尤其有利 [8]。個別公司和行業機構也僱用說客，而且發揮的影響是在封閉的圈子裡，很少有監管。例如英國的遊說登記冊目前只包含諮詢說客，而不包括內部說客，等於只記錄遊說活動的一小部分。

在 2015 年國際透明組織英國分部（Transparency International UK）的研究發現，名列在冊的專業遊說公司有 96 家，代表 360 位客戶，但僅在一個

8　Elise S. Brezis 和 Joël Cariolle，《美國商業銀行的金融部門監管和旋轉門》，發表在《國家、機構和民主》一書中，Norman Schofield 和 Gonzalo Caballero 編著（Springer：Cham，2017年），53-76。

季度內就有 2,735 名遊說人士與英國部長級官員會面[9]。儘管金融政策對社會、經濟和環境具有重大影響，但這些廣泛的利益關係集團很難發揮影響力，與組織良好的行業遊說團體展開競爭。同樣地，對數千個歐盟機構諮詢的另一項重要研究發現，在公共諮詢中收到的絕大多數意見書來自受監管的行業，在 85% 的案例中，非商業利益代表的意見書不到 10%[10]。

第三個層面是潛在經濟結構的力量。人們常偷懶地斷言：金融體系回應的是消費者的利益，而消費者的利益等同於全國人民的利益。沒有什麼比這更離譜了。

金融產品的「消費者」高度集中，反映了社會存在極大的不平等，特別是財富的不平等。正如所見，根據英國國家統計局（Office for National Statistics）的數據，英國最底層一半人口的財富不到總財富的 10%，而最頂層的 10% 人口擁有 45% 財富。這樣看來，金融體系更可能是為富有的人服務，而不是為沒有財富的人。一項研究顯示，英國金融排斥程度相對較高的原因在於沒有任何模式——例如公共干預或補貼等模式，也沒有與主流銀行簽訂社會合約——無法為低收入或高信用風險的人群提供足夠服務的事實[11]。

第四個層面是心理模式或思維方式的力量。系統變革理論專家通常將其稱為系統的最深層次，因為可能採用對生活和整個體系有重大影響的思維方式，而我們甚至沒意識到這一點。它就像周圍的空氣或魚游泳的水。最近的例子是英國《卡利法評論》（Kalifa Review）審查金融科技的相關問題。支持

9　「負責任的影響力。將遊說帶出陰影」，透明國際出版社（Transparency International），2015 年 9 月，https://www.transparency.org.uk/publications/accountable-influence-bringing-lobbying-out-shadows。

10　Jan Beyers 和 Sarah Arras，「誰向監管機構提供資訊？《歐盟監管機構磋商中的利益相關者多樣性》，《公共政策雜誌》第 40 期，第 4 期（2020 年）：573-98，https://doi.org/10.1017/S0143814X19000126。

11　Karl Dayson、Pal Vik 博士和 Jo Curtis 合著《擴展英國個人貸款 CDFI 部門》，社群金融解決方案（Community Finance Solutions），2020 年，https://www.carnegieuktrust.org.uk/publications/scaling-up-the-uk-personal-lending-cdfi-sector-from-20m-to-200m-in-lending-by-2027/。

該報告的假設或心理模式，是金融科技成長加快和競爭加劇，本身就是一件好事，將帶來更多的選擇、獲取和包容性。也可以說，這與更廣泛、更強大的模式是一致的，表明有效的市場會產生最好的結果。如同金融創新實驗室在我們對此份審查結果的回應中指出的那樣，沒有提供任何證據支持這些假設，如同上文看到，金融科技的發展同樣能帶來更大的排斥[12]。

瞭解數位和數據革命是在經濟和金融部門發生重大變化的背景下展開的，這代表著數位和數據革命的影響，不僅僅取決於它們所造成的破壞。在此詳細探討這點超出本文的範圍，但可舉例說明。過去 10 年，各國政府應對全球金融危機的措施，鼓勵了主要趨勢——資產價格的上漲速度超過薪資，這不僅加劇了不平等，根據某些人的說法，還改變了政治動態，造成資產相對豐富的老年人與資產相對匱乏的年輕人間的分歧加劇，由此導致投票模式越來越差。明顯影響了權力的各個方面——使金融市場傾向於資產，根據經濟結構的變化，透過投票改變政治動態，最終影響心理模式，例如認為極低的通貨膨脹率應該是經濟優先的人，顯然有助於保護資產價值。

最後得出的明顯結論：鑑於權力動能在決定數位和數據革命的結果方面的重要性，若要實現我們想要的結果——更可持續、公正、有彈性和民主的體制——就需採取行動和干預來達成。理念驅動金融機構的領導者已經發現阻礙其成功的障礙，阻止有希望的替代方案發展成主流的一部分[13]。這些障礙包括有利其他業者而制定的政府政策和法規，有時還積極阻止以理念驅動的替代方案取得成功。例如這個事實：要為成長提供資本的投資者往往專注於短期回報，或尋求比負責任的供應商能提供的更高回報。同時這些障礙也包括主流產業的

---

12 《卡利法評論：金融創新實驗室的回應》，金融創新實驗室，2020 年，https://financeinnovationlab.org/wp-content/uploads/2021/03/Kalifa-Review-response_final.pdf。

13 Jesse Griffiths 著，「如何發展理念驅動的銀行：該領域領導者的四個經驗教訓」，金融創新實驗室，2021 年 3 月 19 日，https://financeinnovationlab.org/how-to- grow-purpose-driven-banking-four-lessons-from-leaders-in-the-field/。

市場力量，以及公眾對替代方案不太認識。要克服這些障礙，需應對體系的權力動態，建立力量以影響政府、市場和公眾，以重塑數位和數據革命，讓它更有利於理念而不是利潤。

傑西 · 格里菲斯
Jesse Griffiths

　　金融創新實驗室的執行長，領導實驗室建立一個為人類和地球服務的金融體系。在加入實驗室之前，格里菲斯是國際智庫 ODI 的發展戰略和金融計畫主任，領導一個研究和政策團隊，致力於如何為永續發展目標融資。

　　在此之前的 6 年半裡，格里菲斯擔任歐洲債務與發展網路（Eurodad：European Network on Debt and Development）的主管。Eurodad 是由 50 個歐洲公民社會組織（CSO：civil society organisations）組成的網路，致力於改變全球和歐洲的政策、機構和結構，確保建立環境永續的金融和經濟體系，努力消除貧窮，確保所有人享有人權。他曾是世界銀行和國際貨幣基金組織監督機構（IMF），布雷頓森林專案（Bretton Woods Project）的協調員，還曾為英國援助行動組織（ActionAid UK）從事發展融資政策工作。他還曾在國際發展部（DFID）和其他各種非政府組織工作，研究發展融資和國際環境政策。

　　格里菲斯是千禧年債務運動（Jubilee Debt Campaign）的受託人，該運動專注於貧窮與債務之間的聯繫，是全球運動的一部分，旨在打破全球和英國的債務鏈，建立一個為所有人服務的金融體系。他也是英國稅務正義組織的受託人，該組織致力於確保英國的所有人，都能從公平有效的稅收制度中受益。

溝通能夠幫我們拯救人類與地球

撰文｜吉漢・海德，英國新聞公報（CommUnique）創辦人暨執行長

當建立起理念，您就必須傳播它，向眾人傳達如何拯救地球與人類並不困難，這可以在您現有的溝通機制與商業規畫中建立。透過分享您所面對的挑戰與成功經驗，您將透過利益相關者的視角建立起信任與信用。

公司向內部傳達「如何拯救地球與人類」的承諾，應該被視為一種資產，列入資產負債表內，而且可以產生現金流、減少開支、吸引合適人才並改善銷售狀況。它應該是種需要資金、改進、測試、愛護、關懷與關注的資產，要認真以待，並耐心費時駕馭它的力量。

人類與地球的訊息與故事，若經過精良設計，便是一種強大的工具。它能吸引員工、幫助推動內部變革，更能促使利益相關者對您正努力達成的里程碑產生興趣。它還有助於提高競爭優勢。當傳達了這些訊息，在面對社會與環境問題時便能展現出與同業不一樣的立場。

以下一些想法建議給企業和溝通者，如何將拯救人類與地球的故事講得更令人信服並改變聽眾的心態，成為更負責任的企業與個體。

》》》 從您的員工開始

要成功地對外溝通如何拯救人類與地球，要讓員工瞭解您的故事，但該如何讓員工接受為了拯救人類與地球而提出的價值觀？關鍵是將它包裝成對公司和社會健全的未來，做出貢獻的一次機會。某些時候您必須以理性吸引大家（財務激勵、節省成本、職業發展），有時則必須以感性吸引：「看看我們所作的改變。」但更多時候需要雙管齊下。

還必須確保您的「人類與地球」策略能讓真正活躍的高階主管買單並支持，而不是將它交給某個部門，或想著之後再來關心。這個策略涉及多方：董事會、執行長、財務長、資安長、風險長、法律顧問、人資長、國際事務主管、公關長以及內外部的稽核人員，這些人的作業都是一體的。

不過，在您著手進行任何事之前，需要整頓好組織內部，確保「人類與地球」策略 100% 嵌入企業的基因內，無論是由上而下，還是由下而上。要做到這一點，需要在開始考慮您的環境與社會影響策略之前，先問自己一些關鍵問題。

》》問對問題

若對這些問題有清楚的答案，就能為成功的溝通打下基礎，讓您能真實傳遞品牌理念，並使聽眾產生共鳴。

1. 做為一家企業，您的理念是什麼？
2. 公司成立的宗旨是什麼？
3. 公司未來 5 年的發展方向是什麼？
4. 拯救人類與地球的作法如何與我們的價值觀整合？
5. 想建立的企業文化是什麼？為什麼？
6. 如果不把「人類與地球」這個議題納入商業模式中，最糟會發生什麼狀況？
7. 同伴、競爭對手與其他人是怎麼處理「人類與地球」這個議題？
8. 我們最重要的利益相關者是誰？

9. 我們需要誰來當倡導者？

10. 投資人希望從我們這裡得到什麼？

11. 應該檢視哪些規範、基準與架構？

12. 要怎麼把訊息傳遞給聽眾與溝通團隊？

13. 會怎麼定義成功與達成目標的進度？

　　一旦您確定這些問題的答案，並與主管和其他關鍵利益相關者達成共識，就可以用幾種模式來塑造您的溝通方法。以下有 5 種經過測試與檢驗的模式。

》》 讓溝通成功的 5 個模式

1. 善用行為科學（Behavioural Science）

　　身為人類，我們的行為是由兩個系統所驅動的：自動系統（automatic system，代表直覺）與省思系統（reflective system，代表分析思考）。如果您看到一張孩子們在公園裡笑著奔跑的照片，會本能地認為他們很快樂、正在享受美好時光，就是自動系統的例子。如果您遇到一個困難的謎題需要坐下來想辦法解決，則是反射系統的例子。問題是，做為人類的生物本能是節省能量，因此我們總會採取最簡單的方式。

　　直到現在，「人類與地球」的溝通往往還是複雜、冗長且難以產生共鳴。所以我們的本能便是不參與其中。試著簡化您的資訊及語言，這樣聽眾就不必花時間去理解您。

　　身為人類，我們的另一個本能是群體心態，這意味著我們會模仿周圍的人。例如看到其他人站成一排，我們也會跟著這麼做。如果其他人低聲談話，我們也會降低音量。這種本能十分強烈，以至於常常壓過自己許多良好的意圖。在「人類與地球」的溝通中，我們可以採用群體心態的方式，根據他人的行動與影響塑造要傳遞的訊息。例如，不要說：「每買一次東西，我們就

種一棵樹。」可以改成：「加入一萬名女性企業家的行列，她們正在幫助我們拯救地球。」

　　人類的生物設計也讓我們僅對眼前的危險做出反應，而非未來的威脅。像是當我們談論氣候變遷時，可以表達出不同的急迫性，因為對不同人來說，它所造成的即時性影響可大可小。

　　聽過這樣的比喻後，我就再也忘不了。如果採用改變行為的方式，就像把您的聽眾送到一間飯店，飯店很新、很有趣，卻是短暫的。然而善用所有行為改變的資源與工具，就像建造一棟房子，您給了聽眾一個可以停留、休息、放鬆與茁壯的地方，房子是新的，並且永遠存在。

　　因此當下次設計溝通策略時，您是要建造一棟房子，還是要把聽眾送到飯店？

　　專業提示：「人類與地球」訊息不應該集中在世界其他地方發生的事情上，而應該關注您周圍發生的事情。

2. 引導您的聽眾

　　溝通專家是「設計選擇的建築師」（choice architects）[1]。就「人類與地球」這個議題而言，意味著我們的工作是教育我們的聽眾，幫助他們做出決定並獲得有助於拯救人類與地球的認知。請記住，行為學研究不斷表明，人們傾向於使用心理捷徑或偏見和經驗法則，快速輕鬆做出決定，他們甚至常常不理解為什麼會採取那樣的方式。

　　其中一種方法是「引導」，引導理論探討的是如何影響聽眾的選擇[2]，也就是不去限制他們，而是藉由不同方式提供他們選擇。這些暗示不是以教育

1　細節請參閱《推出您的影響力》（最新版），Richard H. Thaler 與 Cass R. Sunstein 著，倫敦，2021 年。
2　同上。

性、脅迫或侵略性的方式出現。相反地，它們是以微小的推力，將聽眾推向您所希望產生的態度或行為，其方法簡單而自然，就像是第二天性，而不是一種由意識主導的行動。

在您採用引導方式之前，一定要在聽眾身上進行測試，確保能發揮功用。您甚至可以與聽眾一起創造這個方式，讓他們一開始就參與其中。例如，幾年前在美國的一家加油站進行的研究發現，當提供免費輪胎壓力檢查的優惠券時，相較於強調燃油經濟性與效益的廣告詞，如果廣告詞是強調輪胎充氣對環境的好處，司機更可能收下優惠券。[3]

專業提示：當您試圖改變人們面對複雜問題（如氣候變遷或社會衝擊）的行為時，引導是很好的方式。

3. 天真一點

為了讓「人類與地球」的溝通產生影響，您需要簡化、澄清它，講述一個立場堅定的故事。有說服力的數據和事實將會有所幫助，但這也是讓事情變得棘手之處。

在拯救「人類和地球」的議題中，資料往往不全面或不準確，特別是涉及環境影響時。因此當傳播者試圖將它轉化成故事時，往往被認為是漂綠的手段。在技術進步與必要數據出現之前，您還有一種選擇：擁抱天真，抱持初心。

「初心」是禪宗的概念。正如已故的禪師鈴木俊隆所說：「在初學者心中，有很多可能性，但在專家的心中，可能性卻很稀少。」[4] 換句話說，初心能讓您面對某一特定領域時，排除任何先入為主的觀念，抹去您所知道的東西，

3　《比較貨幣與道德動機在環保運動中的有效性》，J.W. Bolderdijk、L. Steg, E.S. Geller、P.K. Lehman 和 T. Postmes 著，自然氣候變化第三輯（2013）：413-16，https://www.nature.com/articles/nclimate1767。

4　《禪者的初心：五十周年紀念版》，鈴木俊隆著，Trudy Dixon 編，（科羅拉多：Shambhala，2020）。

並重新學習一遍。

當我們採納初心，便會傾向於把所有體驗當作是第一次，不被過去影響，也不臆測未來。全然接受現在的事物，而不是構築出我們所以為的故事。

首先，您要問一些別人不敢或根本沒想過要問的問題。在 Libor 醜聞後，我在巴克萊銀行（Barclay）的內部審計部門擔任變革溝通主管。當時，在所有會議上我總會確保有三種角色在場：質問者、專家及夢想家。質問者充滿自信，不害怕詢問天真的問題或挑戰極限（通常由我扮演）。專家對他們的領域瞭若指掌，更勝公司內部的任何人。夢想家是最樂觀的，總會看到隧道盡頭的光。

採納這種方法讓我能真正瞭解管理銀行的複雜性，並將其轉化為一種溝通策略，幫助我的利益相關者理解他們在保護銀行方面所扮演的角色，畢竟他們不在合規、風險或審計部門裡面。這麼做也幫助我與同事、供應商及客戶建立起牢固的關係，讓他們知道我重視他們的意見，並將他們視為變革的一份子。

> 專業提示：要講出打動人心的「人類與地球」故事，無需成為專家不可。請保持天真，因為天真會幫助您簡化訊息，並讓您有信心這些故事會在發表前通過測試。

4. 戴上帽子

在傳達「人類與地球」的故事時，您有很多不同的聽眾：領導層、員工、投資者、股東、客戶等。傳統上，傳播者會專注於區分聽眾的人物誌（personas）：年齡、性別、所屬團隊、所在地區、收入等，而我們的「帽子模型」（hat model）則更進一步關注聽眾的心態。[5]

5　帽子模型是由我與溝通專家夥伴 Mike Klein 所創造。

概念很簡單：在不同的時間，我們都在組織內戴著不同的「帽子」。在策畫活動時，要記得整個計畫的不同時刻，您所面對的是哪些帽子，或可以說是哪些心態。需要他們聽到您傳達的訊息後，去做什麼、瞭解什麼、感受到什麼？在人與地球的溝通上，有 4 頂需要特別注意的帽子。

投資者帽子

投資者是有理性思維的人，可是向他們推銷理念時，偶爾會受到推銷員的情緒或人格特質影響，做出非理性的決定。他們是有耐心的獨立思考者，儘管不能否認他們對細節也有獨到的觀察，也喜歡了解事物全貌，卻僅止於全貌。

要與這些戴著投資者帽子的聽眾交談，您的訊息可以注重以下內容：

1. **企業成長**：展示出企業要如何擴大規模，及這種成長會對人類與地球議題及公司管理產生什麼影響。

2. **數據**：提供明確的事實、數字與優先事項，展示出特定行動及倡議對公司有什麼好處。例如，如果正發起一項「人類與地球」的大規模行銷活動，您可以說說在這場活動中將投入多少資金，以及從行銷的角度看這場活動會帶來什麼影響。

客戶帽子

您的受眾也可能戴著客戶的帽子，他們是您公司產品的購買者或是將積極採用您公司決策的人。越來越多人希望能支持價值觀與自己一致的企業，並與之合作，他們的價值觀也越來越常指向改善環境、減少碳足跡和盡力減少氣候變化。當您將價值觀與客戶保持一致，便是表達對客戶的重視，以及對永續發展的認真看待。

要與這些戴著客戶帽子的聽眾交談，您的訊息可以注重以下內容：

1. **個人化**：向客戶展示這個訊息會對個人產生怎樣的影響，並增加他們周遭環境與社區的價值；個人化對客戶來說是關鍵。

2. **激發點子**：在開發永續性綠色產品或服務時向客戶請求協助，他們的點子比您更多。

3. **獎勵**：對客戶的行為與認同給予明確的獎勵。人類喜歡被獎勵，這是競爭與生存的一部分。

小團體成員的帽子

　　人類對團體的歸屬感有強烈需求。這會讓他們與價值觀、人生階段或其他核心認同相似的人產生連結。以您的聽眾來說，這個小團體可能是他們的團隊、業務單位或社會經濟上的同儕。

　　要與這些戴著小團體成員帽子的聽眾交談，您的訊息可以注重以下內容：

1. **歸屬感**：做為人類，我們需要通過共同興趣、生活方式與習慣與他人建立關係，進而擁有強烈的忠誠與承諾感。

2. **受景仰的領導者**：小團體需有他們尊重並追隨的領導者。領導者將影響成員對團體的感受和他們在團體內扮演的角色。換句話說，領導者所傳遞的訊息，將會讓您的聽眾與團體成員感到驕傲。

3. **更長遠的利益**：可以被定義為個人的行為能夠帶來「對最多人來說的最大利益」。要實現這種利益很不容易，所以可以簡化為「意識到聽眾的行為會怎麼影響到周圍的人或整個社會」。

公民的帽子

　　大多數人都會做超出自身日常工作範疇的行為，並成為組織中活躍的公民。做為公民，他們充滿好奇心，願意忍受些微的不便而不會輕易訴諸訴訟或抗議。例如他們會撿起街道上的垃圾、大方載鄰居的孩子一程送到學校。這些行為並未得到正式的獎勵，卻有助於提高人們的積極性與歸屬感。

　　要與這些戴著公民帽子的聽眾交談，您的訊息可以注重以下內容：

1. **天助自助**：幫助他們成為更好的人，讓他們對社會產生影響力，並讓

人生充滿收獲。

2. **參與感**：讓他們參與和工作相關的治理與組織變革，這能鼓勵他們支持您所做的決策。

3. **慶祝成功**：為他們良好的公民行動與表現喝采！

專業提示：不要將您的訊息建立在傳統的人物誌上，而是轉向關注聽眾的心態。為什麼？因為一個人的心態在不同情況下會發生變化，取決於當下戴的是哪頂帽子。

4. 瞭解您的「節點」

在每個公司裡，員工都會建立起非正式的「可以尋求協助的人」的網路。與上述小團體成員概念類似，這些人分享大量資訊，並迅速影響所有團體。這樣的人可能出現在組織的任何一層結構中，他們通常很受歡迎，並且高度參與公司的新聞與發展。他們僅佔公司人數的 3%，卻影響 97% 的員工，帶起 20-35% 能增加公司價值的合作。[6]

當務之急是找出這些有影響力的人，因為他們能幫助鞏固訊息，確保內外部的人瞭解自己所扮演的角色。通常要找出這層關聯，都是透過組織網路分析（organizational network analysis，ONA）達成，但這樣的分析也能應用在外部的利益相關者身上。該系統將影響者稱為「節點」（node），運用的技術與軟體會以圖表的形式提供大量數據集，讓人可以鳥瞰的方式瞭解您的廣大受眾影響最大的節點與團體為何，而需要這些人來當您的溝通倡導者。ONA 也可以幫助找出擋在內部與外部聽眾之間的障礙。

這個模型通常只運用在組織內部，但何嘗不在外部與供應商一起使用，找出傳遞「人類與地球」訊息時所遇到的影響者、倡導者與阻礙者？它可以確保

6　《協作疲乏》，Rob Cross、Reb Rebele 和 Adam Grant 著，哈佛商業評論，2016 年 1-2 月號。

您的訊息與希望人們擁有的心態能融入公司的基因，同時也滲入供應鏈。

專業提示：找出組織與供應鏈中的影響者（也就是節點），有助於打造一個
建基在共同價值與文化上的社群。

》》如何「講出活的故事」

無論選擇採用哪種模式，最終您要做的是講出影響環境與社區的故事。
然而僅僅講述一個故事是不夠的，您需要活的故事。故事要展現出您是怎麼
做到的，以及會採取哪些方法來實現您的「人類與地球」策略。

下列的訣竅可以幫助您講述出讓聽眾產生共鳴的故事：

1. 保持真誠

您是否崇尚「正宗」（authentic）這個詞？我並不。每次聽到，我都會
想起我買的一個假名牌包，我堅持它是真品，儘管所有的朋友都看得出它是
假的。真正的正宗始於誠實與真誠，如果提不出能支持您的「綠色」運動的
所有資訊或數據，就老實承認吧。您可以說：「目前我們在推廣碳抵消運動
的數據收集上遇到困難，但我們正在與 X 公司合作，探討此舉對當地社區造
成的影響。我們將在（日期）之前告知您研究結果。」

專業提示：忠於您的品牌，並在傳遞訊息時保持誠實，能夠大大幫助您與聽
眾建立信任。

2. 一開始就嵌入您的「人類與地球」價值觀

公司最重要的聽眾是員工，其次才是客戶（包含供應商）與投資者。國
際管理發展學院的教授 Paul Strebel 指出，聽眾擁有與我們對等的義務與承

諾，這樣能定義他們與我們這個組織的關係。這樣的關係可分為正式層面（工作描述、雇用合約、商業合約及預期合約）、心理層面（獎勵、認可、期望與承諾）及社會層面（認知、文化與價值觀）。

如果要讓「人類與地球」故事成真，您需要讓這些價值觀與您的環保成長方向保持一致，並將「人類與地球」價值觀嵌入員工工作經驗、投資者簡報與供應商的培訓中。要做到這點，需要清楚解釋關注「人類與地球」議題的經濟效益，並組織培訓計畫簡化這個複雜的議題，讓人們無論在工作場所內外，都能看見您在綠色議題上的努力。您要找到人類與地球策略的支持者，最後成立讓聽眾能夠給予回饋的管道。

專業提示：讓您的「人類與地球」策略與目標及價值觀保持一致，並講述前後一致的故事，能夠幫助強化您真正的承諾。

3. 不要用艱深的字裝聰明

有好幾次，我差點被同業交流的話語逗笑出聲。冗長難懂的詞很突兀，因為會分散讀者對您所表達觀點的注意力，如果他們必須不斷查找不知道的單字，您可能完全失去他們的注意。

要對您的環境與社區產生影響已經夠複雜了，沒必要使用曲折詞彙增加複雜度。想想史提夫 • 賈伯斯介紹 iPod 時的情景賈伯斯並沒提到它有幾 GB 的容量，而是形容擁有一台 iPod「就像在口袋裡放了 1,000 首歌。」

專業提示：如果您要改變的心態、幫助他們瞭解做好事的重要性並成功的做好事，簡單便是關鍵。

4. 講出正向的故事

被負面消息吸引是人的天性，因為我們大腦的設計是掃描周圍的危險，

並參照過往的威脅，這是一種生存方式。但是，反覆暴露在恐懼的刺激下會讓我們感到無助，這對我們的福祉與社會都沒有好處。

東倫敦大學的一項研究發現，「參與者表示，接收過多負面新聞讓他們看到其他人的負面形象，並感到被孤立於社會之外。當參與者閱讀正向的新聞時，情況恰好相反：這些新聞讓他們對其他人產生敬佩之情，並恢復了『對人類的信心』。」[7] 該研究也顯示，報導解決方案的故事會增強人們的信念，相信自己有能力做出改變。

Google 最近為自家的語音助理 Google Assistant 推出「告訴我一些好事情」（Tell Me Something Good）的新功能時，便採取了正面手段。美國的用戶如今可以使用該指令接收大量正面的新聞報導。

專業提示：如果希望讓聽眾能夠對人類與地球故事產生共鳴，正向故事會是您的關鍵。

5. 讓您的訊息人性化，還有個人化、個人化、個人化

做為一個行銷人，我必須不斷強調為不同受眾量身打造訊息的重要性。人們向人們購物，與其當有人刷您公司的信用卡時聲稱您們會捐款支持「非洲的教育」，不如告訴我當我使用您公司的卡時，我能「幫助一名肯亞的農夫讓孩子受教育」。

大多數新創企業與擴張中的公司都專注於推廣他們的綠色產品，卻沒把精力放在正確通路上，也沒教育他們的客戶。以一間線上支付公司為例，該公司幫助兒童在賺錢、花費與存錢上負責任。當他們推出生物可分解卡片時，

7　《出版正向精神：探討閱讀以解決方案為重點之新聞背後的動機與成果》，Jodie Jackson 著，（碩士論文，東倫敦大學，2016），https://www.constructivejournalism.org/wp-content/uploads/2016/11/Publishing-the- Positive_MA-thesis-research-2016_Jodie-Jackson.pdf。

將受眾轉為家長，將目標放在與另一個知名森林再造組織的共同努力上。雖然這也很好，但如果他們利用這個機會教育孩子們如何成為支持環保的人，便能對環境帶來更長遠的影響。

專業提示：人性化與個人化能幫助您在聽眾心中建立長久的正面形象，同時也幫助您推動建立品牌可信度時所需的對話。

因此，正如您所見，人類與地球的議題可能很複雜，但要溝通它並不一定很困難，只要投入時間、思考和資源做好它。

吉漢・海德
Gihan A.M. Hyde

CommUnique 的獲獎創始人暨執行長。CommUnique 是家專門從事 ESG 溝通的新創公司，海德在 8 個行業（政府、建設、零售、金融服務、石油與天然氣、非政府組織、快速消費品、專業服務）和 6 個國家中累積了 22 年的工作經驗。並曾為世界衛生組織、匯豐銀行、巴克萊銀行、馬莎百貨（Marks & Spencer）、英國石油公司（BP）等組織提供 ESG 方面的顧問。海德出身於市場行銷、員工溝通與廣告。她的工作為 20 萬名員工與 15 萬名客戶帶來了正面的影響，並促成價值 3 億英鎊的投資交易。

如何實現文化差異化

撰文｜克里斯・史金納

　　任何轉型帶來的改變，無論是業務、數位或其他，總會牽涉到人的轉型與改變。這也是大多數轉型變革之所以失敗的原因，因為我們錯誤地聚焦在「我們必須執行數位專案」(we must do digital) 的問題，而非解決「必須數位化」(we must be digital) 的問題。這也是為何領導人會將數位變革授權給一個團隊、一個專案或是一筆預算，而非自己領軍。我在前一本書《數位真轉型》(Doing Digital) 中，對這議題有深入探討，我認為這正是傳統企業能否轉型成為數位領導者的關鍵。

　　當我們在論述數位轉型應被視為文化重塑，而非僅是科技堆疊時，勢必有些觀點會浮出水面。

》》 指揮—控制或是指導—諮詢

　　絕大多數傳統公司都是官僚型的組織架構而且層級分明，不希望員工思考或是被授權，他們想建立指揮及控制的架構。一位保險業執行長這麼說：「我們養了一公司填表格跟接電話的人。」

藉由轉型，目標是讓員工被賦能且能自行思考，正是造成絕佳顧客滿意度與超級客戶挫敗感之間的差異。英國 First Direct 是一家沒有分行，只有電話與行動 app，卻成為客戶滿意度領導品牌的銀行。他們的做法是：客服人員不須採用制式的話術，只給予原則和指導方針。

轉型的目標是讓組織更加扁平，並且藉由指導與訓練，創造出被賦能的思考者。換句話說，這是指導和諮詢，而不是指揮及控制。指揮及控制用來管理軍隊，而指導和諮詢是為了商務。我們確實看到這種方式隨著敏捷與精實管理在當前興起，只是進展緩慢且痛苦，還有太多的金融家依然更關注前線部隊而非敏捷團隊。

》》組織要麼讓您筋疲力盡或是讓您自己選擇離開

從 1980 年代開始，管理大師湯姆・彼得斯 (Tom Peters) 在不同企業倡導流程轉型 (process transformations)。聯合太平洋鐵路公司 (UPR：Union Pacific Railroad) 就是一個變革的典範，這家公司將組織扁平化以加快決策並賦能員工。轉型領導人在接受訪談時提出精彩的觀點：「組織要麼讓您筋疲力盡或是讓您自己選擇離開。」

時至今日，這段話仍然非常貼切。指揮─控制型組織的特色：讓您筋疲力盡或是讓您離開，為了避免風險和決策，創造出沒有人能找到任何人替任何事情做決策的運作方式。這種方式在過去可行，然而在 2020 年代，我們經歷了封城與居家工作，至今如果還不給予員工做決定的能力，您到底在做什麼？

》》轉型是一場戰役，還沒被炮轟，那您多半選錯了戰場

一位保險業的執行長有次告訴我，她的公司是如何踏上轉型旅程。她描

述了這個痛苦的過程：到處是來自四面八方的阻力，員工不想改變也不想要被改變。遇到這樣的瓶頸時，管理團隊必須再接再厲繼續推動變革。這位執行長說的是：「當您加入一場戰爭卻沒有被砲轟，那您多半選錯戰場了。」

不言而喻的是，如果沒有反對的聲浪、沒有阻力、沒有哀嚎也沒有抱怨，您並沒有在進行轉型，您只是在做例行作業。

》》把乳酪搬走

在轉型過程中不時會浮現《誰搬走了我的乳酪？》這本暢銷書的觀點。它講述兩個每天都會被餵食乳酪的老鼠家庭。有一天，乳酪不見了，一戶老鼠決定回家，認為明天還會有乳酪。另一戶老鼠認為這是問題，必須開始尋找乳酪，於是他們發現原來乳酪被搬去了另一個地方。

日復一日做同樣的事情當然比較自在，當您發現自己被迫去做完全不同的事情，自然會感到不愉快。封城就是一個例子。剛開始時非常新奇，然而在 1 年之後，每個人都習慣了被局限與隔離在家的單調乏味。誰搬走了您的乳酪？在這個案例中，是疫情搬走了，於是人們必須轉型或滅亡。

》》點燃火花、指引方向然後學會包容

對人們來說，接受必須轉變是困難的任務，因此需要讓他們在過程中開始瞭解，不做任何改變將會發生什麼事。最常見的是他們會因公司破產而失業，很多公司覺得這個訊息很難傳達，但是日德蘭銀行 (Jyske Bank) 則把這轉變為個人的議題。

日德蘭銀行是一家很酷的丹麥銀行，在文化塑造上十分創新，甚至還經營自己的電視頻道，為了激發轉型變革，他們創造了一個有活力的平台 (burning platform)。新上任的銀行執行長召開鼓舞士氣的全員會議，在會議

中，執行長解釋有一家瑞典銀行決定併購日德蘭銀行，因為這家銀行一直想在丹麥插旗，這個併購對他們是絕佳機會。這就像是在地球上被外星人打了一巴掌，搞清楚啊，這可是一家瑞典銀行要接手一家丹麥銀行（試想是德國與荷蘭、法國與英國、美國與中國的關係）！無需訝異，工會成員開始上跳下竄地咆哮著這是多麼可怕的事，員工流著淚，每個人都被震懾了⋯⋯直到發現這是個玩笑。

用一個有意而為的玩笑，為改變創造一個有活力的平台。

可以用一個玩笑來幫助您創造一個有活力的平台，但重要的是必須清楚定位創造這個平台的意圖和方向，對未來的願景和理念。不要只是告知人們願景跟理念是什麼，而且說這已經決定了，無法改變。和每個人交流，問問他們是怎麼想的。包容是重要關鍵。這回到我們之前的觀點：不要告訴人們怎麼做，而是問他們應該怎麼把事情搞定。

》》不只自上而下或自下而上，僵化的中間階層要囊括進來

變革並非只有自上而下或自下而上，必須雙管齊下。高層管理者必須設定方向展現轉型，是為了將公司帶領至何處，而員工必須找出抵達目的地的方式。在這當中有一小群人會企圖癱瘓一切——就是中階管理者。

不要忘了，最徹底的轉型，尤其是數位轉型，都為了組織扁平化，這會讓中間管理階層充滿驚恐，而他們應該是讓改變發生的關鍵角色。大多數組織都因遺漏了以下兩個關鍵而出錯：首先他們不改變獎酬架構，因此中間管理階層會持續聚焦於舊方式而非新方向；其次，他們不跟管理階層清楚溝通正在發生什麼，只是把想法丟出來便希望管理階層瞭解，就像是把果凍往牆上丟，它就是會往下掉。

由於最具衝擊的轉型和業務、產品或科技的關係很小，絕大多數與人員的改變相關，這也說明了為何這部分的流程是最難處理卻又最關鍵，也是為

什麼大多數公司寧可閃過轉型變革的子彈，而用一個專案、一個部門或一筆預算來替代。

》》改變文化是最困難的部分

如前所述，改變公司的思維和行為模式是最困難的部分。這不是關於您正在改變的東西——技術、流程、結構和組織——而是改變員工的思維方式尤其困難，因為大多數公司都會僱用與他們想法相似的人，而會解僱與他們想法不同的人。

每家公司從根植公司結構根深蒂固的文化中開始。它可能是幾個世紀前開始的文化，今天仍然存在。當人們能加入一家公司，通常因為面試官喜歡他們，他們志趣相投，他們就會被同化到蜂巢中。他們變得越來越像那些已經在那裡或之前在那裡的人，如果不同化的話，就會像污染公司血液的討厭病毒一樣被淘汰。

所以羅馬皇帝尼祿的顧問彼得羅尼烏斯 · 阿比特（Petronius Arbiter）的引述一直經得起時間考驗的原因：

> 「我們刻苦訓練，但似乎每次開始組建團隊時，我們都會重新組織。……我在以後的生活中瞭解到，我們傾向於通過重組來應對任何新情況。它是極好的方法，用來製造進步的假象，同時產生混亂、效率低下和士氣低落。」

要改變公司，您必須改變人。

》》理念很難添加到文化中

我們很難為一家擁有根深蒂固的志同道合文化公司，增添新價值觀和理

念。想想看，這就像讓星際爭霸戰 (Star Trek) 中的每個博格人 (Borg) 都不同，而且有自己的獨特性。就是做不到，他們都已被同化為某種固定的行為模式。因此在我「理念驅動」銀行業務的討論中，告訴那些從化石燃料公司獲得主要收入和利潤的銀行裡工作的人，停止為化石燃料公司提供資金是行不通的；它同樣適用在化石燃料公司本身。

但是您如果改變獎勵措施和激勵機制，它可能會起作用。評估您想獎勵的東西，先獎勵最重要的東西。這可能稍微改變文化，但大多數公司文化都是由他們的創始人創造和設定的，如果創始人是貪財的艾比尼澤・史古基（譯註：Ebenezer Scrooge 是查爾斯・狄更斯小說《小氣財神》的主角），那他們不太可能改變自己的方式……，除非在他們的夢中展示他們死後會發生在身上的憾事。

》》 不要想出愚蠢的首字母縮寫詞

銀行裡推動價值觀和行為靠著愚蠢聲明跟內部行銷是行不通的。許多公司都有誠信及尊重、卓越及客戶、友好和知情的計畫，人力資源部門帶頭確保每個人都知道這些意味著什麼。每位員工獲得 T 恤和徽章，如果他們完成完整的培訓計劃，還將獲得一顆金星。不管怎樣，他們還不如推出服務（Service）、幸福（Happiness）、個人（Individual）和開拓者（Trailblazer）節目（想想這幾個字的首字母縮寫詞）。

當然，我並不是說銀行不應該在文化中包含價值觀，但這些價值觀必須符合組織的文化，正如該組織的領導團隊體現的那樣。如果領導者沒有明確表明致力於這些價值觀和行為，他們就只是牆上或書中的文字。有人稱之為 MBWA（Management By Walking About）——走動式管理——但我稱為「跟著我做」。

》》 更換管理團隊

最能改變文化的方法就是更換領導和管理團隊。現有的管理團隊如果不適合公司需要的方向，那就找一個合適的人。如果新團隊不認同公司的理念，則可能會適得其反和嚴重失敗。舉個例子，有人向我抱怨他們引進來自亞馬遜和谷歌的新管理團隊來改變銀行，但他們對銀行業務一無所知。由於這個原因，他們失敗了。很重要的經驗教訓，他們不一定得是銀行業專家，只是若真的要更換領導層和管理團隊，至少須在舊公司和新公司的理念方向上保持一致。

無論哪種方式，成功的轉型很少由現有的管理團隊完成。它需要通過改變管理團隊來實現。這就是為什麼大多數公司都只談論變革管理，卻很少談論變革管理團隊。

》》 將文化置於業務之上

以上談的並沒有詳盡無遺，但最後一點是很少有公司能給奢侈的資源專注於改變公司，而不是經營公司。下列是我為了《數位真轉型》一書，訪談亞洲銀行領導者星展銀行的執行長時，所學到的經驗。

該銀行曾想在印尼收購一家銀行，卻未能如願。董事會隨後對銀行的執行長兼董事長說：「這次收購失敗後，準備的資金還剩下幾百萬美元，目前我們還沒有明確的用途，請用來改造銀行。」執行長回答：「但我們必須經營銀行。」 董事會回道：「不要擔心經營銀行，我們會關注經營的部分，您只需專注改變銀行。」

當轉型變革重要性被置於一切照舊 (business as usual) 之上時，您的企業將會變得與眾不同。執行長和董事長專注於銀行文化和架構的轉變，而財務長和營運長則專注經營銀行的日常指標和運營。如果沒有這樣的授權和明確的重點，經營銀行和改變銀行，轉型變革將是件非常困難的事情。

總之，數位轉型與進行任何重大變革管理一樣，正在改變企業文化、商

業模式、產品、服務、結構、組織,而最重要的是:改變人。請記住這一點,當您開始實施數位變革,數位將會永續存在。

展望未來：
來自 2030 的觀點

撰文｜克里斯・史金納

「MoneyExpo 2030 歡迎業內資深人士 Chris Skinner 上台。」

全像投影的克里斯・史金納出現。

謝謝，很高興來到這裡

10 年前，您可能還記得有種叫做新冠病毒的東西。我們幾乎都認為已經快轉進入 2030 年，因為都必須通過數位的方式居家辦公，在家中獲得娛樂和服務，實際上我們並沒進入 2030 年。我們只是快轉了 2010 年代泡沫化的東西，並在 2020 年簡單地建置它。

現在是 2030 年，我們已經走得更遠了。當回顧過去 10 年和展望未來 10 年時，最好關注政治、經濟、社會和科技變革，或者正如顧問所說的，變革力量的 PEST 模型。（PEST：政治 Political、經濟 Economic、社會 Social 與科技 Technological）

先從政治開始。在美國過去 10 年之初，我們經歷了從共和黨唐納・川普到民主黨喬・拜登的權力更迭。它從仇恨變成了治癒。接著在 2020 年代中期賀錦麗 (Kamala Harris) 總統的帶領下，國家的健康得到了恢復，也改

變了我們看待事物的方式。特別是她非常受 ESG 議題的驅動，政策明確關注為社會和地球造福，並執行政府的職責。最後當我們進入 2020 年代末期時，獨立無黨派總統伊隆 · 馬斯克以更高的抱負做出真正的改變。

正如您從他多年來從事的太空事業知道的那樣，有個明確的跨行星計畫 (multiplanetary programme) 不僅適用於美國，而且適用於全世界。美國一直在引領太空技術的發展，很大程度上是受到它們與中國間的緊張關係所推動，這就是馬斯克總統上台的原因。

在上個 10 年之初，我們讓科技公司佔據技術主導地位，如騰訊、阿里巴巴、中國平安、百度等科技獨角獸創造了權力轉移。首先是政治權力的轉移，然後是科技力量和社會力量以相當快的速度向中國轉移。

在中國，擁有工程、科學和技術學位的大學畢業生比其他任何國家都多。2023 年，以 STEM （科學 Science、技術 Technology、工程 Engineering、數學 Mathematics） 為重點的中國畢業生，超過整個美國人口。也是為什麼中國人是第一個在火星上建立殖民地的人，而這一直是馬斯克總統等人的雄心壯志。有趣的是，中國火星計畫大部分都採用了 SpaceX 的技術，這也是馬斯克總統上台的原因，做為國家之間的橋樑。

正是這種緊密關係導致我們的思維方式與 10 年前不同。考慮更多的是做為一家全球企業，通過中國的馬總統和馬斯克總統的努力，我們能結成聯盟，共同殖民火星，而不是進行國家間的競爭，這是非常好的。從印度對非洲國家的貢獻來看，我很高興其他國家也參與這項任務。

由於全部都集中在跨行星殖民上，我們必須認識到，在短短 10 年內已經從關注國家轉變為關注我們的星球。這是自 2020 年以來最大的變化因素之一。

這也改變了我們思考經濟、商業和商務的方式，因為在上個世紀，密爾頓 · 傅利曼的經濟學模型推動了我們關注的重點。這種經濟模式已經被打破了，如果一家公司的唯一功能是創造利潤，那是沒有意義的。傅利曼的股東

資本主義模式要求只要是合法的，投入資源和商業活動的目的始終是以增加利潤為目標，但是它已經被打破了。因為必須問一個問題：是否應該以犧牲社會為代價來賺錢？

當傑米 · 戴蒙 (Jamie Dimon) 從摩根大通銀行退休時，很明顯在任職的最後幾年裡，他一直圍繞著利益相關者資本主義進行大量變革。利益相關者資本主義專注於服務社會、環境、社區、在企業內工作的人和企業客戶的需求，而不只是企業股東。就在那時，美國企業斷絕了與傅利曼股東經濟學的歷史關係，轉向利益相關者資本主義。

在 2010 年代後期，有很多關於利益相關者資本主義的空談，大量的漂綠 (greenwashing) 行為。我們看到很多企業都在談論它，卻沒真正地實踐。回到 ESG 議題，它與賀錦麗總統關於美國做為一個社區、一個社會和一個國家的健康議題緊密結合，也與美國、中國、印度和其他國家之間跨行星探索任務的太空雄心整合，社會影響導致企業迅速從股東使命轉變為利益相關者使命。

在過去的 10 年中，我們看到最重要的事情之一，就是在金融、貿易、商業、旅遊及其他產業都轉向「理念驅動型」的企業，很多確實來自 2020 年至 2022 年世界遭受新冠病毒肆虐期間。當時很多企業都受到傷害，當他們走出疫情時，意識到必須堅持一些事情。*您不堅持某些事情，您終將會失去一切。*

在經濟上，關注理念和利益相關者，以及整個環境、社會和治理，都可以歸納為過去 10 年所極力推動的議題，也是我們如何改變思考、工作和生活的基礎。對於金融服務，是我們所有人都被迫接受的改變，部分原因來自於政治和監管，更確切的原因是因為我們的客戶。

顯然，我正處於人口統計中歸類為晚期客戶的階段，不再是新世代客戶。在某些情況下，即使是千禧世代也正走向退休階段和運用退休金。Z 世代是經營企業和銀行的主要人員。他們充分了解這個狀況。

然後是 iGen，他們在 iPad 上長大，現在是我們的主要員工和客戶。這些

新客戶、新員工和新管理層，敏銳地意識到世界需要改變，並且一直是這種改變的驅動力。

10 年前，當世界經歷封城時，主要差別在於我們阻止人們進入城市和辦公室工作，現在則可以在任何地方、任何時間隨心所欲地工作，這是社會和我們做事方式的巨大改變。不再需要身處矽谷、華爾街或華盛頓，可以在任何地方，在任何想工作的地方工作。這將重組我們的房地產市場及投資和資產管理市場，將影響我們對房地產的看法，也對資產，特別是數位資產的看法。

今天，我們最大的問題之一是新冠疫情後的後遺症。2020 年代開始累積了巨額債務，及經歷這 10 年變化後退休人士的龐大市場，大多數的人口已經老化。我們沒有足夠的年輕勞工，特別是年輕的技術勞工，無論他們身在何處，都無法償還該債務。多年來，歐洲和美國一直在為此苦苦掙扎，這進一步助長了中國和印度跨行星殖民議題的發展速度。它還推動了社會對事物的不同思考。

如前所述，它提出以理念驅動的 ESG 議題 ——先為社會和地球做好事，再為利潤做事——列入議事日程。那是強加給我們的，它在 2010 年代已經萌芽，出現像反抗滅絕 (Extinction Rebellion) 這樣的激進組織，但現在這樣的組織無處不在，您不能忽視它們。那裡有辦公室，他們就衝進辦公室；那裡有分行，他們就衝進分行；那裡有政府大樓，他們就襲擊了政府大樓。從很多方面來看，我們能夠擺脫大部分實體環境和原有的組織架構是一件好事，不再需要讓每個人都集中在大城市中的小團體。現在，我們散佈在世界各地，各個國家嘗試將一切都民主化。

在過去 10 年的變化中產生許多競爭優勢。隨著我們所做的一切都數位化，帶動科技發展持續變革及進步。具備 K 曲線特性的世界，帶領我們走出了 2020 年代的大蕭條。K 曲線的上行線是數字經濟，K 曲線的下行線則是實體經濟。正如辦公室、商業街和主要街道實際上已經消失一樣，它們現在以不同的電子形態重新出現在我們的智慧型手機、智慧手錶和可穿戴的智慧設

備上，成為主要的數位通路。現在的大街大多是倉庫，物流是關鍵的基礎建設，零售業務和人際關係一樣都是遠端的。我們生活在一個和過去非常不同的世界。

我們已經目睹了一切從線下轉移到線上。「上線」是一個過時的說法，因為這是現在的生活，隨時都在「線上」。隨著時光消逝，雖然我們生活在本地，但在全球範圍內的聯繫卻更緊密。例如我現在可以在波蘭中部一個小村莊中，通過視訊與全球的觀眾連結發表演講。這是過去 30 年來一直持續演進的技術，而今天我們擁有電視攝影棚的影像品質，讓我們能在家裡的休息室和客廳中，將自己投射到媒體現場。

已故女王在 2020 年開始使用 Zoom 時，當時這個領域算得上是引領潮流。如今我們已經不使用 Zoom 或視訊通話，改用全像投影會議 (hologram meetings)。在 10 年前，我還無法想像能用 3D 的方式互動。這已經由 iWatch 和其他穿戴設備實現，它們讓我們能遠距進行 3D 投影，我們之間不再有距離。

當我們將數位科技帶進金融服務，從社會、技術和經濟上產生的最大變化之一就是消費者行動主義。網路的民主化已經興起，為全世界的平等和社會而戰。公民和消費者已經認識到，他們不想用過去的方式與政府和金融打交道。

我是與政府和金融一起長大，接受了政府控制貨幣供應、政府控制法律和銀行可以被信任的世界。如今新一代的人沒有這種認知，主要因為加密貨幣。我不得不說，加密貨幣是過去 20 年來真正讓我覺醒的事情之一。

加密貨幣技術改變了整個銀行和金融世界。當今世界上最大的銀行是 Square、PayPal 和 Coinbase 等公司，因為它們專注於民主化和去中心化的金融體系。在 10 年前誰能預料得到？

幸運的是，一些託管和資金服務成功地轉型好跟上客戶的需求，因為是客戶的需求推動了改變。客戶的需求是他們希望所有事情都由自己控制，而不是由銀行、政府和企業，希望世界是去中心化和民主化。我認為這是過去

10 年變化的本質，伊隆・馬斯克總統的上台就是明證。他是一個有遠見的人，美國人真正相信他代表人民，通過科技賦予人民權力。

整體來說，在科技方面，我們最大的挑戰是缺乏管理人的能力，因為人們自己管理自己。對隱私和擁有主權身分的需求，是在過去 20 年中所見到的，並仍將成為未來 20 年爭論的議題。

如前所述，我們已經看到中國、印度和美國等國家之間的緊張關係，同時也看到全球的民主化，和人們能通過網路做事的能力所產生的去中心化。認同政治 (identity politics) 與個人隱私的衝突，在極端觀點間持續搖擺不定。這是我們在傳統金融服務中面臨的最大挑戰，而金融科技社群極大化地利用了此一挑戰，該社群仍非常積極地瞄準傳統金融業者，所提供服務中最關鍵的要素。

事實上，過去 10 年最值得注意的是，最成功的金融科技公司是那些沒有與傳統銀行競爭的公司。他們撇開與傳統銀行相關的傳統事物，而這些事物現在已經變得無關緊要——實體分行、處理法定貨幣、外匯處理作業、書面追蹤供應鏈等等。相反地，今天最成功的金融科技公司轉向且專注於加密貨幣社群、數位貨幣社群，並處理金融公司無法通過現有網路，好好地服務特定金融市場，從支付到隱私。這是自 2020 年以來金融產業最大的變化。

我展望未來的 10 年，也回顧過去的 10 年，很多問題已經被問或將會被提及。我們一直在問問題，但我們能回答嗎？例如我們一直在問關於未來的走向及如何預測的問題。

今天，我們生活在全球化的本地社區中，從本地的辦公地點開展全球的工作，無論該辦公地點碰巧設在哪裡。今天我們以匿名角色來與人們打交道，並利用即時識別來獲取對方是誰的資訊。不再共享數據，因為我們是真正的數位化和去中心化。公民擁有他們的數據，從去年 Facebook 倒閉到今天 MyData 的崛起，您可以看到這種影響。不再嘗試進行數位化，因為我們本身就是數位的。過去 10 年及未來 10 年最成功的金融公司，是那些成功轉向

數位化的金融公司，例如 PayPal、Square、摩根大通銀行和所有其他在 2020 年代初期，就開始專注去中心化、數據民主化、財務和身分識別的金融機構。

特別的是，在過去 10 年中成功轉型的金融公司是那些專注於雲端原生 (Cloud-Native)，而不是將系統遷移到雲端的金融公司。如此多的公司在 2020 年代做出轉向基於雲端服務的戰術決定，現在已經消失了。許多被更年輕、更敏捷，但想要這些失敗銀行的客戶和銀行牌照的金融科技公司所收購。具體來說，我認為 Revolut 收購德意志銀行是 2025 年給所有人重重敲響的警鐘。從那時起，我們看到更多曾被認為堅如磐石的機構被證明是相當脆弱。這種脆弱全因為他們不瞭解 2020 年代的數位和科技變革。那些專注建立誕生於網際網路、雲端原生商業模式的人，與那些試圖朝向網際網路發展和遷移到雲端的人之間，存在明顯區別。

總而言之，專注於多存取 (omniaccess) 和賦予客戶控制權的公司，將是蓬勃發展、生存並取得成功的公司，並在未來 10 年繼續蓬勃發展、生存並取得成功。今天在這裡用全像投影與我互動，就已經證明您一定是他們中的一員。

預見 2040 年——
我的人生、我的銀行

撰文｜里克・科克爾伯格，比利時金融社群平台（The Banking Scene）
創辦人暨總監

這是 Leon 發生在 2040 年的故事，也是一個對未來想像的總結。

Leon 之前從未考慮更換父母在他出生時就已選擇的銀行。他為何要更換？一個由父母所選擇的組織竟然掌管他最仰賴的資產？他最近為了展開獨立的生活，開始物色其他選擇。是哪些原因促使他採取行動？

首先，這家由雙親選擇的銀行經歷過幾次併購，從某種層面上來說，這家銀行早已不是當初那家銀行。在業界經過 20 年的各種整合後，這家銀行也不再堅守著 20 年前所代表的價值。

其次，Leon 和這家掌握他絕大多數資產的銀行沒有太多情感上的連結，甚至可以說從未有過。迄今，Leon 和他的銀行只有被動的連結，唯一的信任關係是確保他的數位資產、數位識別的安全。這在 2040 年，每個人對銀行最基本的期待，與他 2020 年出生時是截然不同的。

然而他不再感覺與這個銀行有連結。Leon 已經長大成人並且隨著年歲而改變，銀行亦然。現在的他認為這家銀行不再符合他的需求或價值，這是第一次缺乏連結的感覺困擾著他。

》》新冠疫情改變了人們與「擁有物」和金錢的關係

就 Leon 記憶所及，金融從來不在他感興趣的事物清單頂端。他的父親在金融服務業工作，曾經告訴他金融業在這些年中歷經的種種改變。他聽過曾經發生的典範移轉與銀行業因而徹底轉變的故事。他的父親總嘗試著用「兒童易懂」的風格架構這些轉型的故事，他覺得如果連孩子都能理解，那每個人應該都能懂。

「真正複雜的，」他的父親這麼說：「並不是你想和哪一家銀行有財務關係，問題是你想用什麼樣的價值安身立命？你要怎樣的生活？任何一家銀行都能滿足你的財務需求，但是會怎麼做以及是基於什麼樣的基礎？你的銀行理應是一個你能託付人生的夥伴。你相信這個將與你攜手人生的銀行嗎？」

20 年前，歐洲有超過 6 千家提供同樣產品與服務的銀行，人們從中挑選他們喜歡的，通常是最便宜的或是附近有分行的那家，並且在需要房屋貸款或類似的大額貸款時才可能轉換銀行，因為最大宗且最明確的開支將隨之發生。網際網路的興起改變了人們的金融活動，但是並未徹底改變人們進行金融交易的場域和方式。

全球疫情改變了這個趨勢。一場以全球健康危機為起始的疫情，竟成為數位轉型的超級加速器。網路泡沫化最終被定位為需求尚未到位而卻過度擴張的數位解決方案，新冠疫情則催生了這些需求。消費者採用各種數位方案，並且精挑細選能提供最佳體驗的數位供應商，便利性已不再能確保消費者滿意，在數位通路上提供傳統的流程也不再足夠，消費者期待更多。

從父親陳述的這個故事，Leon 聽到很多關於人工智慧（AI）、大數據（Big Data）與資料建模（data modelling）、個人對個人（peer-to-peer）與即時支付（instant payments）的概念。科技與軟體支撐著明顯在今天（2040 年）已經普及化的趨勢，但在當年呢？

根據 Leon 的父親表示，數位轉型的概念直到 2020 年代中期還在持續熱

烈辯論中，大約在 2030 年才因為來自市場的期待而得以確立。一個量身定做的數位架構、數位平台、數位服務與產品，已經是先決條件。同時，企業永續經營的議題在開展 10 年之後，主流銀行終於採納理念驅動金融與公益金融的概念，不再視為另一長串的法規遵循要求。在 2040 年，銀行被衡量如何具體落實，以滿足他們所服務的社會和顧客。

2020 年的這場疫情也大幅改變了銀行關注的焦點。存放款利率在歷史低點持續很長的一段時間，並且壓縮了銀行的獲利。基於此，消費者也因為一些原因對貸款失去興趣，到了 2025 年，不只是消費者，對於企業或甚至是一些國家，負債變成破壞性的問題。儘管總體經濟終究從谷底回升，人們對借貸的思維卻已經徹底改變。

首先，信用額度、先消費後支付以及類似概念的產品都需要經過審查。後疫情時代，許多消費者求助於短期的信用借貸，也成為眾多社會弱勢者的催命符。於是在政府與法規的介入干預下，這些產品對信用機構、支付平台提供者和銀行失去了吸引力。

最重要的，甚至凌駕於嚴格法規框架的，是整體的經濟環境。循環經濟改變了人們對所有權的觀點，從而降低借貸購買物品的需求。

隨著一切皆服務（everything-as-a-service）的使用方式成為主流。人們停止購買物品，開始依據使用物品的次數付費，並因而催生了更高品質的產品，以及更合理的消耗模式。消費者獲得更大的轉換彈性，人們以自己能負擔的方式消費，而不再根據未來可能的回報進行購買，從而也就不需借貸。

到了 2030 年，人們的消費到達巔峰，銀行成為確保消費者得到合適產品與最好價格的最佳夥伴。從開放銀行到開放商務、開放數據的革命，開啟了難以想像的商機。在各種消費者旅程裡，整合所有服務的基礎上，銀行又創造新的服務。到了 2040 年，文化元素取代科技主導了銀行的運作。舉例來說，容許消費者以個人適用性，對社群募資案進行投資的夥伴金融服務與伊斯蘭銀行（Islamic banking），在循環經濟中成為話題。

在後面的章節中還會談到更多。

》》情境整合與日常金融交易的終結

在 2020 年代早期，許多新創公司被丟到同一個籃子並統稱為「金融科技公司」（FinTechs），他們接手了銀行不感興趣的支付與日常金融交易，並將之大眾化。最終，銀行理解到還是需要提供這些服務以強化與顧客的關係。Leon 的父親告訴他，藉由提供拉抬忠誠度的產品，銀行安然度過了幾年，但其他公司很快地套用同樣想法，並推出更有吸引力的價格和服務。銀行需要提供比衝動消費時更高的折扣，更能維持市場上被顧客青睞的優勢。

到了 2020 年代晚期，金融機構終於認知到開放金融的威力。討論這個議題多年後，金融科技產業的運作終將開放金融規模化，緊接著的開放資料商機所需的標準化推向全球。許多銀行因而退出了舞台，淪為交易的通路（channel）卻與終端消費者沒有任何連結，而這些被稱為笨水管（dumb pipes）的業者大多親眼見證銀行業大規模整合併購的歷程。

誠如 Leon 的父親所說：「過去，在網路崛起之前，銀行能滿足顧客的實體需求。然而網路使世界成為國際村，距離不再是限制，突然間，銀行發現他們看起來都一樣。」

銀行錯過清楚定位獨特使命和存在意義的機會，並且掀起一波巨大的銀行業併購浪潮。有幾個大型的業者在這波整併潮之外，把握開放金融的商機，也實現無所不在的金融服務。他們整合了顧客生活中每個可能相關的情境，確保能隨時隨地提供客戶所需的服務，且以顧客喜歡的方式跳出來服務顧客。這當中不乏數百年歷史的銀行，但並非全部都是，其中幾家具有主導性的金融服務提供者僅僅成立 10 到 20 年，卻很快演進成為完全被規範的金融機構。

同時間，中央銀行數位貨幣也到達關鍵的經濟規模，在整併潮中存活的金融科技公司，領導著支付與日常資產的創新業務。支付與既有帳戶不再被

稱為「日常交易」，因為不再符合銀行的使命。銀行就這麼在支付市場中被排拒在外。

「雖然晚了一點，」Leon 的父親解釋：「銀行業面臨像零售業者在 2010 年到 2020 年間所遭遇的相似情境。少數幾個大型業者，藉由串連各種類型的夥伴以擴大市場佔有率。」

這一切都有賴於科技帶來的透明度，確保銀行能改善服務，並確保隨時能獲得所需的隱私保障。

Leon 擁有實體貨幣。一開始是他在 18 歲那年從父親那邊收到現金做為禮物，現在他購買貨幣是為了收集的樂趣，因為貨幣已經不再用來支付，他所有的支付都透過數位完成，需要錢或有點閒暇時，就透過線上找到的工作賺取一點收入。有時候他會登入系統提供頂級到府服務，因為騎單車不僅能健身，還能獲得收入。

根據父親所說的，現況與 20 多年前其實沒有太大差異，當時人們稱呼他這樣的工作人為零工工作者（gig worker）。不同的是，當時薪酬最高的是速度最快的配送員，今天的頂級到府服務是聆聽顧客心聲的療法及其他服務，免費且即時的運送則透過無人機來完成。雖然多數時候，Leon 更喜歡有創意的專案或能在家中和任何地方從事的線上遊戲。

Leon 的父親告訴他，當前與過去的不同之處是每個平台都發行自己的代幣，平台甚至在這樣的背景下發行自己的貨幣；代幣已經等同於貨幣。大多數的代幣都能在任何地方使用，如果選擇在原發行平台上使用，將能得到優惠折扣，這就是最新的忠誠度方案。有趣的是有些平台商會在貨幣上貼標以限制你的購買行為，例如限制消費者僅能購買有永續概念的產品。

當 Leon 的代幣累積到特定額度，這些錢就會自動移轉到他的存款錢包，確保他無法將額度消費殆盡。所有機制都是由銀行進行自動化管理，支付交易都回歸到銀行，因此這並不是一個多餘的奢華服務。到了 2030 年，支付已經透過各種生物辨識、適地性（location-based）科技、裝置偵測功能，能夠

完全無縫地完成交易。

　　支付變得如此便利，甚至逼使監管單位費力介入，確保「支付的麻煩」（the pain of paying）被重新引進交易過程，從而降低整個社會的財務壓力。所以到了 2040 年，個人需要明確的同意，確保所有由購買驅動的支付都是有意而為。消費者會先收到提醒以避免無效交易，同時需要確認是用主要貨幣或其他發行單位提供的貨幣進行消費。

　　Leon 已經完成對目前持有資產的檢視，同時匯整的資料讓他對所有管理的資產獲得全盤視野，包括從匿名提出見解獲得的收入。所有的機制都能確保他的財務無虞，除此之外，他也學習到如何改善財務，讓存款得以提升。

　　他在各種平台上擁有一小筆代幣，但只有一個存款銀行。這個姑且可以把它想像為存錢筒的銀行，就像是錢包解決方案一樣，能將他所有（不管是什麼）的存款轉化為數位貨幣或其他數位資產，確保放在他的錢包裡安全無虞，而這家銀行卻正是他考慮要換掉的。

》》責任銀行

　　整個產業都充分理解，教育消費者比起簡單地提供解決方案來消除痛苦，和去除對金融教育的需求是更加困難。金融教育在 10 年前曾是當紅議題，只是現在已經不再那麼重要。

　　金融教育課程在政府將金融教育視為生活技能後淡出。緊接著，科技的演進又使得金融產品和服務加倍複雜。同時科技到達了一個新境界，讓銀行能獲得絕佳的可靠性，依據顧客獨特的特性來設計方案，所有事物都充分個人化。數位顧問會為顧客自動選擇支付或存款的最佳方案。銀行主動改善客戶的財務健康度，就像醫生提供病人建議用藥一樣，銀行也提供顧客選擇需要察覺（conscious）或無需察覺（unconscious）的金融方案。

　　不想煩惱各種代幣處理事務的人們可以不需處理，銀行會幫忙搞定，並融

入顧客的日常生活中。大多數人都選擇無需察覺的金融方案，至少在日常金融活動是如此。銀行隱形了，透過這樣做，銀行卻開始像醫生和診療師一樣，藉由減少顧客在財務上的壓力，降低他們的精神壓力而且更加健康。人們不只信任銀行處理金錢的能力，也開始信任他們的生活管理，至少在某個程度上。

舉例來說，在成為銀行客戶後，顧客可以選擇他們要不要使用博弈、酒精或其他可能成癮的服務。同樣的，銀行會對於有疑慮的賭博或飲酒過度進行偵測，並在收集到上述資訊時，在獲得授權的前提下對顧客提出警告。

到了 2030 年，銀行充分認知到他們是更好未來的推動者，也終於認知到他們的影響力，不僅銷售產品，貼近顧客及實踐理念更加重要。負責任的銀行其意涵已遠超過企業永續經營，欠缺利害關係人管理的銀行將無法存活。綠色金融與社會責任成為金融的基礎，而不只是差異化的元素。更進一步的，銀行聚焦於生活事件管理而非只是金融交易。

》》社區銀行與儲蓄銀行轉型成為夥伴銀行

除了少數能以低價提供全產品線的跨國組織外，社區銀行與儲蓄銀行則以提供生活事件的管理能力成為顧客不可或缺且貼近市場的服務商。

他們著眼之處比顧客的生活與生命各個階段更為廣泛，甚至超越金融交易與支付。藉由正確的評估方式和內部整合，充分改善了成本架構、簡化了內部流程並充分融入於在地經濟中。

他們以企業理念、獨特的企業識別及與社群的關聯性為核心，構建起業務範圍。鄰近性成為他們的差異化競爭力，但這種鄰近性不是物理上的接近，而是與在地社群、公民、特別是利基顧客的緊密連結。

每個社區銀行都有一個社區中心，員工能在此與正在尋求財務建議的顧客面對面接觸，同時仍提供遠端服務，盡可能降低實體需求。除此之外，社區中心也舉辦各種當地政府無力負擔的活動，例如運用全息攝影、觸控技術

的觸覺感應等科技的花藝教室、髮型設計課程。

這種互惠關係使得「責任銀行」成為優先議題。利基銀行藉由創造社區凝聚力，成為當地政府、當地企業與居民備受信任的夥伴，將責任銀行提升到新的高度。無論是一所全國性牙醫協會或一所大學、綠色和平組織，他們都有自己的銀行，都不想關注支付，只需要能幫助他們更好服務顧客且可以信任的金融夥伴。

儘管利基銀行的關注重點不同，他們都基於開放金融及專屬金融的原則建立商業模式。從技術上來說，Leon 的父親說得很正確，絕大多數的銀行都不再是銀行，而是由銀行所支持的品牌，只是人們仍將他們視為銀行。時至今日，銀行推動幾項行動以支持社會：更潔淨、更健康、更和平與一個更好的世界，全心全意扮演的角色，是確保金錢被用於創造更好世界的金融中介者。

》》 有理念的金錢

金融中介是傳統銀行的核心活動之一：確保超額的存款會透過借貸或投資轉而挹注經濟，存款會聚合並轉化為貸款。一部分的利潤回到存款帳戶（利息），一部分承擔了銀行的風險（曝險）。後者承擔可能的損失，而存款帳戶持有人則在這整個循環公式之外。

在 2020 年代早期的疫情之後，債務對部分的人而言仍是顧慮。人們因為無力負擔而不敢累積過多債務，將其視為未來的風險。結果是銀行開始找尋一些新的概念，例如伊斯蘭金融（Islamic banking）。

現代化的伊斯蘭金融起源於伊斯蘭商人借鑒傳統銀行業務後，創造了一個符合宗教倫理的版本。而傳統銀行又從其採用了部分原則推向市場，他們絕大多數並未成為真正的伊斯蘭銀行，但夥伴金融（partnership banking）的概念卻成功了。它的目標是創造免息且遠超越關注客戶資產，而更著眼於購買客戶的金融產品。銀行更專注於投資而非發行借貸，想要投資於特定資

產的消費者則得到以銀行為形式的合作夥伴。消費者向銀行表明他想要投資的物件，銀行會為他將這個資產買下。以顧客獲得部分擁有權，取代了持續償還貸款。

隨著銀行極大化資料革命的效益，並且強化了風險管理能力，基於理念驅動的道德銀行（ethical banking）因而誕生。銀行針對顧客透過金融服務而意欲購買的資產進行風險評估，而不再對顧客本身做風險評估。夥伴金融意味著所有的風險和利潤都與顧客共享，也反應著利害關係人資本主義的興起，企業必須服務所有利害關係人而不僅僅是股東。

銀行依據顧客需求尋找最佳可能方案。擁有優良信用評等的顧客，可選擇採用即刻取得所有權的一般貸款，或是在這個專案中與銀行成為夥伴。這種做法促進了金融包容性，也為所有掙扎於貸款壓力的人們帶來更好的生活。它徹底顛覆了世界看待金融中介的方式，並且加速產品即服務（Products-as-a-Service）的概念，而銀行就坐在加速的駕駛座上。

》》萬物代幣化

在 2020 年代，人們總說感謝代幣化讓我們不再需要銀行。這個萬物代幣化（tokenisation）的概念，加上群眾募資，使得銀行在新經濟中被「去中介化」（disintermediate）。20 年後，Leon 找到了他未來委託進行財務管理的銀行。

代幣化對銀行帶來顯著的衝擊。姑且不論數位貨幣，萬物代幣化加速了夥伴金融的革命，為形形色色資產提供透明的定價，也為社區人們提供巨大金融的包容性。

住房即服務（Housing-as-a-Service）成真了。某人每個月都要付的房租，將使他獲得這間公寓的一小部分。同樣的概念也能套用在所有 OO 即服務的社群中。人們開始以自己的步調建立所有權，銀行則透過彈性的夥伴金融服務給予支持。

在國際組織服務大型專案的同時，本地社區銀行藉由與在地社群和組織的親密關係，在循環經濟中欣欣向榮。而這樣的機制，允許人們得以對銀行如何管理自己的資產發聲。

》》 你在尋找什麼？

「你在尋尋覓覓的是什麼？」Leon 父親問他。答案聽起來比實際上簡單很多。Leon 只想要找到一個銀行，能幫助他創造更舒適的人生、經濟上更不虞匱乏的未來（這樣的期待倒是亙古不改）。

「我想要找到一間和我一起思考的銀行。」Leon 回答。

「那麼你為何不保留現在這家銀行？再給它幾年時間，同時也可以思考看看人生的下一步。」

「何必呢？」Leon 反問：「當然，社區銀行與當地社群的關係是比較緊密。但誰知道幾年後我會住在哪裡，這不應該阻止我思考哪家銀行更值得信任，並且得以託付資產和財務健康。不是嗎？」

「有道理，也許你應該思考那些經營學生社群的利基銀行？提供的服務是為像你這樣的客群量身定做，而且甚至能在你已經不再適合他們時，引導你選擇其他金融組織。」父親說。

「社區銀行已經不再只是單純與地理上鄰近的區域相連結。今天，你可以選擇權力遊戲銀行（Game of Thrones bank）、足球俱樂部銀行、牙醫協會銀行或任何代表你興趣的銀行，甚至是本地大學銀行。」他繼續說：「這些銀行對自己扮演的角色慎重其事，大多數是某家跨國銀行的子公司，但是提供最好的服務給年輕的顧客，並幫助他們做好迎接成人生涯的準備。儘管需要向股東負責，對於未來應該選擇哪一家銀行，仍提供顧客一份陳述詳盡的建議書。」

特別之處在於這些銀行會與各種品牌合作，提供學生們各式各樣的產品和服務。更重要的是他們提供學生貸款的方式，與過去提供貸款並讓某人開

始工作後就開始還款不同，這些銀行主動尋找盡快讓學生降低與銀行依賴關係的方案，主動監測學生的收入與支出模式，並給予年輕顧客們建議，如何在原始合約期限前，提早清償完學生貸款且不需任何額外收費。

儘管 Leon 現在沒有任何學生貸款，他的父母過去累積了足夠的存款以確保他在學生階段的財務依賴，不會影響到成人生涯。而且他也從父親那邊得到累積的點數，並用在大學社區銀行申請帳戶中。

里克 · 科克爾伯格
Rik Coeckelnergs

創立了 The Banking Scene，這是一個銀行家的交流組織。這個組織以加速交流為任務，激勵著正在產業轉型旅程中的銀行家們。透過一個不可或缺的平台連結銀行界的專家，讓他們得以在線上、線下進行思維激盪的對話。

為了因應疫情，他規劃了 The Banking Scene Afterwork，每星期舉辦虛擬的圓桌會議，集結志同道合的人們共同討論與金融、支付相關的議題。每週都會邀請一位特別嘉賓，討論金融業的未來，以及銀行如何能為人們建立更好的世界而有所貢獻。邀請全球來自不同國家的決策者們共聚一堂，聚焦於金融業關鍵議題的做法也廣受好評。

在創辦這個組織之前，作者曾任職於銀行與零售業，並歷任了行銷、財務與策略等不同業務單位。

專訪德瑞克 · 巴拉迪，
世界經濟論壇銀行業負責人

　　在為這本書觀點尋找解答的同時，我也開始研究「環境金融」（spatial finance）一詞。環境金融結合了數位與金融，利用地球空間收集地理數據的感應器，與人工智慧、機器學習相連結，以監測人類與金融如何影響我們的世界。藉由結合各種環境、生物多樣性與氣候面向的數位科技，資料能即時將地球的脈搏與健康回饋給企業與金融組織。現在的挑戰是，金融組織基於這些資訊，接下來將如何採取行動，世界經濟論壇（World Economic Forum）正引領這個方向。我訪談德瑞克 · 巴拉迪，希望能找到這些行動得以成功的要素，以及金融業在這個情境中的未來。

▶ **您是一位金融老手，當您離開業界轉而加入世界經濟論壇時，對金融業在變革中需要面對的主要議題，有什麼樣的觀察？**

　　為了制定這些議題，我的感覺是必須有人加入世界經濟論壇並且具體進行推動。我也認知到監管機關為了因應 2008 年全球金融危機，持續進行設定各種目標，反而造成更難管理的局面。從那之後，銀行業的未來應該如何運

作，已經進行了很多討論，但仍有許多問題需要解決。其中一個重要的問題便是氣候變遷風險，具體來說是它會對金融服務業帶來什麼風險。透過世界經濟論壇，我嘗試處理氣候危機議題及銀行如何做出零碳排的承諾，特別是我們計畫要明確提出，銀行為達成承諾，該如何做出下一個行動及改變優先順序。

▶ **過去幾年，我們看到消費行動主義者與投資人，針對氣候緊急狀態的議題，對銀行發揮越來越大的影響力，甚至超過社會對銀行角色的定位。您覺得銀行是否接收到這樣的訊息？**

　　就我看來，我深信銀行已經收到這樣的訊息。以氣候議題為例，他們從環保主義者、監管機關，更重要的是家庭成員、股東及利益相關者，都收到同樣的訊息。我不認為過去銀行業曾經接收過比這更一致的訊息，與我們對話的一些銀行經理人，特別是年輕一代，在他們的基因中帶著這樣的信念，並正嘗試理解氣候議題，且盡其所能採取行動。他們也充分意識到，其中牽涉的敏感性及所有改變都非一蹴可幾。顯而易見的是這些經理人都將這個議題視為當務之急，並適當調整優先順序。

▶ **如果他們意識到了議題，能做些什麼？您建議他們採取什麼樣的行動？**

　　我認為對於銀行業是個很重大的決定，當他們做出承諾時，要如何實現它呢？我們嘗試運用所擁有的知識和網路，以多方利益相關者方法（multi-stakeholder approach）解決問題，並與他們分享我們為解決問題而吸取的經驗教訓。過去在這個產業內，很少看到這麼大量的協作和伴隨而來的各種名詞，嘗試在工作範圍應對這些議題。我原本擔心讓這麼多銀行坐在一起談論這個議題，並共同尋找解方的可行性，但我們確實做到了。儘管做到這件事的背後是莫大努力，然而我們看到參與者展現出強烈意願，願意與其他人一起討論。這清楚地表達出「時代變了」。

▶ **這並非單一銀行憑藉一己之力就能解決。您怎麼看待上述挑戰，生態系統因應的發展？**

　　我們工作中得到的主要經驗之一，就是解決方案通常來自關注多方利益相關者。我們一方面與超過 40 家主要銀行、保險公司、機構投資人合作，也邀請借貸機構、資本市場業者與私募股權等參與。另一方面同時也和公共機構法人及其領導人對話。所有的關注都聚焦因應氣候挑戰的協作議題，因為當前面對的風險類型和問題規模，都迫使我們必須相互合作。現在的問題是誰將首當其衝及誰需要誰？我們的工作就是要嘗試回答，以規避風險機制（de-risking mechanism）為例，銀行家和保險公司每天都在處理風險，但當他們無法消化風險時，問題就變成誰需要介入及應該給予什麼樣的激勵？無庸置疑，金融系統已經來到為因應這個議題而需要形成嶄新願景的時刻。

▶ **許多金融機構將氣候議題視為公關操作與行銷口號，而非落地實現。他們誇誇其談但未能言行一致，您是否也有同樣的感覺？**

　　在論壇中，我們和一群策略主管共同合作，他們與執行長保持密切關係。事實上，他們大多直接隸屬執行長。我目睹著這些人處理氣候變遷議題時，獲得了執行長的全力支持。同時，其中一些人正從策略部門換到前線單位，透過借貸組合和投資組合以回應永續議題。對我而言，這是真正的改變。

▶ **世界經濟論壇正在集結金融機構、公部門、監管機關、政府和中央銀行，推動幾項行動以試圖改變世界，並因應我們談到的問題。可否簡述其中幾項關鍵行動以及他們的進程？**

　　首先，世界經濟論壇的優勢之一是號召力。我們是一個讓各方觀點得以聚合，對政策的觀點及建議的反應平台，提供政府單位與公部門採行並推動。因為我們對這些回應沒有強制性，因此我們的定位和目標是妥善收集這些觀點，我們的角色就是這樣。因應氣候變遷，我們也有多項不同的行動方案，

從水資源、林業到自然工法解決方案（natural-based solutions），分別與不同的組織攜手。例如已經啟動的全球塑膠行動夥伴（Global Plastic Action Partnership），這些合作都帶來了正面的影響力。在我們這邊也正推動著「可能的任務聯盟」（Mission Possible Partnership），一個加速推動低碳經濟的氣候議題領導人聯盟。

在這個團隊中，有7個難減排（hard-to-abate）產業包括鋼鐵業、航空業、船運業等，每個產業都有個主要公司做為代表，還有監管機關、產業組織及其他利害相關者參與。他們會提出該產業的減碳藍圖。然後我們幫助他們與金融組織攜手，在財務上尋找能提供資本以實現這個藍圖的方式。您想必能瞭解，這樣的資本需求及風險對金融機構是相對高的，因此更需要公部門與民營企業的協作，沒有單方面的行動能解決這些問題。這也再一次證明多方利益相關的重要性，這就是世界經濟論壇所做的，推動我們所參與的領域和工作內容。

▶ 您是否看到科技和數位化，正在幫助或改變銀行及 ESG 的內在性質？

這是兩個不同觀點，是吧？取決於是從銀行的角度或是 ESG 的角度，先從科技和金融談起，根據我的觀察，有許多企業從不同面向企圖改變金融體系的面貌。有些金融科技公司在找尋新的商業模式或協助優化流程，最終希望能提供一個嶄新概念，例如區塊鏈、數位帳本、機器學習等科技得以進行測試的平台。現在許多優秀的想法跟先進科技正在嘗試中。儘管科技可能會為銀行業帶來絕佳的進展，但它可能不會像他們希望的那樣快，他們需要在進入下一階段前解決關鍵的監管問題。

例如，在多個司法管轄區，監管銀行業的法律和合規環境是必要且非常健全，並且要與國內利益及保護國家免受金融犯罪和洗錢緊密結合，這是新科技導入前要先面對的挑戰。

您可以觀察到，當金融科技公司的解決方案夠成熟時，銀行傾向進行併

購它們，從而避免顛覆性的競爭。他們會將這些科技整合進核心業務中，而非總是對金融科技公司進行文化的整合。儘管銀行已在推動重大的變革並廣泛運用科技，但這些轉型的深度與是否產生顯著改變，仍需要觀察。

以 ESG 觀點來看則是截然不同。它的重點是數據、呈報、監測。投資人與貸款方需要這些工具做出承諾，並決定未來管理的投資組合。在 ESG 領域，科技公司有龐大的潛力能在諸多面向提供支援。問題是 ESG 生態系是否已經準備好，讓科技公司介入並提供解決方案。

從監管的角度來看，銀行業似乎還沒準備考慮，如何以更好、更便宜、更高效地做事。銀行業首先需要標準化，以世界經濟論壇為例，我們已經為上百個跨產業的公司推薦一組 ESG 指標，但這不是容易的工作。

運用科技對激發銀行業靈感非常重要，以更好的服務於未來客戶，並且在 ESG 方面扮演重要角色，以支持環境、社會和治理所需的多元轉型。由此引出的問題如下：促使轉變能早日發生的觸發器或加速器是什麼？治理和監管框架是否足夠即時因應這些變化的發生？

▶ **許多金融科技公司嘗試推動良善金融（finance with a conscience），因為他們是新進者，而且聚焦在我們探討的氣候議題。然而，有許多傳統金融機構也許沒有同樣的良善取向，您同意這樣的觀點嗎？**

我瞭解您的觀點，有金融科技公司因為人員比較年輕，對於他們信奉的價值（氣候、薪酬、生活方式等）有比較高的敏感度。我完全理解。幸運的是，金融服務業也正與時俱進。他們在進行人才招募時也遭遇同樣的問題，開放職缺時，金融業需要隨著年輕一代的觀點調整任用條件。處理所在國家的利益相關者、股東、監管機關與政黨等各種事務的同時，這也同樣重要。

其實金融業對招募人才及與年輕世代相互連結，有著強烈的意願。銀行的領導團隊無法忽視年輕族群的期待，因為他們也是未來的新顧客。

銀行業並未落後太多。雖然他們可能不是最輕盈的，同時也更難以改變，

需經歷更多的演化過程。但是身在其中且與銀行合作將近 20 年的我，認為他們現在演進得相對快速。新冠疫情之後，為了滿足年輕世代工作者的期待，各種疫情因應措施及令人眼界大開的體驗都在加速改變。如同我們談到的，一場巨大的人才爭奪戰正在發生，迫使銀行必須依據理念採取行動，和其他金融科技公司一樣展現良善。

▶ **我在世界經濟論壇的網站上讀到一篇您擔任共同作者的文章 [1]，關於銀行業作為推動公益的力量，其中一個重點是：「長期客戶價值與更強的經濟反饋，是比極大化短期效益更重要。」您認為這會如何實現？**

我相信金融業正進行此一轉變。舉例來說，在談到利益相關者時，短期考量很可能顯得不合理。同樣地，當我們談到氣候變遷時，欠缺長期觀點帶來很大的挑戰。如果銀行尚未建立清楚的戰略，面對別種考量的利益相關者時，將是一場硬仗。

此刻正是呈現相較短期價值實現長期利益相關者價值意義的良機。金融業需提出說明，為什麼今日的投資需要基於明日的利益，以及這項投資比起過去需更長時間才能獲得回報。

從股東與監管機關的角度來看，整體環境不利於這樣的想法，因此還有很多工作要做，我們正站在起跑線上。然而我們也觀察到許多領導人將這樣的理解融入他們的思維，並且正嘗試讓它發揮作用，越來越多機構做出多項承諾，顯現能理解的高層正持續增加。

▶ **我主張由密爾頓 • 傅利曼提出的股東資本主義經濟模型，白話文是「只要**

1　Alan McIntyre, Michael Spellacy and Derek Baraldi，「銀行業是因應新冠疫情帶來信貸危機的良善力量」，世界經濟論壇，2020 年 7 月 29 日，https://www.weforum.org/agenda/2020/07/banking-force-for-good-covid-driven-credit-crisis/。

合法，什麼錢都要賺」的觀念已經死了。我們現在的利益相關者資本主義是：「只要合法就能獲利，但要確定您回饋社會。」您是否在達沃斯論壇與世界經濟論壇中感覺到這種氛圍？

早在 1970 年代，世界經濟論壇創辦人就提出「利益相關者資本主義」的概念，並花費了漫長的時間才看到成果。我們已經長期抱持這樣的觀點，現在其他人正要跟上。我真切感受到這一切正在發生，這是我們的期待，也是對社會、對總體商業的期待。我們強烈相信未來這兩者應該要相互關照。

於此同時，這世界因為多元產業、多元地域、多元管轄權而變得更加複雜，需要關注各種異質問題。如果您從全球經濟的角度來看，勢必需要一些犧牲，意指著新興國家與先進市場必須做出一些困難的決定，以藉此樹立典範，在做出這些決定前，他們需要更多時間才能取得發展。為了盡可能務實且公平地推進，所有的一切都須納入考量。從我的觀點來看，利益相關者資本主義正在取代股東資本主義，這對我們的未來將大有助益。

▶ 在您的理想中，銀行產業 10 年後會呈現出什麼樣貌？

這是一個需要提供服務給客戶的產業，他們需要理解，甚而預見顧客未來的需求。這也是一個需在服務客戶方式、照顧員工上持續演化的產業。無疑地，這是一個需不斷考慮其經商許可的行業。他們需要精確找到上述答案，掌握限制因素並據以做出決定。

舉例來說，我也希望這是一個會學習協助難減排產業達成零碳目標，而非制裁他們的產業。意思是銀行需要一種轉化業務，讓其更具氣候意識的意圖，藉以確保他們的社會影響力極大化。這些要素也需要內化到他們所有投資與借貸的決策。最終不僅創造需要新技能和新科技的新工作，也會促使銀行在社會演進的過程中扮演主要角色。讓我們期待金融業終究將意識到職責所在，在監管機構與股東的支持下，找到對各個產業的工作者而言，最理想的時機及方式去採取行動，儘管這絕非易事。

德瑞克・巴拉迪
Dwrek Baraldi

接續在跨國銀行的工作經驗後。德瑞克・巴拉迪加入世界經濟論壇，擔任金融與資本市場領導人。他現在也掌管永續金融與投資組合專案。論壇的銀行業社群將全球頂尖銀行的領導人集結在一起，與其他利益相關者、政府部門領導人及其他產業決策者、跨國組織領袖、學者專家、意見領袖、非營利組織主事者、勞工領袖及公民社團代表等，共同探討關鍵的全球議題。

在現職之前，巴拉迪曾在瑞銀集團（UBS）位於紐約的美國分行擔任法金部門主管。

結論、精華與觀點

如果您已經閱讀過本書中的文章和訪談，現在應該對以下幾點深信不疑：

- ESG 是 21 世紀商業的重要背景。
- 公司在回應 ESG 原則時，應該有明確的理念、關注焦點，以號召客戶和員工共同加入。
- 科技和數位化藉由提供包容性、公平性及平等性回應由理念驅動的目標。
- 試圖迴避企業理念和 ESG 原則的議題，很可能會毀掉這間企業，因為網路的病毒式傳播將瞬間分享該企業的不當行為。
- 需要有個理念照顧您的孩子、孫輩和他們的後代。

這不是虛假、喋喋不休又艱深難懂的議題，或由環境保護狂熱份子擁護的環保主義。這本書實際上與氣候緊急狀態（climate emergency）幾乎沒有關係，儘管書中討論過這個議題。它與氣候緊急狀態關係不大的原因，是否認氣候變遷理論的人很多。然而，生態系統改變的後果破壞物種的多樣性，這是無法否認的。

以下是人類行為造成的結果 [1]。

- 3/4 的陸地環境和約 66% 的海洋環境已因人類活動而發生重大變化。
- 世界上超過 1/3 的土地面積和近 75% 的淡水資源都用於農業或畜牧業。
- 自 1970 年以來，農作物生產的價值增加約 300%，原木產量增加了 45%，現在全球每年開採約 600 億噸可再生和不可再生資源（自 1980 年以來幾乎翻了一倍）。
- 土地退化（Land degradation）降低全球 23% 土地表面的生產力，全球每年高達 5,770 億美元的作物面臨傳粉者（pollinator）消失的風險，1 億至 3 億人因沿海棲息地和海岸保護區的喪失，面臨更大的洪水和颶風危害。
- 2015 年，33% 的海洋魚類種類正以不可持續的水平被過度捕撈，60% 以可持續的最大限度邊緣被捕撈中，只有 7% 魚類的捕撈量低於可持續捕撈量。
- 自 1992 年以來，城市面積增加了一倍多。
- 自 1980 年以來，塑膠污染增加了十倍。每年約有 3 億至 4 億噸來自工業設施的重金屬、溶劑、有毒污泥和其他廢棄物傾倒至全世界的水域，進入沿海生態系統的肥料製造了 400 多個海洋「死區」，總面積超過 2,450 萬公頃（24.5 萬平方公里），總面積超過英國。

更重要的關鍵是上述人類活動已經對生物的多樣性產生影響 [2]：

- 超過 100 萬種動植物物種面臨滅絕的威脅，其中許多物種在幾十年內將會滅絕，這比人類歷史上任何時期都要嚴重。

1　聯合國報告：大自然的衰退危機「史無前例」，物種滅絕率「不斷加速」，聯合國可持續發展目標（博客），2019 年 5 月 6 日，https://www.un.org/ sustainabledevelopment/blog/2019/05/nature-decline-unprecedented-report/.
2　「生物喪失多樣性統計（世界自然基金會 2020 報告）」，地球組織（Earth.org），2020 年 12 月 4 日，https://earth.org/data_visualization/biodiversity-loss-in-numbers-the-2020-wwf-report/.

- 大多數主要陸地棲息地的本地物種平均豐度至少下降 20%，尤其在 1900 年之後。
- 超過 40% 的兩棲動物、接近 33% 的珊瑚礁和超過 1/3 的海洋哺乳類動物受到威脅。
- 在過去的 50 年裡，近 30 億隻鳥類消失了。
- 北美最大的淡水儲層區五大湖的水位已處於歷史低點。
- 五大湖區近 30% 的植物授粉網路已經消失。
- 在歐洲和中亞，只有 23% 的物種和 16% 的棲息地處於良好狀態。
- 在 15,060 種歐洲甲殼類動物中，有 1,677 種瀕臨滅絕。最瀕臨滅絕的物種是蝸牛、蛤蜊和魚。
- 6 種動物、鳥類和魚類，包括賽加羚羊（Saiga antelope）、海東青（gyrfalcon）和波斯豹（Persian leopard），在俄羅斯正面臨滅絕的危險。
- 拉丁美洲和加勒比地區在 2019 年經歷了創紀錄的旱季和森林火災，導致森林砍伐激增，比上一年增加 30%。
- 非洲的維多利亞湖中 76% 特有淡水物種正面臨滅絕威脅。
- 非法狩獵和採礦使剛果民主共和國的東部低地大猩猩（Grauer's gorillas）數量減少了 87%。
- 2019 年至 2020 年澳大利亞毀滅性的季節叢林大火，造成近 30 億隻動物死亡或流離失所。
- 在印度，3% 的鳥類面臨滅絕，19% 的兩棲動物受到威脅或極度瀕臨滅絕，超過 12% 的野生哺乳動物面臨滅絕威脅。
- 由於人類活動，東亞和東南亞超過 80% 的濕地列為受威脅的區域。

　　那麼，我想表達的觀點是什麼？關鍵是銀行和金融是位於影響生物多樣性的人類活動核心。我們在本書中反覆強調，銀行為化石燃料公司以及對地

球和社會不利的行為提供資金。這本書的重點是：**行善（DO GOOD）**。

「行善」是什麼意思？就是停止資助損害生物多樣性、地球和社會的事物。

> 「2020 年，幾家全球最大的銀行以貸款和其他信用貸款，對破壞生物多樣性的主要產業投資了超過 2.6 兆美元。報告評估的 50 家銀行中，為大規模滅絕和造成生態系統崩潰的公司提供貸款和承銷服務，平均每家銀行提供了 520 億美元的資金，金額從 13 億美元到 2,100 億美元不等。」[3]

以有序管理的方式停止資助化石燃料公司。

> 「自簽訂《巴黎協定》後 5 年以來，全球 60 家最大的銀行為化石燃料業提供了高達 3.8 兆美元的資金。」[4]

開始做 ESG。許多研究表明，對 ESG 承諾得分較高的銀行比那些沒有得分的銀行獲得更好的結果。例如勤業顧問公司（Deloitte）分析了銀行業過去 10 年的業績，發現在 ESG 上得分較高的銀行比認為 ESG 無關緊要的銀行能獲得更好的風險調整資本回報率（risk-adjusted returns）[5]。這些結果顯示，專注於重大可持續性議題並且以行動實踐，極可能會增加財務的回報。

保護未來、避免數百萬物種生命滅絕和維持美好地球良性循環的關鍵，不僅是將 ESG 視為有價值的東西，更是能通過科技加速的東西。數位化使我

3　Siobhán Dunphy，「銀行正在資助喪失生物多樣性和破壞生態系統的行為」，歐洲科學人，2020 年 11 月 3 日，https://www.europeanscientist.com/en/environment/ banks-are-funding-biodiversity-destruction/.

4　「金融業應對氣候混亂：2021 年化石燃料金融報告」，雨林行動網路（Rainforest Action Network），https://www.ran.org/bankingonclimatechaos2021/.

5　「可持續銀行（sustainable banks）的表現是否出色？通過 ESG 實踐推動價值創造」，全球價值聯盟（Global Alliance for Banking on Values），歐洲投資銀行與勤業眾信，2019，https://www2.deloitte.com/content/dam/Deloitte/lu/Documents/financial-services/Banking/lu-do-sustainable-banks-outperform-driving-value-creation-through-ESG-practices-report-digital. pdf.

們幾乎能用近乎零成本的方式做事，用數位化的良善應用抵消不良的做法。數位化使我們能為地球上的每個人，包括所有動物，賦予一個數位身分。數位化能即時追踪人類活動對生態系統所產生的影響，而金融的數位化能讓我們控制系統，而不是由系統控制人。

> 「科技公司處於創新的第一線，它們正迅速成為 ESG 議題的實踐典範。我們在 2021 年美國安侯建業顧問公司（KPMG） 執行長前瞻調查（Outlook pulse survey）中看到這一點，88% 的執行長希望在新冠疫情期間，鎖定可持續發展和氣候變化的收益，而在 2020 年前瞻調查中這一比例為 64%。除了氣候變化，科技行業的執行長也在嘗試解決社會問題，受訪者表示他們正將重點轉向 ESG 中的社會部分。」[6]

》》》但是我能做些什麼？

我經常聽到人們說他們對此無能為力。「我太資淺了。」「我要如何說服管理階層成為環境保護的擁護者，擁抱 ESG ？」「向股東推動這個觀念，他們會嘲笑我！」「我怎樣才能告訴管理階層改變他們的想法？他們會解僱我的！」

好吧，這並不是最好的方法。您要怎麼吃掉一隻大象？一次咬一口。慢慢開始，收集事實，閱讀本書並查看書中的註解。學習、研究並成為旗手，看看其他人在做什麼及為什麼這麼做。什麼是最佳實踐？執行 ESG 原則的公司真的會比那些不以 ESG 原則為運營基礎的公司做得更好？（答案：是的。）然後開始以不拘形式的方式與同事談論它，或許還可以安排一場簡報說明。

6　Mark Gibson，「即使出現新的風險，科技公司執行長仍會持續投資數位轉型和 ESG」，安侯建業（KPMG），https://info.kpmg.us/news-perspectives/industry-insights-research/ technology-ceos-invest-in-digital-transformation.html.

也許開始透過企業內部的溝通機制與同事分享想法，也許設計一個想法和點子發想計畫：我們可以做些什麼讓我們運用公司的力量改善社會？

建構，建構，建構。

變化來自內部，一隻蝴蝶降落在亞馬遜森林中可能會在紐約引發一場風暴，或引發類似的事情。成為蝴蝶，開始改變。

》》》觀點

我希望我的孩子和他們的孩子有一個美好的未來。對氣候緊急情況的持續衝擊及生物多樣性的破壞，導致棲息地和物種喪失的巨大生態海嘯，我擔心他們不能擁有美好的未來。您是否和我一樣擔心？如果您是，那就要做點什麼。畢竟：您要如何為滅絕定價？

再重新陳述一次：您如何為您的滅絕定價？

> 消息剛剛傳來，
> 我們還有 5 年的時間可以哭泣，
> 播報新聞的人哭著告訴我們，
> 地球真的快死了，
> 他的臉上充滿淚水，
> 我知道他並沒有說謊。
> ……
> 5 年，這就是我們所擁有的一切。
> 5 年（Five Years），大衛鮑伊（David Bowie），1972

這本書獻給全世界的孩子，
特別是我親愛的埃迪和弗雷迪。

商訊文化
商訊叢書｜YS09944

數位金融永續發展

作　　　者｜克里斯・史金納 Chris Skinner
編　　　審｜孫一仕、蕭俊傑
翻　　　譯｜方慧媛、孫一仕、劉子庭
編制統籌｜姜維君
責任主編｜廖雁昭
封面設計｜鄭宇真
內頁設計｜洪詳宸

出 版 者｜商訊文化事業股份有限公司
董 事 長｜李玉生
總 經 理｜劉益昌
行　　　銷｜胡元玉
地　　　址｜台北市萬華區艋舺大道 303 號 5 樓
發行專線｜02-2308-7111#5739
傳　　　真｜02-2308-4606

總 經 銷｜時報文化出版企業股份有限公司
地　　　址｜桃園市龜山區萬壽路二段 351 號
讀者服務專線｜0800-231-705
時報悅讀網｜www.readingtimes.com.tw
印　　　刷｜宗祐印刷有限公司

出版日期｜2022 年 10 月 初版一刷
定　　　價｜550 元

國家圖書館出版品預行編目（CIP）資料

數位金融永續發展 / 克里斯．史金納 (Chris Skinner) 著；
方慧媛，孫一仕、劉子庭翻譯 .-- 初版 .-- 臺北市：商訊文
化事業股份有限公司 , 2022.10
　　面；　公分 .-- (商訊叢書 ; YS09944)
譯自 : Digital for good.
ISBN 978-986-5812-99-7(平裝)

1.CST: 金融業 2.CST: 金融管理 3.CST: 金融自動化 4.CST:
永續發展

561.029　　　　　　　　　　　　　　　111016873